地方政府债券发行及其流动性研究

章新蓉　顾飞◎著

中国财经出版传媒集团

经济科学出版社

Economic Science Press

图书在版编目（CIP）数据

地方政府债券发行及其流动性研究/章新蓉，顾飞著.
—北京：经济科学出版社，2020.6
ISBN 978 - 7 - 5218 - 1663 - 1

Ⅰ.①地… Ⅱ.①章…②顾… Ⅲ.①地方政府 -
债券发行 - 研究 - 中国 Ⅳ.①F812.7

中国版本图书馆 CIP 数据核字（2020）第 108982 号

责任编辑：孙丽丽　撒晓宇
责任校对：王肖楠
责任印制：李　鹏　范　艳

地方政府债券发行及其流动性研究
章新蓉　顾　飞　著
经济科学出版社出版、发行　新华书店经销
社址：北京市海淀区阜成路甲 28 号　邮编：100142
总编部电话：010 - 88191217　发行部电话：010 - 88191522
网址：www. esp. com. cn
电子邮件：esp@ esp. com. cn
天猫网店：经济科学出版社旗舰店
网址：http: //jjkxcbs. tmall. com
北京季蜂印刷有限公司印装
710×1000　16 开　16 印张　250000 字
2020 年 7 月第 1 版　2020 年 7 月第 1 次印刷
ISBN 978 - 7 - 5218 - 1663 - 1　定价：66.00 元
（图书出现印装问题，本社负责调换。电话：010 - 88191510）
（版权所有　侵权必究　打击盗版　举报热线：010 - 88191661
QQ: 2242791300　营销中心电话：010 - 88191537
电子邮箱：dbts@ esp. com. cn）

前　言

目前，地方政府债券已成为我国债券市场的第一大品种，是现阶段我国实施积极财政政策的重要手段之一。发行地方政府债券是新中国财政资金募集使用管理的一次重要制度创新，同时也是提升地方政府债务管理现代化水平的重要治理手段。虽然我国地方政府债券的发行起步较晚，但其发展却较为迅速。据财政部统计，截至 2020 年 2 月末，全国地方政府债务余额达到 225 302 亿元。其中，一般债务 121 426 亿元，专项债务 103 876 亿元；政府债券 223 413 亿元，非政府债券形式存量政府债务 1 889 亿元。地方政府债券剩余平均年限 5.4 年，其中一般债券 5 年，专项债券 5.8 年[①]。可以说，地方政府债券的发行对于有效控制与化解地方政府债务风险，减轻地方偿债压力，促进经济稳定增长发挥了极其重要的作用。但是，由于我国地方政府债券发行的时间尚短，其发行管理体制及其机制还不够成熟，目前仍存在诸如投资者结构和期限结构不尽合理、收益率较低、债券发行和运行机制不完善、税收利率政策不完备、交易不活跃等诸多问题亟待破解。早在 2015 年 12 月的中央经济工作会议上就提出了"改进地方政府债券发行办法"的要求。自 2016 年起，财政部就按照党中央、国务院的决策部署，深入地推进了地方政府债券发行机制改革，并取得了一定成效。

在地方政府债券的管理体系中，发行环节及其后续的流动性管理尤为关键。地方政府债券的发行是地方政府债券市场运行的首要环节，而其市场的流动性则是检验债券市场成熟度的重要指标。从美、日等发达国家地方政府债券市场的发展经验来看，一个成熟的地方政府债券市场必然具备良好的流动性机制。地方政府债券市场的流动性不仅可以充分地发挥其价格发现功

---

① 2020 年 2 月地方政府债券发行和债务余额情况［EB/OL］. 2020 - 03 - 06. http：//yss. mof. gov. cn/zhuantilanmu/dfzgl/sjtj/202003/t20200303_3477036. htm.

能，进而提高地方政府债券市场的效率，还能进一步增强投资者信心，促进地方政府债券的可持续发行和高质量发展。因此，随着我国地方政府债券发行规模的逐年扩大及其发行方式改革的不断深化，如何进一步优化我国地方政府债券的发行机制，如何进一步推进我国地方政府商业银行柜台债券发行改革实践，如何进一步提高我国地方政府债券在二级市场上的流动性等问题，都日益成为当前推动我国地方政府债券事业高质量发展所必须亟待破解的重大理论课题与实践难题。

重庆工商大学会计学院在地方政府债券发行及其管理领域具有较为明显的专业学科优势，并且与重庆市财政局保持了联合开展地方政府债券系列课题研究的长期深度合作，积累了相对丰富的地方政府债券发行个案经验与数据资料。本书秉持习近平总书记关于"广大科技工作者要把论文写在祖国的大地上，把科技成果应用在实现现代化的伟大事业中"[1] 的重要指示精神，基于对地方政府债券发行及其流动性研究的相关基础理论及文献资料的梳理，立足于中国特色社会主义财政事业和经济社会高质量发展的迫切现实需要，在参考借鉴美国等国家地方政府债券发行的先进经验和参照对比我国国债发行的先行经验基础之上，对我国部门省市的地方政府债券发行情况以及商业银行柜台债试点发行情况予以横向和纵向的二维比较分析，试图进一步厘清地方政府债券发行中存在诸多问题及其影响因素，为推进地方政府债券发行的供给侧结构性改革提供理论依据和对策建议。本书综合运用定性定量相结合的混合研究方法[2]，构建起地方政府债券流动性的分析评价框架，并以重庆市地方政府债券发行为个案研究，对其地方政府债券发行及其流动性状况予以分析，以期提出一系列科学合理的政策性建议，以便于更为有效地推动我国地方政府债券发行机制的完善、促进我国地方政府债券商业银行柜台市场运行机制的健全、推进我国地方政府债券市场流动性的提升，为持续优化重庆市地方政府债券的发行与流动性治理、全面深化我国地方政府债券的供给侧结构性改革提供系统的学术支持和有益的理论参考。

本书所聚焦的地方政府债券发行及其流动性问题，是地方政府债券管理领域极具研究价值和发展前景的学术论题，其理论与实务研究均处于动态发

[1] 习近平. 为建设世界科技强国而奋斗 [N]. 人民日报, 2016 - 06 - 01 (002).
[2] 约翰·克雷斯维尔. 混合方法研究导论 [M]. 李敏谊, 译. 上海: 格致出版社, 2015: 1 - 2.

展之中。在地方政府债券发行及其流动性的研究过程中，本书凸显了科学导向与政策导向的融合性，贯穿了定量与定性相结合的分层级多维度比较分析范式，尤其突出了双元驱动的整合性策略体系构建思路，无疑进一步丰富了我国地方政府债券的发行理论与流动性理论，为进一步深化地方政府债券发行改革、加强地方政府债券流动性治理提供了决策参考依据。

　　本书是由重庆工商大学会计学院硕士生导师章新蓉教授与重庆工商大学会计学院财务管理系讲师、东北财经大学博士研究生顾飞领衔合著并提出研究设计及撰写思路。全书由章新蓉撰写第一章、吴璠撰写第二章、余丹撰写第三章、李林利撰写第四章、张煦撰写第五章、顾飞撰写第六章、章新蓉撰写第七章的第一节和第三节、顾飞撰写第七章的第二节。最终由章新蓉和顾飞负责修改、总纂和定稿。此外，刘宁潇、梁正伟、刘谊、沈静琦等也为相关项目的研究和本书的撰写做了大量的前期工作；重庆交通大学外国语学院贺昉老师还为书中外国学者的中文译名提供了专业咨询与帮助。

　　本书在研究和撰写过程中得到了重庆市财政局政府债务管理处各位领导同志的亲切指导与大力支持；同时，也参阅借鉴了国内外相关领域专家学者的学术研究成果；另外，本书的公开出版受到了重庆工商大学会计学院中地共建项目的资助；在编辑出版过程中还得到了经济科学出版社编辑的支持和帮助，在此一并向他们表示衷心的感谢！

　　我们深知自己的学识能力有限，随着我国地方政府债券发行改革的不断深化，地方政府债券发行及其流动性的研究还有很远的路要走。有鉴于此，书中难免会有不足之处，敬请学术界同仁与广大读者不吝赐教、批评指正！

章新蓉　顾　飞

2020 年 3 月 31 日于重庆工商大学

目　录

第一章

导　　论

第一节　研究背景及意义

一、研究背景

2009 年，我国财政部首次代理发行地方政府债券 2 000 亿元，并进行了省份分配。2015 年是地方政府债券管理改革全面启动的第一年，我国第一次实现了地方政府债券全部由省级政府发行。同年，我国地方政府债券的发行规模也首次超过万亿元，由 2009 年 2 000 亿元增至 38 350.62 亿元。仅在 2019 年，我国地方政府债券就发行了 43 624 亿元（如表 1 – 1 所示）。自 2009 年以来，特别是 2015 年全国各省市采用自发自还模式以来，地方政府债券的发行规模快速增长，全市场托管量已成为我国债券市场存量规模最大的债券品种①。目前，我国地方政府债券发行已成为影响整个金融市场的重要力量之一。

---

① 柳柏树. 聚焦市场新常态　促进地方债再发展［EB/OL］.（2018 – 04 – 02）［2020 – 04 – 09］. https：//www. chinabond. com. cn/cb/cn/xwgg/cjxw/cjyw/gnxw/20180402/149081246. shtml.

表1-1 　　　　　　　　　2009~2019年地方政府债券发行总额 　　　　　　单位：亿元

年份	地方政府债券发行总额
2009	2 000. 00
2010	2 000. 00
2011	2 000. 00
2012	2 500. 00
2013	3 500. 00
2014	4 000. 00
2015	38 350. 62
2016	60 458. 40
2017	43 580. 94
2018	41 652. 00
2019	43 624. 00

资料来源：Wind 数据库。

（一）我国地方政府债券发行的供给侧结构性改革亟待深化

我国地方政府债券的发行虽然起步晚，但是发展迅速，对地方经济社会发展发挥了极其重要的作用。主要体现在三个方面：一是地方政府债券将地方政府高息且短久期的银行贷款、委托贷款等负债形式，置换成为低息、长久期的政府债券形式，在一定程度上延长了地方政府的偿还债务周期，为其财政收支腾挪了空间，缓解了我国地方经济持续健康发展的债务风险；二是为地方政府节约了利息支出，有效地缓解了地方政府的财政压力，为地方政府实施积极的财政政策提供了坚实的保障；三是节约了商业银行认购地方政府债券的银行资本占用，减少了风险资产规模，有助于降低金融系统的风险[①]。

与此同时，也必须看到，目前地方政府债券虽然已得到了广大低风险偏好投资者的认可，但与国债、政策债等其他券种相比，仍面临投资者结构单一、期限结构单一、收益率较低、债券发行和运行机制不完善、税收利率政

①　邵皖宁. 地方政府债券发行的影响及相关建议［J］. 金融发展研究，2015（11）：86-88.

策不完备、交易不活跃等诸多问题。上述问题在一定程度上抑制了地方政府债券在二级市场上的流动性，致使现已发行的地方政府债券绝大部分是由商业银行持有到期。在地方政府发债日趋常态化的情况下，长期单纯依靠承销商自己持有包销地方政府债券肯定是不可持续的。因此，如何完善我国地方政府债券，增强其流动性，已然箭在弦上，成为新时代推动我国地方政府债券高质量发展所亟待破解的重大理论问题和实践难题。

（二）我国地方政府债券的发行机制亟待进一步健全完善

在经济发展由高速增长向高质量发展转换、地方政府性债务风险日益显现、金融风险持续暴露的背景下，推动我国地方政府债券市场的科学发展已经成为必然趋势。地方政府债券发行对于防范地方政府债务风险、化解潜在的金融风险、顶住经济下行压力，以及推动建立中国多层次的债券市场等都具有重大意义。2014 年修订颁布的《中华人民共和国预算法》从法律层面打开了地方政府债券发行合法性的大门。各地方政府积极响应国家政策号召，由 2015 年开始相继启动地方政府债券发行。为了更好地探索和推进地方政府债券的发行、建立健全可持续发展的地方债券发行机制，有必要采用个案研究的方法，在对特定研究对象地方政府债券的发行现状进行科学分析的基础上，对其未来发展情况进行系统的研判。因此，本书的研究对于动态把握我国地方政府债券发行的政策背景及其走向，以重庆市为个案研究对象，对比分析其地方债券的发行现状，并基于未来发债形势提出优化发行策略，对推动地方债券发行工作的可持续发展具有十分重要的理论和现实意义。

（三）地方政府债券商业银行柜台市场发行试点亟待总结推进

2019 年 2 月，财政部发布《关于开展通过商业银行柜台市场发行地方政府债券工作的通知》[①] 指出，地方政府公开发行的一般债券和专项债券，可通过商业银行柜台市场在本地区范围内发行，并强调指出，地方政府应当

---

① 财政部. 关于开展通过商业银行柜台市场发行地方政府债券工作的通知 ［Z］. ［2019 - 02 - 27］. http：//gks. mof. gov. cn/lmcs/zt/zt_zfzqgl/zfgzgl_dfzfzwgl/200012/t20001212_3370325. htm.

通过商业银行柜台市场重点发行专项债券。财政部此举旨在拓宽地方债发行渠道，满足个人和中小机构投资者需求，丰富全国银行间债券市场柜台（以下简称商业银行柜台市场）业务品种。所谓地方柜台债，系指通过商业银行柜台市场发行的地方政府债券，投资者通过商业银行开设记账式柜台债券托管账户，可办理地方债申购、交易、质押登记、交易查询等业务，并由商业银行提供债券托管与结算、代理本息兑付等服务。2019 年 3 月，宁波、浙江、山东、陕西、四川、北京 6 省市政府相继发行地方柜台债，拉开了我国地方柜台债发行序幕，每只债券均受到投资者热捧。截至目前，已有十二个省市成功发行地方柜台债，为后续地方债柜台发行工作积累了可参考、可推广的有益经验。本书以习近平新时代中国特色社会主义思想为指导，将党的十九届四中全会所提出的"构建系统完备、科学规范、运行有效的制度体系，加强系统治理、依法治理、综合治理、源头治理"的总体要求，贯穿于重庆市通过商业银行柜台市场发行地方政府债券的政策性预研过程之中，对地方政府债券市场的发行方式及投资主体特征进行了梳理，分析地方政府柜台债试点省市发行现状，并将地方政府柜台债与国债柜台债进行比较分析，以识别地方政府柜台债发行试点中尚存在的问题并予以理论反思。在此基础上，本书以重庆市为研究对象，立足其经济社会发展现状及未来规划，开展重庆市通过商业银行柜台市场发行地方政府债券的可行性论证和预研，进而可以为试点的后续推广提供有针对性的具体政策性建议。

（四）我国地方政府债券流动性提升难题亟待破解

近年来，随着新型城镇化的不断推进，经济结构调整和产业升级的进一步加快，社会公共服务均等化的要求逐步提高，地方政府面临的财政压力不断加大。与此同时，在经济下行的大环境之下，地方财政收入增加也颇为有限。为了缓解地方财政压力，一方面，地方政府采取了积极的财政政策；另一方面，各省市也按照财政部统一部署，开始通过发行地方政府债券进行融资。一方面，地方政府债券将地方政府高息、短久期的银行贷款、委托贷款等负债形式置换成为低息、长久期的政府债券形式，在一定程度上延长了地方政府偿还债务的周期，腾挪财政收支空间，保证了我国经济持续健康发展；另一方面，地方政府债券发行节约了地方政府的利息支出，有效缓解了财政压力，为地方政府实施积极财政政策提供了坚实的保障。在地方政府债券发行对我国地方经济发展发挥着重要作用的同时，我们也发现地方政府债券与国债、政策债等其他券种相比，仍面临着投资者结构单一、期限结构单一、收益率较低、债券发行和运行机制不完善、税收利率政策不完备、交易不活跃等问题。这些问题的存在，在一定程度上抑制了地方政府债券在二级市场上的流动性，致使现已发行的地方政府债券绝大部分是由商业银行持有到期。显而易见，在地方政府发债逐渐常态化的趋势下，长期单纯依靠承销商自己持有、包销肯定是不可持续的。地方政府债券的流动性对于地方政府债券可持续性发展以及国家经济建设而言，有着不容忽视的重要影响。因此，如何改善地方政府债券流动性问题迫在眉睫，已经成为推动我国地方政府债券高质量发展所亟待破解的重大理论问题和实践难题。《财政部关于做好 2018 年地方政府债券发行工作的意见》① 也分别在"提升地方政府债券发行定价市场化水平""促进地方政府债券投资主体多元化"等具体工作中对"提高流动性""促进地方政府债券流动性改善"予以强调。在此背景下，本书立足我国地方政府债券流动性的现状及其解构，构建定量和定性相结合的地方政府债券流动性评价体系，进而通过与国债流动性、国外典型地方政府债券流动性的比较分析评价，在厘清影响我国地方政府债券流动性障碍因素的基础上，基于"供给优化、双元驱动"的全新视角对地方政府债券流动性的提升予以展望，对于新时代推进地方政府债券的高质量、可持续发展具有极其重要的理论价值和实践意义。

二、研究价值

（一）实践价值

1. 有助于推进地方政府债券发行方式的多元协同

我国发行地方政府债券起步相对较晚，成交规模有限，流动性水平也相对较低。近年来，虽然地方政府债券的发行规模有所增加，但其现券交易量、回购交易量与换手率仍旧低迷。在流动性不足的情况下，地方政府债券

---

① 财政部. 财政部关于做好 2018 年地方政府债券发行工作的意见 [Z]. [2018 - 05 - 24]. http：//www. mof. gov. cn/gp/xxgkml/gks/201805/t20180508_2887735. html.

发行人就只能通过较高的收益率来吸引投资者。而高流动性则能够使地方政府债券在二级市场上实现价格的合理回归。如此一来，发行人便可选择二级市场利率较低时相机发行地方政府债券，从而降低发行成本。这从一个侧面表明，我国地方政府债券的市场流动性偏弱，与国外成熟的地方政府债券市场相比，仍有较大差距。因此，研究关注地方政府债券的流动性，有利于继续深化地方政府债券的发债改革，提高地方政府债券的管理水平，确保打好打赢政府债务风险化解的攻坚战。

此外，在现行通过银行间和交易所债券市场主要面向商业银行等大型机构投资者发行的基础上，地方政府债券商业银行柜台市场发行进一步拓宽了地方债券发行渠道，扩大了投资者的范围，促进了地方政府债券投资主体的多元化参与，进而可以充分发挥地方政府债券稳投资、扩内需、补短板的作用。在增强投资者对本地经济社会发展的参与度和获得感的同时，也可以更好地满足个人和中小投资机构低风险配置投资的结构性需求，这对拓宽社会公众的财产性收入渠道，促进城乡居民增收有着重要的意义。本书综合分析了银行间债券市场、商业银行柜台市场和交易所市场三种地方政府债券发行方式其各自的特点和优劣势，对多层次债券市场体系的构建完善和推进地方政府债券发行方式的多元协同有着非常积极的参考价值。

2. 有益于地方政府债券发行政策配套体系的优化

财政部《关于做好 2018 年地方政府债券发行工作的意见》① 明确指出，财政部将积极探索在商业银行柜台开展销售地方政府债券的业务，以便非金融机构和个人投资者购买地方政府债券。在此基础上，2019 年 2 月财政部《关于开展通过商业银行柜台市场发行地方政府债券工作的通知》② 进而就开展通过商业银行柜台市场发行地方债券工作的有关事宜进行了具体规范。本书对试点省市地方政府债券商业银行柜台市场发行情况予以较为全面的梳理和分析，并对试点实践中发现的问题提出了相关的政策性建议，有利于优化地方政府债券发行的政策配套体系，促进地方政府债券商业银行柜台业务平稳有序开展。

---

① 财政部. 财政部关于做好 2018 年地方政府债券发行工作的意见 ［Z］. ［2018 - 05 - 24］. http：// www. mof. gov. cn/gp/xxgkml/gks/201805/t20180508_2887735. html.

② 财政部. 关于开展通过商业银行柜台市场发行地方政府债券工作的通知 ［Z］. ［2019 - 02 - 27］. http：//gks. mof. gov. cn/lmcs/zt/zt_zfzqgl/zfgzgl_dfzfzwgl/200012/t20001212_3370325. htm.

3. 有助于推动地方政府债券市场化交易管理机制研究

目前，我国已是世界第二大经济体①，与国际金融市场的联系日趋紧密，对国际金融市场的影响也日益增大。由于债券市场在我国现代金融体系及其治理中发挥着重要的作用，这必然要求我们要进一步健全完善我国的债券市场及其治理体系，建设与我国经济体地位相适应的中国特色社会主义债券市场。在我国，地方政府债券发行量已超过国债、政策性金融债，成为我国债券市场第一大品种②。本书的研究有助于进一步深化地方政府债券制度改革，丰富地方政府债券品种，健全地方政府债券市场化交易管理机制，促进功能完备、运行高效、安全可靠的地方政府债券市场体系的构建完善，以便于更加充分地发挥地方政府债券市场在国家金融体系建设和治理中的重要积极作用。

4. 为后续的地方政府债券柜台市场发行提供策略参考

随着地方政府债券商业银行柜台市场发行实践的持续推进，更多地方政府将加入地方柜台债的发行行列中来。本书基于市场需求、债券期限、债券品种、项目收益、发行节奏等维度，通过对试点省市地方政府债券商业银行柜台市场发行情况的系统分析，试图发现地方柜台债在发行试点实践中亟待优化的问题。并以重庆市为例，对标与其经济发展水平相近的地方政府，在借鉴试点省市地方柜台债发行经验的基础上，对重庆市地方政府债券实施柜台市场发行提供有针对性的政策性建议。

（二）理论价值

1. 有助于推动我国地方政府债券发行理论体系的构建

美国市政债以及我国国债的发行时间较早。目前，已经形成了较为系统完善的债券发行理论体系。但由于我国地方政府债券发行的起步时间较晚，直到 2009 年地方政府债券才由财政部首次代理发行，其间地方政府债券的发还模式还历经了数次变革，其发行改革及配套管理还在不断地探索实践，加之此前理论界缺乏对地方政府债券发行的密切关注和系统研究，以至于目前我国地方政府债券的发行理论体系还不够成熟，在很多前沿性的创新实践问题上还存在较大的理论缺口，难以及时满足各级政府高质量推进地方政府

---

① 习近平谈治国理政（第二卷）［M］. 北京：外文出版社，2017：482.
② 弘利教育. 在地方政府债券发行制度改革座谈会上的讲话［EB/OL］.（2020 - 03 - 20）［2020 - 03 - 22］http：//www. docin. com/p - 2221546528. html.

债券发行改革实践的迫切理论需要。本书将以习近平新时代中国特色社会主义思想为指导，在参考借鉴美国、日本、法国等发达国家地方政府债券发行经验的基础之上，有效吸收我国国债发行的前期本土经验与制度优势，聚焦于我国地方政府债券发行的现实问题与发展要求，立足于新时代地方政府债券发行改革探索的中国实践，基于定量与定性相结合的二元分析视角，对我国地方政府债券的流动性予以比较分析，进而识别影响其流动性增强的结构性障碍因素，为构建完善新时代中国特色社会主义的地方政府债券发行和管理理论体系，有效改善和逐步提升我国地方政府债券的流动性，高质量地推动我国地方政府债券发行改革实践与现代化治理水平提供有益的探索性理论成果。

2. 有利于促进我国地方政府债券供给侧结构性改革的理论创新

2015 年 11 月，习近平总书记在中央财经领导小组第十一次会议上，首次提出了"着力加强供给侧结构性改革"的战略发展思路，旨在优化调整经济结构，促进要素最优配置，提升经济增长质量。当前，随着我国经济由高速增长阶段转向高质量发展阶段，供给侧结构性改革也随之步入了深化阶段。因此，发挥地方政府债券对深化供给侧结构性改革的积极效用，就更需要进一步健全完善地方政府债券的发行机制。本书通过梳理发达国家（特别是美国）地方政府债券发行实践中的政策性供给要素和市场性供给要素，并基于影响我国地方政府债券流动性的结构性障碍分析，从优化政策性供给和市场性供给的二元新视角，对破解地方政府债券的流动性难题予以理论探究和实践探索，进而为推进我国地方政府债券的供给侧结构性改革理论创新提供有益的理论贡献和学术参考。

第二节　研究内容与方法

一、研究目标及主要内容

（一）研究目标

本书基于对地方政府债券发行及其流动性研究的相关基础理论及文献资

料的梳理，立足于中国特色社会主义财政事业和经济社会高质量发展的迫切现实需要，在参考借鉴美国等国家地方政府债券发行的先进经验和参照对比我国国债发行的先行经验基础之上，对我国部分省市的地方政府债券发行情况以及商业银行柜台债试点发行情况予以横向和纵向的二维比较分析，进一步厘清地方政府债券发行中存在诸多问题及其影响因素，试图为推进地方政府债券发行的供给侧结构性改革提供理论依据和对策建议。同时，本书还试图综合运用定性定量相结合的混合研究方法，构建起地方政府债券流动性的分析评价框架，并以重庆市地方政府债券发行为个案研究，对其地方政府债券发行及其流动性状况予以分析，以期提出一系列科学合理的政策性建议，以便于更为有效地推动我国地方政府债券发行机制的完善、促进我国地方政府债券商业银行柜台市场运行机制的健全、推进我国地方政府债券市场流动性的提升，为持续性优化重庆市地方政府债券的发行与流动性治理、全面深化我国地方政府债券的供给侧结构性改革提供系统的学术支持和有益的理论参考。

（二）主要内容

本书聚焦于我国地方政府债券的发行优化与流动性提升，开展了分层级多维度的研究探索。全书共分为七章，具体章节内容的安排如下：

第一章为导论。本章首先立足于我国地方政府债券发行改革、发行机制、发行试点以及流动性等问题介绍了本书研究的背景及其实践与理论价值；其次，在概述本书研究目标的基础之上，对全书的主要内容及其研究方法予以了概括性的介绍，并据此构建了本书开展研究的技术路线；最后，基于研究导向的二元融合、研究方法的分层级多维比较以及策略体系构建的双元驱动整合思路三个角度对本书可能的研究创新予以了阐述，进而从地方政府债券发行与其流动性之间的互动机理研究、基于投资者行为的地方政府债券发行与流动性研究、地方政府债券发行对策在多案例研究三个方面对未来的研究向路予以展望。

第二章为理论基础与研究动态。本章首先介绍了地方政府融资相关理论和债券流动性的相关理论，分别基于公共产品理论、财政分权理论、代际公平理论、信用理论、信息不对称理论和流动性溢价理论，对本书所关注的地方政府发行债券融资及其债券流动性研究的理论基础予以了较为系统的梳理。其次，本章又基于地方政府债券发行与地方政府流动性及其二者互动关系三大主题的国内外相关研究文献予以综述，从理论源流和学术走向的视角梳理了地方政府债券发行及流动性提升的研究脉络，为整合构建本书的研究框架提供了丰厚的相关研究成果和学术滋养。最后，基于对相关理论的回顾以及对国内外相关研究的评述，对本书研究体系构建的学术启迪与思想启发予以了小结阐述。

第三章为地方政府债券的市场发行及其投资主体比较分析。本章首先对中美两国地方政府债券市场的发展予以了概述。较为全面地概况梳理了我国地方政府发债融资的历史沿革、回顾了我国地方政府债券发还模式的演化过程，概况介绍了我国地方政府债券市场的发展现状。同时，对地方政府债券发行经验较为成熟的美国地方政府债券即市政债的发展经验予以了梳理性介绍。其次，本章又基于我国地方政府债券发行的政策背景及其走向，从审批流程、发行方式以及发行流程三个方面具体介绍了我国地方政府债券的审批发行。最后，基于对地方政府债券投资主体及其行为偏好差异性的分析，从业务流程、发行特点、交易机制三个维度，对我国地方政府债券发行的交易所债券市场、银行间债券市场、商业银行柜台市场三类场所予以比较分析，进而探讨了其各自的特点和交易机制的差异性。

第四章为地方政府柜台债试点省市发行比较分析。本章基于十二个省市试点地方政府债券商业银行柜台发行的实践，对其发行机制以及一级发行、二级发行情况予以分析研究，深度地剖析了十二个试点省市地方政府债券柜台发行现状和柜台交易状况。首先构建了包括发行方式转换的实现机制、募集资金的投向优化机制、偿债资金来源的对接机制、信用评级及信息披露机制、债务限额与预算管理机制五大机制在内的地方政府柜台债试点发行机制体系。其次，又从发行债券品种、发行规模、发行期限、发行利率、银行付息方式以及银行分销比六个方面对试点省市地方政府柜台债一级发行予以了比较分析。最后，重点基于交易量、发行认购量、价格变动三个方面对试点省市地方政府柜台债二级发行进行比较分析。同时，对地方政府柜台债流动性与市场反应舆情分析研判。此外，将各省市地方政府债券的发行方式、募集资金投向、偿债资金来源、信用评级及信息披露、债务限额与预算管理进行分析对比。了解各个省市首次推出地方政府柜台债券的发行依据和发行状况，全面洞悉各个试点省市地方政府柜台债的募集资金动向以及各省市具体发债信息。

　　第五章为地方政府柜台债与国债柜台债比较分析。本章选择了国债中能够在商业银行柜台发行且与地方政府柜台债存在部分类似特性的记账式国债作为研究的参照系和比较对象。首先，从发行方式、募集资金投向、偿债资金来源、信用评级情况四个方面对地方政府柜台债与记账式国债发行机制予以比较研究。其次，分别基于一级发行、二级发行对地方政府柜台债与记账式国债进行了分层多维比较分析。一方面，从发行类型、发行规模、发行期限、发行利率、银行付息方式、发行节奏六个维度进行了一级发行比较分析；另一方面，又着重从交易量、价格变动展开了二级发行比较分析。然后，在此基础上，又从投资主体结构、投资主体购买量两个方面着重对地方政府债券与记账式国债的投资者结构予以了比较分析。最后，基于前述相关比较分析，得出了我国地方政府柜台债发行试点存在的应用领域相对狭窄、发行种类相对单一、期限与利率有待结构性优化、信息披露机制有待健全落实、信用评级机制有待改革完善六大亟待破解的主要问题。

　　第六章为我国地方政府债券流动性及其与国债的比较分析。本章首先结合地方政府债券的发行数据，从一级发行概况、发行利差和二级交易三个方面分析刻画了地方政府债券市场的整体状况，进而在对地方政府债券流动性予以理论解构的基础上，基于系统化的方法从定量、定性两个方面构建起地方政府债券流动性的评价体系。其次，基于交易量、换手率两个定量维度以及产品结构、投资者结构、发行机制、交易运行机制、配套政策等五个定性维度，对我国地方政府债券与国债的流动性予以了比较分析，进而探求提升地方政府债券流动性的内在规律性。然后，基于对美国、日本、法国等发达国家发行地方政府债券的概括性梳理，选择了相对而言最具代表性和最为成熟的美国市政债为国际比较的研究对象，并从交易量维度以及产品结构、投资者结构、发行机制、交易运行机制、配套政策等五个定性维度与我国地方政府债券的流动性予以了比较分析，进而探求提升地方政府债券流动性的国际性经验启示。最后，基于上述比较研究，从我国地方政府债券的产品结构性、市场投资者结构性、发行的机制性、交易的机制性、配套的政策性等维度梳理和识别出影响我国地方政府债券流动性的五大障碍因素，并针对产品结构性障碍中的地方政府债券期限结构单一、缺乏地方政府债券衍生品，机制性障碍中的地方政府债券的评级机制不完善、担保政策不完备、信息披露不充分，机制性障碍中的地方政府债券市场交易机制不健全、二级市场上交易意愿普遍不强、地方政府债券做市商制度缺乏等具体性障碍因素予以了深入的剖析，进而为破解提升我国地方政府债券流动性的难题提供了精准施策的靶向。

第七章为地方政府债券的发行优化及其流通性提升。本章主要聚焦重庆市地方政府债券发行优化及其流动性提升提出相应的政策性建议。首先，从债券发行的规模与结构、债券发行的期限与利率、债券发行的方式与时机三个方面概述介绍了重庆市首次"自发自还"模式的发债状况，并基于债券发行规模与结构、债券发行期限与利率、债券发行时机与方式三个维度，将重庆市首次"自发自还"模式的发债状况与同期多省市予以了比较分析，以概况提炼出重庆市首次"自发自还"模式发债的基本经验。进而从结构性和流程性两个视角，对重庆市以"自发自还"模式发行地方政府债券予以优化思考。其次，运用 SWOT 模型对重庆市地方柜台债发行予以可行性研究，并基于债券品种、债券规模、发行期限、发行利率、付息频率、招标方式、募集资金投向七个维度的比较分析，对重庆市地方政府柜台债发行开展结构性预研，提出稳步推进地方政府柜台债发行机制体系化建设、重点推进地方政府柜台债发行流程规范化治理、建立健全地方政府柜台债发行的后续管理体系等政策性建议。与此同时，基于前述对十二个试点地方政府商业银行柜台债发行省市的比较分析，以及地方政府柜台债与国债柜台债的比较分析，从发行机制、发行路径和后续管理三个方面对重庆市通过商业银行柜台市场发行地方政府债券开展可行性预研并提出对策建议。最后，以供给侧结构性改革为主线，提出"双元驱动"的破解思路，分别基于优化政策性供给和优化市场性供给两个维度，从优化设计税收优惠的政策性工具、政策性激活潜量资金投资者参与、完善做市商融资融券政策、健全债券信用评级制度、建立地方政府债券担保制度、规范债券信息披露制度六个方面以及系统构建地方政府债券的市场化信息平台、稳中求进推动地方政府债券发行的市场化、优化地方政府债券流动性的内生结构要素三个方面对未来提升我国地方政府债券的流动性予以了政策性展望，为提升我国地方政府债券的流动性、促进其高质量、可持续发展提供了全新的决策视角和路径参考。

二、研究方法与技术路线

（一）研究方法

本书在研究中主要采用了定性研究与定量研究相结合的综合研究方法，主要方法有文献研究法、比较研究法、混合研究法等。

1. 文献研究法

文献研究法是"人文社会科学研究的重要方法和必要过程，主要指利用文献资料间接考察历史事件和社会现象的研究方式，又称间接研究"[①]。文献收集的主要对象涵盖了研究基础理论与相关研究文献两个层面。研究的基础理论主要涉及地方政府举债融资研究中普遍被采用的公共产品理论、财政分权理论、代际公平理论等相关基础理论，以及在债券流动性研究中为大多数研究者所普遍运用的信用理论、信息不对称理论、流动溢价理论；相关研究文献主要涉及有关地方政府融资和债券发行以及地方政府债券流动性两大主题。其中，地方政府债券发行的相关研究文献主要涉及地方政府发行债券的必要性、风险以及经济后果等文献；地方政府债券流动性的相关研究文献主要涉及流动性概念的起源与定义、债券市场流动性测度以及影响因素等文献。本书通过收集、分类、整理国内外研究地方政府债券发行及流动性的相关著作和学术论文，对地方政府债券发行和地方政府债券流动性的主要观点、细分领域、研究脉络和发展动态等研究理论框架予以全面梳理，并在此基础上予以了深度解读、系统分析、理性反思和逻辑推演，尽可能地全面掌握国内外地方政府债券发行及其流动性研究的整体情况和发展趋势，进而形成对相关事实系统的科学理性认知架构。通过系统的文献研究过程，为后续的研究论证夯实了学术理论基础，提供了一定的学术指导和理论启发，同时还发现了一些在学术上亟待进一步深入研究的理论问题，使本书的研究在现有的基础上能够取得一定的新进展。

2. 比较研究法

比较研究法就是对两个或两个以上的事物或对象的相似性或相异性程度

[①] 林聚任，刘玉安. 社会科学研究方法 [M]. 济南：山东人民出版社，2008：145.

进行分析和判断，以求揭示其相似性或相异性形成机理的一种研究方法①。比较是这一研究方法的核心所在，通过对研究对象的详细信息予以逻辑加工和分析整理，探寻研究对象之间的相同点或不同点，进而达到揭示其内在联系、本质特征和问题解决对策的研究目的。比较研究法是本书最主要的研究方法。本书以定量比较研究为主，整合采用了逐项比较研究法与综合比较研究法、同类比较研究法与异类比较研究法、横向比较研究法和纵向比较研究法三大类型的研究方法组合。首先，本书在逐项比较的基础上开展了综合比较研究。本书基于发行方式、投资主体对地方政府债券市场予以了比较研究。又根据市场的层次结构对地方政府柜台债试点省市的发行状况予以了分层多维定量分析。一方面，从发行债券品种、发行规模、发行期限、发行利率、银行付息方式和银行分销六个维度，对地方政府柜台债一级发行予以比较；另一方面，从交易量、发行认购量、价格变动三个维度对试点省市地方政府柜台债二级发行比较。通过上述逐项比较与综合比较研究，对地方政府债券市场、地方政府柜台债试点省市一、二级市场发行的本质属性与内在规律性有了较为全面系统的把握。其次，本书还基于地方政府柜台债与记账式国债的发行机制、一级发行、二级发行以及投资者结构，地方政府债券与国债流动性等维度开展了同类和异类比较研究，通过"求同"与"求异"的并行式比较分析，寻求二者在债券发行、流动性表现及其内在机制等方面的共同性和特殊性规律。最后，本书还将横向比较与纵向比较整合式运用到研究过程中，对处于同一时间区间的十二个省市地方政府债券商业银行柜台发行试点、地方政府柜台债与国债柜台债的发行状况以及地方政府债券与中国国债、美国市政债的流动性等问题予以了横向比较研究，以了解各自的优劣情况，以便管理决策参考。与此同时，本书还将纵向比较研究嵌入到横向比较研究之中，通过投资主体以及一级发行的发行类型、发行规模、发行利率、发行节奏和二级发行的交易量、认购量、价格变动等维度的动态比较分析，来探求和把握地方政府债券发行及其流动性的变化过程和发展态势，进而揭示其内在的发展规律性，以便更好地洞察和明晰影响我国地方政府债券发行及其流动性的诸多问题，并为提出相应的政策性建议提供实证支撑与理论启发。

---

① 林聚任，刘玉安. 社会科学研究方法［M］. 济南：山东人民出版社，2008：151.

3. 混合研究方法

混合研究是指"在同一研究中将定性与定量两种研究方法相结合的一种研究类型"①。混合研究方法是将定性研究与定量研究结合起来应用于单一研究或多阶段研究的方法论，其运用体现在研究问题、研究方法、数据收集、数据分析、整合推断等主要研究阶段②。20 世纪 90 年代中后期以来，混合研究方法在社会科学研究中的合法性地位得以确立和巩固，成为继定量研究方法论、定性研究方法论之后出现的第三次研究方法论浪潮和第三种实证研究范式③④。因此，本书在研究中主要采用了混合研究法方法。在研究过程中，定性研究与定量研究始终是一个连续性的统一体，二者据其方法适用性单独或交互运用于研究的某一阶段，形成了由定性研究向定量分析最后再回归定性研究的方法路线。定性研究方法，也称质化研究方法，是研究者根据社会现象或事物所具有的属性和在运动中的矛盾变化，从事物内在的规定性来研究事物的一种方法或角度。它以普遍承认的公理、系统的演绎逻辑以及大量的历史事实为分析基础，从事物的矛盾性入手，描述、阐释所研究的事物。本书在研究中分别以试点地方政府债券商业银行柜台发行的十二个省市和重庆市为例分别开展多案例分析和单案例分析研究，并且连续三年对重庆市地方政府债券发行主管部门开展了追踪式深度访谈和实地调研。通过对大量数据资料的归纳和比较，对地方政府债券发行及其流动性等相关问题予以了分析和解释，并在综合参考借鉴前人研究的基础上，探索构建起地方政府债券发行及其流动性的研究框架，并据此展开了深入而细致的研究。在运用定性研究方法的基础上，本书也相当重视配合使用定量研究方法。所谓定量研究是将问题与现象以数据量化的形式予以表示，进而去分析、解释相关原因或趋势，从而获得理论性意义的研究方法和过程。在本书的研究过程中，通过对我国各省市地方政府债券、国债以及美国市政债等相关数据的横向与纵向量化比较分析，并辅之以图表等直观形象的数学工具

---

① Hesse – Biber S, Johnson R B. Coming at Things Differently: Future Directions of Possible Engagement With Mixed Methods Research [J]. *Journal of Mixed Methods Research*, 2013, 7 (2): 103 – 109.

② 阿巴斯·塔沙克里，查尔斯·特德莱. 混合方法论：定性方法和定量方法的结合 [M]. 唐海华，译. 重庆：重庆大学出版社，2010：4 – 6.

③ Johnson R B, Onwuegbuzie A J, Turner L A. Toward a definition of mixed methods research [J]. Journal of Mixed Methods Research, 2007, 1 (2): 112 – 133.

④ 约翰·W. 克雷斯威尔. 研究设计与写作指导：定性、定量与混合研究的路径 [M]. 崔延强，译. 重庆：重庆大学出版社，2007：164 – 165.

加以描述，刻画了研究对象各自的异同特性和变化趋势。在此基础之上，又通过逻辑推理、SWOT 分析模型等质性研究方法揭示研究对象各自的内在规律性和矛盾变化，提出优化地方政府债券发行和提升其流动性的政策性建议。

（二）技术路线

本书首先概况介绍了我国地方政府债券发行及其流动性研究的背景，在此基础上较为系统地梳理了地方政府债券发行及其流动性研究的相关基础理论与文献，进而在参考借鉴美国等发达国家地方政府债券发行经验的同时，对我国地方政府债券的发行审批、投资主体以及发行方式的比较予以了总体性的研究分析。在此基础上，本书基于地方政府债券发行中的商业银行柜台发行试点和流动性提升两大主题相继展开递进式的分析探讨与问题研究。一方面，以地方政府债券商业银行柜台试点发行的十二个省市为例，对其发行机制、一级和二级发行予以横向比较。同时，以国债柜台债为参照，对地方政府柜台债与国债柜台债予以分层级多维度的比较分析研究，进而在综合前述分析之上，识别和归纳出我国地方政府债券发行在总体上尤其是在商业银行柜台发行试点上存在的问题。另一方面，基于对我国地方政府债券市场的分析，本书在理论解构地方政府债券流动性的基础上构建其评价体系，并基于此评价体系，从定量与定性相结合的角度，将地方政府债券与国债、美国市政的流动性予以比较研究，进而在综合前述分析之上，识别和判断影响我国地方政府债券流动性的障碍性因素。最后，本书将基于前述研究所剖析出来的问题及障碍因素，以重庆市为例，采用 SWOT 分析框架对优化重庆市地方政府柜台债的发行策略及其通过商业银行柜台市场发行地方政府债券可行性予以预判预研。同时，从政策性供给优化和市场性改革创新驱动两个维度，对地方政府债券流动性的提升予以了展望。

具体的技术路线图如图 1 - 1 所示。

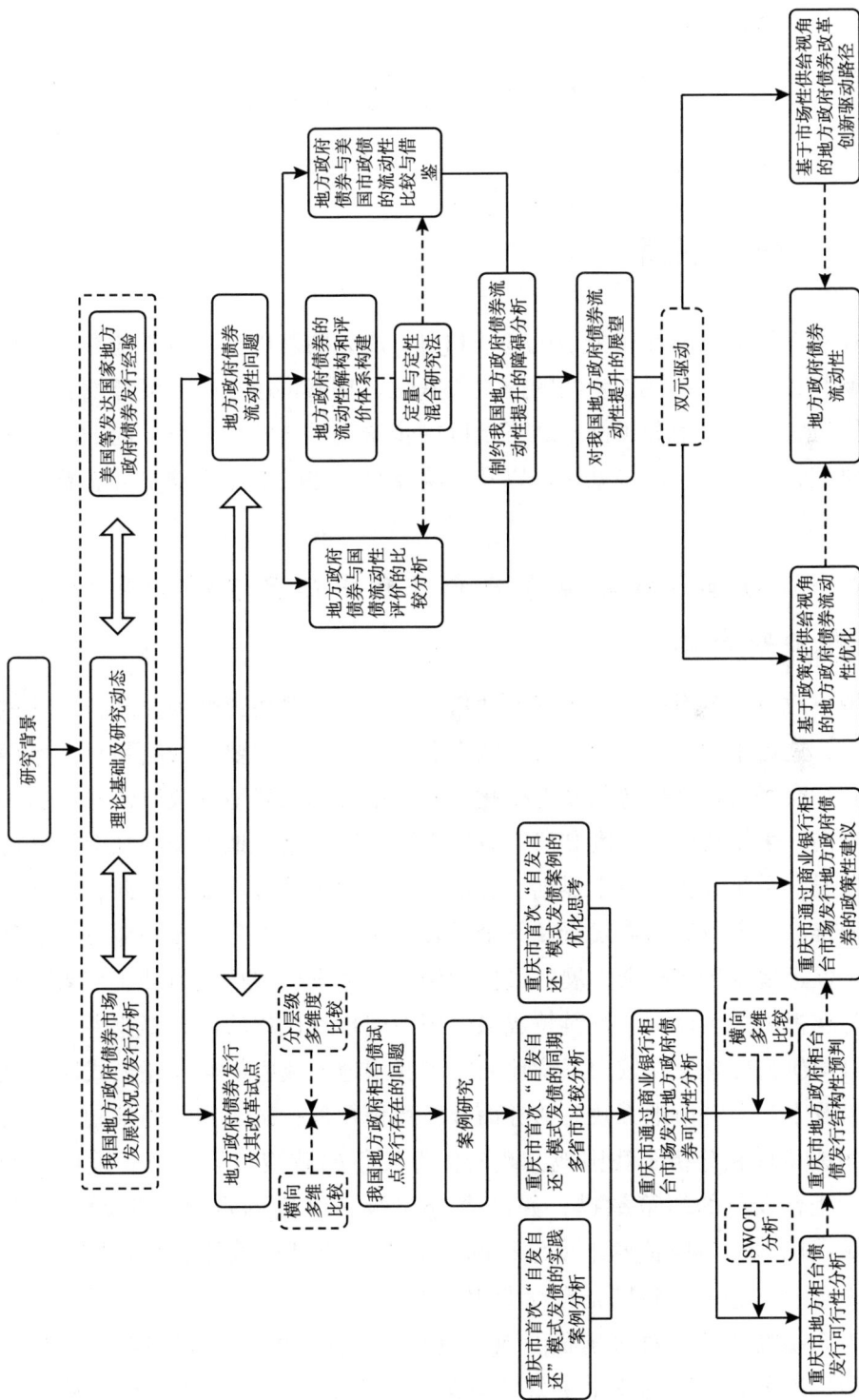

图1-1　研究的技术路线

第三节 研究创新与展望

一、研究创新

在参考借鉴国内外相关理论基础和研究成果的基础上，基于地方政府债券发行与其债券流动性二者间的内生关联性，本书将地方政府债券发行与流动性提升整合到一个分析框架之下予以同步研究，试图在研究导向的二元融合、研究方法的分层级多维比较以及策略体系构建的双元驱动整合思路等方面有所创新贡献。

（一）在地方政府债券研究过程中凸显了科学导向与政策导向的融合性

地方政府债券发行具有极强的政策性，必须在严格遵循国家现行政策的基础上，立足中国特色社会主义财政事业发展的现实需要和战略目标，紧跟国内外社会经济发展形势的动态变化，精准把握和预研地方政府债券发行的政策走向，采用科学的态度和研究方法手段，紧密结合地方经济社会发展的实际情况，系统分析、科学谋划、提前准备、相机推进。唯有如此，方能高质量地推动地方政府债券发行及其全过程科学治理，充分发挥好地方政府债券对于促进地方经济社会发展的最佳效用。本书秉持"广大科技工作者要把论文写在祖国的大地上，把科技成果应用在实现现代化的伟大事业中"的新时代科学研究理念，在较为系统地回顾了我国地方政府债券发还模式阶段性发展以及十二个省市地方政府债券商业银行柜台发行试点实践的基础上，较为全面地梳理和分析了我国地方政府债券发行的政策背景以及各地试点商业银行柜台发行的政策举措，并结合分层级多维度的定量与定性比较分析，对我国地方政府债券未来发行的政策走向予以较为科学的研判、对我国地方政府债券发行特别是在商业银行柜台发行试点中存在的主要问题予以较为系统的梳理、对影响我国地方政府债券流动性的障碍因素予以多维度的结构性分析，既为本书更好地聚焦地方政府债券发行所迫切期待解决的现实问题、开展系统性的研究奠定了兼顾现实性和前瞻性的政策导向基础，又为立足我国地方政府债券发行实践，有力推动地方债券发行改革与发行质量、提升我国地方政府债券的流动性和发行治理水平提供了一系列具有较强科学理论支撑和实践问题导向的政策性建议。二者相得益彰，凸显了本书研究过程及其研究结论中将理论科学性和应用政策性有机融合统一的一大特点。

（二）在研究中贯穿了定量与定性相结合的分层级多维度比较分析范式

本书在研究中秉持了混合研究方法的基本范式。基于试点省市地方政府柜台债一级发行与二级发行实践，构建起了分层级多维度的比较研究分析框架。不论是在试点省市间地方政府柜台债发行的比较研究中，还是在地方政府柜台债与国债柜台债的分析比较中，甚至在探索构建我国地方政府债券流动性评价体系框架的过程中，这种研究思路与范式都始终得以彰显。就试点省市间地方政府柜台债的比较分析而言，在一级发行的层面分别从发行债券品种、发行规模、发行期限、发行利率、银行付息方式、银行分销比六个维度予以了比较分析；在二级发行的层面分别从交易量、发行认购量、价格变动对试点省市地方政府柜台债二级发行予以比较分析。就地方政府柜台债与国债柜台债比较分析而言，分别基于发行类型、发行规模、发行期限、发行利率、银行付息方式、发行节奏六个维度在一级发行层面予以比较分析；基于交易量、价格变动两个维度在二级发行予以比较分析。这种分层级多维度的比较分析研究为厘清地方政府柜台债发行试点中存在的问题，对重庆市通过商业银行柜台市场发行地方政府债券开展可行性论证、结构性预研提供了实证依据与研究启发，同时也增强了本书对重庆市通过商业银行柜台市场发行地方政府债券所提政策性建议的针对性和现实性。就探索构建我国地方政府债券流动性评价体系框架而言，本书基于对债券流动性的深度理论解读和系统化的方法构建，在既有的交易量、换手率二维量化指标基础上，根据流动性黑洞理论，整合了产品结构、市场参与者、债券发行机制、交易运行机制和配套政策五个定性向度，探索性地构建了定量维度分析与定性向度考量相结合的我国地方政府债券流动性评价体系。这种定量与定性耦合的评价体系有助于更加全面客观地检视和刻画评价我国地方政府债券的流动性，为进行深度的比较分析和洞悉流动性生成的机理提供了系统、全面、有数据动因和理论基石的研究框架体系。

（三）在研究过程中尤其突出了双元驱动的整合性策略体系构建思路

本书在研究中（特别是在对策性研究阶段）突出了双元驱动的整合性策略体系构建思路，不论是基于结构性与政策性相耦合的重庆市地方政府柜台债后续发行策略预研，还是基于积极性因素与障碍性因素整合的我国地方政府债券流动性提升向路及其政策性供给与市场性供给双元驱动的供给优化改革路径，都充分体现了这种策略构建思路。就基于结构性与政策性相耦合的重庆市地方政府柜台债后续发行策略预研而言，本书通过比较分析研究，基于试点省市地方政府柜台债发行的实践以及国债柜台债的先行经验，在剖析和反思地方政府柜台债发行试点中存在问题的基础上，充分考量了重庆市地方政府柜台债后续发行面临的内部优劣势和外部机遇挑战，进而从结构性预研与政策性治理两个方面整合性地形成了研究结论，充分地体现了课题研究的实践针对性和理论前瞻性，坚持了问题导向与目标导向的有机统一，促进了系统性治理与结构性设计的双向发力和靶向施策。就基于积极性因素与障碍性因素的整合构建起"双向发力"提升向路而言，本书通过对我国国债流动性的本土化经验和美国市政债流动性相对成熟的国际性经验的比较分析，在完成对激活我国地方政府债券流动性积极性因素构建的同时，又厘清了影响我国地方政府债券流动性的消极性因素，进而从激发积极性因素和消解障碍性因素的双向互动视角为提升我国地方政府债券的流动性提供了全新的决策视角和行动逻辑。就整合构建政策性供给与市场性供给"双元驱动"的供给优化改革路径而言，本书在研究结论中贯穿了供给侧结构性改革的主线，基于供给端作用机制的差异性，提出了"供给优化、双元驱动"的地方政府债券流动性提升展望新视角，从优化政策性供给和市场性供给的结构入手，为逐步提升重庆市乃至其他省市地方政府债券的流动性提供了有价值的策略体系构建指引。

二、研究展望

（一）地方政府债券发行与其流动性之间的互动机理还有待进一步系统深入研究

本书基于地方政府融资相关理论和债券流动性相关理论，在既有的地方政府债券研究成果基础之上，将研究主题聚焦于我国地方政府债券的发行与流动性两大问题具有内生关联性的问题，并将二者纳入一个整合分析框架中予以同步研究，并取得了一定成果。但美中不足的是，由于目前我国地方政府债券启动大规模发行的时间还不够长，相关研究的资源和数据获取渠道也相对有限，暂时不能够完全获取地方政府债券发行及其流动性测评所需要的全部数据资料，以至于尚不能够通过严格的实证研究方法验证地方政府债券发行与地方政府债券流动性之间的关联性，进而探究二者间内生性的互动机制，只能通过地方政府融资与债券流动性相关理论二者间的逻辑推演，基于既有对地方政府债券发行与其流动性之间关联性研究的相关文献以及在重庆市地方政府债券发行主管部门实地调研的结论，对地方政府债券发行与地方政府债券流动性二者之间存在的互动关联性予以整体性的推理判断，并根据二者之间在理论推演和实务判断上存在的关联性开展整合性的研究分析，在对地方政府债券发行与地方政府债券流动性之间的互动机理上探讨上，还有待于未来基于实证分析结论之上进一步的系统深入研究。

（二）基于投资者行为的地方政府债券发行与流动性研究还有待进一步继续推进

地方政府债券的投资者行为研究是推动地方政府债券发行机制进一步优化完善的微观基础，也是揭示地方政府债券流动性变化规律的关键问题。2019 年开启的部分省市通过商业银行柜台市场发行地方政府债券的试点，标志着我国地方政府债券的发行市场正在由过去的交易所债券市场、银行间债券市场开始向商业银行柜台市场进一步拓展，其投资主体也逐步由过去的以机构投资者为主进而延展到广大个体和中小投资者。并且，随着地方政府商业银行柜台债的发行及其市场规模的不断扩大，个体和中小投资者参与地方政府债券投资认购的规模和交易份额的占比也会越来越大，研究其群体性投资行为的内在规律及其影响因素，对于进一步深化我国地方政府债券发行机制改革和提升地方政府债券的流动性，具有非常重要的学术价值。但由于研究团队的人力、财力、精力和数据资源获取渠道有限，尚难面向十二个试点省市开展大规模的个体和中小投资者问卷调研，加之地方政府商业银行柜台债发行试点仅涉及十二个省市且目前只开展了一年，相关投资者（特别是涉及个人和中小投资者）的相关数据积累尚不足以满足其行为结构性建模研究的需要，这也为本书深度开展地方政府债券投资者行为及其变化影响因素的实证研究带来了不可逾越的数据鸿沟和研究障碍，以至于本书只能基于机构投资者与个人及中小投资者在资金持有量、投资管理、投资结构和投资行为等维度的开展质性的差异化比较分析，而缺乏建立在大量问卷调查基础之上对不同投资主体的行为特征与投资偏好差异的结构性建模实证分析，进而制约了本书对地方政府债券发行及其流动性与投资者行为之间的关联性机理予以实证研究与分析验证。这也是未来地方政府债券发行及其流动性研究向行为金融学范式延伸拓展的一个极具理论价值和学术前景的研究领域。

（三）地方政府债券发行对策在多案例研究上还有待进一步拓展以增强其普适性

本书的研究团队与重庆市财政局在地方政府债券发行领域保持了长期稳定的政校研究合作和智库咨询互动，因此相对于选择其他省市作为案例研究对象而言，研究团队选择以重庆市地方政府债券发行为案例研究对象，在调研访谈掌握一手资料以及搜集相关数据资料上具有较大的研究优势。同时，作为承担政校合作研究任务的智库团队，本书研究团队又必然需要扎根重庆市地方经济社会发展的实际，尽可能从政策性建议上去满足重庆市地方政府债券发行优化的现实要求，为推动重庆市地方政府债券发行的优化与改革提供资政建议。当然，这样以重庆市为个案的单案例研究，在使得其对策建议在更具针对性的同时，也可能会由于各省市在地方政府债券发行上的差异性而影响到其结论的普适性程度。正如罗伯特·K.殷（Robert K. Yin）所言，尽管单案例与多案例"两种研究设计都能取得圆满的结果，但是，如果有条件（和资源）的话"，"应该选择多案例研究设计，而非单案例研究设计"。因为，"从两个或更多案例中总结出来的结论会比从一个案例中总结出来的结论更扎实、更具说服力"。多案例研究存在"进行逐项复制的机会","分别独立地从两个案例中得出的结论并相互印证，就如同从两个实验中分别得出结论"，这比"仅从一个案例（或一个实验）中得出的结论更具说服力"。此外，基于"具有较强对比性"的多案例研究设计，也可以通过案例的"差别复制"进而提高其研究结果的外在效度。① 由此可见，如果在条件和资源满足的条件下，通过跨省市的地方政府债券发行多案例，可以在进一步提升研究对策建议普适性程度的基础上，及时发现各省市地方政府债券发行的差异化经验，并将其升华为一般性的对策性建议予以推广。这也是未来我国地方政府债券发行研究可以在案例研究方法上予以进一步拓展和深化的领域。

---

① 罗伯特·K. 殷. 案例研究：设计与方法原书第 5 版［M］. 重庆：重庆大学出版社，2017：79.

第二章

理论基础与研究动态

第一节　研究的理论基础

一、地方政府融资相关理论

现代经济学在某种程度上为开展地方政府融资举债等相关研究提供了基础理论支持。[①] 国内外学者对地方政府融资举债予以了多理论视角的相关研究，其中具有代表性的经济学相关基础理论有公共产品理论、财政分权理论、代际公平理论。

（一）公共产品理论

1776 年，亚当·斯密（Adam Smith）在其著作《国富论》中界定了公共产品的实质性内容。此后，众多学者相继对公共产品的供给效率等问题予以了深入研究。在对公共产品供给条件领域，比较具有代表性的是瑞典经济学家威克塞尔（Wicksell）。他认为公共产品与私人产品不同，其最优供给条件就是边际正效用等于边际负效用。同时，他提出理想的政治决策程序是力

① 刘源. 我国地方政府债券融资法律规制研究 ［D］. 郑州：郑州大学，2019：20.

求解决供给过程中纳税人偏好而对社会公平产生的扭曲问题。① 威克塞尔理想的政治决策程序要求尽可能在供给数量、质量结构等集体决策中遵循全体一致同意的原则。②

萨缪尔森（Samuelson）在其《公共支出的纯理论》一书中，构建了"萨缪尔森数学模型"，推演出公共产品有效供给的条件，并将其命名为"萨缪尔森条件"。他将公共产品定义为，他人的消费不会减少别人对该种产品或劳务的消费。③ 这一概念受到了学术界的广泛认同。消费的非排他性和非竞争性是区分公共产品和私人产品最鲜明的特性。其中，非排他性是指一个人消费该产品的同时，无法排斥他人对这一产品的消费。而非竞争性则是指增加消费者的边际成本为零，即消费者之间互不影响。但由于免费"搭便车"现象的存在，可能会导致社会和个人不愿意为民众提供公共产品。因此，则需要政府来履行相应的义务。

当然，现实生活中也存在诸多介于纯公共产品和纯私人产品之间的物品，它们被称之为"准公共产品"。准公共产品大量存在于现实生活中，地方政府建设的公共基础设施大多属于准公共物品。由于萨缪尔森所描述的公共产品仅包括纯公共产品，故而存在一定的局限性。因此，布伦德在其基础上予以巧妙的补充，提出了囊括所有产品类型的计算公式。④ 此外，美国经济学家布坎南进而还提出了"俱乐部产品"理论，进一步丰富和发展了公共产品理论⑤。

（二）财政分权理论

所谓财政分权即是指中央政府给予地方政府一定的税收权和支出责任范围，允许地方政府自主决定其预算支出的规模和结构。随着财政分权实践的发展，财政分权理论在泰伯（Tiebout，1956）的著作《地方公共支出的纯

---

① 理盼道，徐芙蓉. 公共产品供给的理论逻辑与实践 [J]. 西安石油大学学报（社会科学版），2018（4）：15-27.
② 王桂娟. 公共产品理论的发展：从财政职能、供给模式到管理创新 [J]. 总共财政学会2010年年会暨第十八次全国财政理论讨论会交流材料汇编（一）：237-244.
③ 邢建国. 公共产品的供给及其治理 [J]. 学术月刊，2007（8）：74-77.
④ 李盼道，徐芙蓉. 公共产品的理论逻辑与实践 [J]. 西安石油大学学报（社会科学版），2018（4）：15-27.
⑤ 胡钧，贾凯君. 马克思公共产品理论与西方公共产品理论比较研究 [J]. 教学与研究，2008（2）：9-15.

理论》中产生，并经历了两个发展阶段。第一代财政分权理论主要是通过信息不对称的作用机制予以分析，进而解释财政分权的合理性以及必要性，其主要代表人物为泰伯（1956）[1]、奥茨（Oates，1972）[2] 以及马斯格雷夫（Musgrave，1959）[3]。他们指出，与中央政府相比，地方政府能够更有效地了解管辖区域居民的偏好，因而在信息方面更占据优势，能够更好更及时地提供公共服务、弥补市场失灵。因此，需要进行适当的分权，给予地方政府相应的财政支出权力与收入能力。并且，他们认为，如果将资源配置的权利向地方政府倾斜，那么地方政府之间的竞争则能够迫使财政决策更好地反映纳税人的偏好，进而强化对政府行为的预算约束。[4] 奥茨（1972）认为，分权理论是以新古典经济学规范理论作为其分析框架的。它考虑的是政府职能在不同政府级次之间进行合理配置以及相应的财政工具应该如何分配的问题。[5]

第二代财政分权理论是在第一代财政分权理论的基础上，融入制度经济学与行为经济学的思想和内容而形成的。[6] 它假设地方政府是与中央政府的支出目标有差异、具有自身利益偏好的、理性经济的市场主体。它在肯定财政分权对政府本身具有激励机制的同时，也进一步解释了财政分权对地方政府行为的影响。其主要代表人物有蒙蒂诺拉（Montinola）[7]，托马西（Tommasi）[8] 等。财政分权理论充分论证了地方政府应享有充分的财权，也为我国地方政府债券发行提供了理论合法性的有力支撑。

（三）代际公平理论

美国法学学者爱蒂丝·布朗·魏伊丝（Edith Brown Weiss）1989 在其著作《公平地对待未来人类：国际法，共同遗产与世代间衡平》一书中，

① Tibeout C. A Pure Thoery of Clubs [J]. *American Economic Review*，1956（64）：20–25.
② Oates. W. *Fiscal Decentralization* [M]. Harcourt，Barce and Jovanovich，1972.
③ Musgrave. R. A. *The Thoery of Public Finance* [M]. McGraw–Hill，New York，1959.
④ 杨灿明，赵福军. 财政分权理论及其发展述评 [J]. 中南财经政法大学学报，2004（4）：3–9.
⑤ 奥茨. 财政联邦主义 [M]. 南京：译林出版社，2012：2.
⑥ 邓松. 财政分权对地方财政基本公共服务支出的影响研究 [D]. 北京：中国财政科学研究院，2019：11.
⑦ Montinola G，Qian Y，Weingast B R. Federalism，Chinese style：the political basis for economic success in China [J]. *World Politics*，1995，48（1）：50–81.
⑧ Tommasi M，Weinschelbaum F. *A principal-agent building block for the study of decentralization and integration* [M]. Universidad de San Andrés，1999.

引入了"行星托管"概念，首次提出了代际公平理论。① 所谓代际公平理论是由保存选择原则、保存质量原则、保存接触和使用原则这三项基本原则所组成。其核心在于任何时候，每一代人都具有享有利用自然资源、满足自身利益、谋求生存发展的平等权利。换句话说，也就是当代人要留给后代人生存发展所必须的环境和自然资源。② 作为可持续性发展的重要组成部分，代际公平理论被广泛应用与接受。

一般而言，政府筹集资金的途径主要有三种：税收、收费以及举债。不同的资金筹集方式所带来的效益也是有所区别的。地方政府筹集资金大多是用于基础设施项目建设。然而，由于一些项目建设所需要的资金规模大，建设周期也比较长，在短时间内很难建成并产生经济效益。若采用增加税收或者提高收费标准的方式偿还存量债务，则对于当代的承担者而言，并不公平。因此，地方政府有必要调节代际之间的矛盾，争取实现代际公平。而地方政府通过发行债券，由群众自愿进行购买，并以税金等方式进行偿还则是一项具有可行性的做法，有利于合理分配资金压力，实现代际间的分配公平。由此可见，代际公平理论也为地方政府发行债券筹集资金提供了理论合法性依据。

二、债券流动性的相关理论

目前，国内外学者相继基于多种理论视角，对政府债券流动性开展了相关研究，其中采用的具有代表性的相关经济学基础理论有信用理论、信息不对称理论和流动性溢价理论。

（一）信用理论

信用的概念早在资本主义生产方式以前就已产生，并且存在于不同的社会形态中，其理论也较为丰富。亚当·斯密在其《国民财富的性质和原因的研究》一书中，就曾对信用理论予以简要阐述，但书中尚未直接使用"信

---

① 爱蒂丝·布朗·魏伊丝. 公平地对待未来人类：国际法、共同遗产与世代间衡平 [M]. 汪劲，于方，王鑫海译. 北京：法律出版社，2000.
② 安立伟. 中国地方政府性债务科学化管理研究 [D]. 北京：财政部财政科学研究所，2013：22－23.

用"一词。① 此后，托马斯·图克（Thomas Tucker）、约翰·穆勒（John Mill）等学者也论及了有关信用问题。亨利·邓宁·麦克鲁德（Henry Dunning Macleod）、约瑟夫·熊彼特（J. A. Joseph Alois Schumpeter）等人提出了货币金融学信用创造学派。马克思凭借其在《资本论》第 1 卷、第 2 卷、第 3 卷及《剩余价值理论》中对信用理论的全面论述，成为经济学发展史上科学信用理论的创始人。② 就总体而言，信用理论的发展经历了马克思信用理论、近代和现代西方经济学信用理论等阶段。而国内的信用理论研究领域则以"吴氏三维信用理论"为代表。马克思将信用的本质视为发达的生产关系，认为这种生产关系是在以资本或雇佣劳动的流通为前提条件而存在的。③ 近代西方经济学则主要是基于银行信用功能评价来阐释信用作用，其典型的理论包括了信用媒介论、信用创造论及信用调节论。④ 其中，信用调节论认为，正是由于信用的扩张或收缩才引发了经济的周期性变动。因此，信用在政府货币政策和财政政策的运行中具有重要的作用。该理论主张基于货币政策与财政政策的协调配合而实施宏观调控，进而将信用与信用秩序视为经济发展的重要基石。现代西方经济学则基于制度经济学、信息经济学两个维度对个人信用理论予以研究。其中，制度经济学信用理论将信用制度的不健全、不完全视为信用缺失的形成主因；而信息经济学信用理论则认为由于信息不对称影响了契约执行，进而影响到信用产生的基础⑤。国内学者吴晶妹提出了"吴氏三维信用理论"，认为信用由诚信资本、合规资本和践约资本三部分组成⑥。国内学者郭亮（2011）运用信用媒介论、信用创造论以及信用调节论对信用治理理论予以了研究⑦。刘绪硕（2019）关注了地方政府债券发行主体的信用问题。他指出，地方政府在发行债券时，就与债券投资者之间建立了基于债权债务的信用关系。但由于地方财政运营可能存在不确定性，故此地方政府的偿债能力也随之表现出不确定性，进而导致风险的产生。他据此认为，由于地方政府发行债券行为的存在，投资者就会产生了解债务人信用状况的权力要求。债券发行主体的信用状况在影响借贷成本的同时，还会影响到地方政府

① 亚当·斯密. 国民财富的性质和原因的研究（上）[M]. 北京：商务印书馆，2011：19–20.
② 陈健. 现代金融理论与研究方法 [M]. 西安：西北工业大学出版社，2012：2.
③ 马克思. 马克思恩格斯全集 [M]. 人民出版社，1962（46）：29.
④⑦ 郭亮. 关于中小企业信用治理问题探讨 [J]. 经济学动态，2011（7）：85–88.
⑤ 武安华. 商业银行个人信用评分研究 [M]. 北京：中国金融出版社，2016：66.
⑥ 吴晶妹. 三维信用论 [M]. 北京：当代中国出版社，2013：29–36.

债券的流动性。由此可见，信用关系在一定程度上也反映了地方政府债券的流动性，同时也与投资者对地方政府信用状况的了解程度紧密相关。①

（二）信息不对称理论

阿克尔洛夫（Akerlof）1970 年在哈佛大学经济学期刊上发表了《次品问题》一文②，首次提出了"信息市场"的概念，对信息不对称理论的研究作出了重要贡献。信息不对称理论是指信息在不同人群中的传播和普及程度不同，具体来讲，即在市场经济活动中，存在不同的市场参与者，他们对信息的了解和掌握的程度存在差异。掌握信息比较多的一方具有一定的信息优势，处于有利地位，掌握信息较少的参与者在交易中的地位则相对不利。③ 裴平（2016）进一步指出，信息不对称的特征在金融领域表现更为明显，并且可能扭曲资源配置，从而阻碍市场经济的发展。④ 魏来（2012）在研究中指出，国债市场存在信息不对称现象及其与债券价格之间存在的密切关系，能够直接影响债券价格。⑤ 刘绪硕（2019）认为，地方政府在信息披露过程中的态度可以用信息不对称理论予以解释。一般而言，财政状况较好的地方政府更愿意主动披露相关信息，以增加潜在投资者对地方政府偿债能力的了解和认同；与之相反，对于信息披露不充分甚至数据造假的地方政府而言，投资者则会回避投资，导致该地方政府债券的估值下降，直接引起地方政府融资成本的上升⑥。

（三）流动性溢价理论

流动性溢价是指投资性资产变现所耗用的时间和成本。短时间内，投资性资产变现的价格若接近市价，则认为该投资性资产具有较高的流动性。对于流动性预期较好的债券，成交价格一般较高；相反，流动性预期较差的债券，成交价格则一般较低。阿米胡德（Amihud Y，1986）使用买卖价差测度了流动性与股票收益的关系，发现流动性与股票收益显著负相关，进而支

---

① 刘绪硕．我国地方政府债券流动性研究［D］．北京：中国财政科学研究院，2019：20 - 21.
② 蔡文英．公司治理与独立审计的互动性研究［M］．广东：暨南大学出版社，2017（10）：19.
③ 崔婧．资产评估操纵的影响因素与经济后果［M］．北京：知识产权出版社，2016（9）：60.
④ 裴平．美国次贷风险引发的国际金融危机研究［M］．北京：中国金融出版社，2016：31 - 32.
⑤ 魏来．我国国债利率期限结构估计——基于流动性和信息不对称的研究［D］．东北：东北财经大学，2012：16.
⑥ 刘绪硕．我国地方政府债券流动性研究［D］．北京：中国财政科学研究院，2019：21.

持了流动性溢价理论，即流动性差的资产预期收益比流动性好的资产高。[1]
瓦亚诺斯（Vayanos，2007）构建了一个资产交易模型，发现流动性溢价在
交易集中的市场结果更加明显。[2] 罗登跃（2007）基于三因素资产定价模型
研究发现，中国股市存在显著的市场风险溢价以及显著的流动性风险溢价，
并且在一定程度上，股市风险影响着市场的预期收益率。[3]

第二节 国内外相关研究动态

一、地方政府债券发行的相关研究

（一）地方政府发行债券的必要性研究

目前，美国、日本等国的地方政府债券已相当成熟，鲜有涉及对地方政
府发行债券的必要性和可行性的研究。而我国自1995年《中华人民共和国
预算法》颁布起，至今地方政府举债先后经历了从禁止到恢复的发展过程，
因此，相对而言我国的地方政府债券发行起步较晚。尤其是在是否有必要启
动我国地方政府债券发行这一关键性问题上，我国众多学者纷纷从不同的角
度开展了相关研究。其中，大多数学者认为我国已具备发行地方政府债券的
条件，并进一步分析了地方政府举债所能带来正向效应。郭忠孝（2004）研
究指出，我国目前依靠增发国债拉动内需存在一定的局限性，促进经济增长
的趋势也逐渐减缓。因此，他认为地方政府发行债券将成为继国债之后拉动
内需、促进经济发展的一大举措。[4] 刘优辉（2004）认为，市场上存在诸多
"准公共产品"，需要政府介入并合理分配资源。同时，由于1997年分税制

---

① Amihud Y, Mendelson H. Asset pricing and the bid-ask spread [J]. *Journal of financial Economics*, 1986, 17 (2): 223 – 249.

② Vayanos D, Wang T. Search and endogenous concentration of liquidity in asset markets [J]. *Journal of Economic Theory*, 2007, 136 (1): 66 – 104.

③ 罗登跃，王春峰，房振明. 中国股市总流动性与资产定价关系实证研究 [J]. 中国管理科学，2007, 15 (2): 33 – 38.

④ 郭忠孝，周欣，刘钟钦. 中国发行地方政府债券的必要性，可行性及对策 [J]. 沈阳农业大学学报：社会科学版，2004, 6 (4): 340 – 343.

改革不够彻底，以至于地方政府现有收入无法完全满足其支出需求。因此，他认为地方政府需要适度举债筹集必要的资金。① 雷伟等（2006）通过研究发现，地方政府债券的收益率高于同期国债利率，而低于同期公司债权利率。因此，他认为地方政府债券可以为广大人民群众提供新的投资途径，以更好地满足储蓄资金和保险资金的投资需求。② 胡艳慧（2010）从两个方面强调了地方政府发行债券的正效用。她认为，地方政府发行债券一方面开拓了城市基础设施建设的融资渠道，另一方面也改善了我国基础设施建设落后、资金投入不足的现状③。

当然，也有部分学者从另一个视角来分析我国地方政府债券发行可能引发的负效应。这部分学者认为，地方政府发行债券非但不能缓解地方政府的财政压力，反而存在加剧地方政府债务负担、抑制产业结构调整等负面效应，因而从理论上并不支持我国地方政府发行债券。刘华等（2003）基于对地方债的经济学基础和制度基础分析，认为地方政府发行债券不仅会影响国债发行，还会进一步对中央控制资源和财力产生影响，甚至还可能导致重复建设等情况的频频出现，从而抑制产业结构的调整。他同时认为，由于我国各个地区之间的发展状况不一致，经济落后地区会提高当地地方政府债券的收益率，以期阻止本地资金外流和吸引其他地区投资者购买本地债券，进而将资金流引向当地。如此一来，发达地区也会随之相应提高地方债的收益率。因此，他认为地方政府发行债券不仅会增加地方政府的财政负担，还会进一步加剧地区间发展的不平衡性。④ 就具体而言，王伟（2007）从法律法规、地方政府财政不独立、存在较大的道德风险、债务负担大、政府信用问题五个方面分析论证了地方政府发行债券并不可行⑤。

（二）地方政府发行债券风险的相关研究

国内外学者对地方政府发行债券存在的风险研究较多。国外的学者中，拉里·哈里斯（Larry E. Harris，2006）基于美国债券市场 167 000 个样本数

---

① 刘优辉. 关于我国地方政府发行公债的必要性和可行性分析 [J]. 财政研究，2004（10）：50 - 53.
② 雷伟，肖涛. 发行我国地方政府债券的必要性 [J]. 经济研究参考，2006（39）：20 - 21.
③ 胡艳慧. 我国发行地方政府债券必要性分析 [J]. 合作经济与科技，2010（12）：100 - 101.
④ 刘华，余维彬. 我国地方政府发债的可行性思考 [J]. 财贸经济，2003（2）：45 - 49.
⑤ 王伟. 我国地方政府发行市政债券的必要性及可行性分析 [J]. 消费导刊，2007（7）：16 - 17.

据的实证研究发现，市政债的交易成本对其信用风险的影响显著。[①] 亨佩尔（Hempel.，1972）围绕市政债投资项目的"公益性"这一主题进行研究发现，与普通企业债相比，市政债投资回报更低、投资风险更高。[②] 基德韦尔（Kidwell，1982）甚至认为，在某种特定的情形下，地方政府发行债券的信用风险可能还会高于企业债券。[③] 弗伦克尔（Frenkel，1995）研究发现纽约市的财政危机不会导致投资者的风险观念发生根本性的变化，但会提高市政债券市场的利率，并且即使纽约市违约，其影响总利息的持续时间也较短。[④] 巴霍—鲁比奥（Bajo - Rubio，2010）通过分析发现，政府若能主动清偿相关的债务，且其债务率等指标尚能满足预算约束条件，则地方政府举债就不存在违约风险。[⑤] 伊斯特利（Easterly，1999）基于财政幻觉相关概念发现，为了减少债务的账面余额，地方政府可能通过隐性债务而隐藏真实债务[⑥]，这也势必造成潜在的风险。

国内学者对地方政府举债风险的研究则较为具体。郭琳等（2001）认为，地方政府举债的风险主要表现为内在风险与外在风险两方面。所谓内在风险即是指地方政府举债所面临的不确定性及其存在缺陷而带来的风险；外在风险则是指地方政府举债引发其他相关问题的风险。[⑦] 王淑梅等（2008）则将地方政府举债的内在风险更加具体化，他认为地方政府举债存在的风险类型可以分为规模风险、结构风险、效率风险以及外在风险四种类型。其中，规模风险是指由于地方政府举债规模过大而不能及时偿还的风险；结构风险是指不同类型地方政府债务所存在的隐患；效率风险是指地方政府因筹集的债务资金使用效率低，以至于不能偿还债务的风险；而外在风险则是指

---

① Larry E. Harris, Mike S, Piwowar. Secondary Trading Cost Sin the Municipal Bond Market [J]. *The Journal of Finance*, 2006 (6): 1361 – 1397.

② Hempel, G. An Evaluation of Municipal Bankruptcy Laws and Proceedings [J]. *Journal of Finance*, 1972 (27): 1012 – 1029.

③ Kidwell D S, Trzcinka C A. Municipal bond pricing and the New York City fiscal crisis [J]. *The Journal of Finance*, 1982, 37 (5): 1239 – 1246.

④ Frenkel JA, Razin A. Government Spending, Debt and International Economic Interdependence [J]. *Economic Journal*, 1995 (379): 619 – 636.

⑤ Bajo - Rubio O, Díaz - Roldán C, Esteve V. On the sustainability of government deficits: some long-termevidence for Spain, 1850 – 2000 [J]. *Journal of Applied Economics*, 2010, 13 (2): 263 – 281.

⑥ Easterly W, Haan JD, GaIi G. When is fiscal adjustment an illusion? [R]. Meeting of the Economic Policy Panel, 1999: 57 – 86.

⑦ 郭琳，樊丽明. 地方政府债务风险分析 [J]. 财政研究，2001 (5): 64 – 68.

地方政府不能按时清偿债务所引发的其他风险。① 施耀等（2013）基于我国地方政府发行债券定价的角度，对我国已发地方政府债券的发行利率予以统计比较，发现我国地方政府发行债券存在定价低、不能反映信用利差和流动性溢价，且存在政府干预市场机制等问题。② 呼显岗（2004）通过研究则认为，我国地方政府债务风险已逐步显现，且呈蔓延趋势，需要积极防范与化解，以防止其向中央政府转嫁。③ 赵红漫等（2016）基于博弈论分析，认为地方政府在面对发展问题时，应当理性、客观、合理地运用债务杠杆，而不是毫无节制的举债。④ 伏润民等（2012）认为，我国地方政府举债与否及其举债规模分析，不能局限于财政收支平衡、债务偿还能力等表象因素，还应结合对未来经济形势的预判。他认为，不仅如此，还应当构建地方政府举债数量以及其他经济变量的财政收支和经济增长动态函数，形成地方政府举债可持续性规划求解的目标与控制变量。⑤

（三）地方政府举债经济后果的相关研究

目前，国内外学者对地方政府举债经济后果的认识尚存分歧。主要分为地方政府举债有利于经济增长、不利于经济增长及其经济后果影响具有不确定性三方面：

凯恩斯（Keynes）在其著作《就业信息和货币通论》中指出，政府举债最终能够能增加社会财富。如果其借债用来于兴办公共事业，则可以增加投资，如果其用来弥补预算赤字，将促进储蓄提高。⑥ 新自由主义经济学家米塞斯（Mises）也认为，公债不同于一般债券，与国民经济之间存在着正相关关系。⑦ 同时国内经济学家，洪银兴（1997）也认为，地方政府债券发行具有市场性，即具有准企业行为，能够能正向推动市场化进程。⑧ 贾俊雪

　　① 王淑梅，王光宇，考燕鸣著. 防范和化解中国地方政府债务风险 [M]. 沈阳：东北大学出版社，2008，12：20 - 21.
　　② 施耀，陈作章. 我国地方政府债券发行定价问题研究 [J]. 北方经贸，2013（11）：86 - 88.
　　③ 呼显岗. 地方政府债务风险的特点、成因和对策 [J]. 财政研究，2004（8）：42 - 45.
　　④ 赵红漫，许静怡，陈庭强. 地方政府债务风险形成机理的博弈分析 [J]. 会计之友，2016（20）：10 - 14.
　　⑤ 伏润民，缪小林，师玉朋. 政府债务可持续性内涵与测度方法的文献综述——兼论我国地方政府债务可持续性 [J]. 经济学动态，2012（11）：86 - 93.
　　⑥ 凯恩斯. 就业利息和货币通论 [M]. 徐毓丹译. 北京：生活·读书·新知三联书店，1957：4 - 6.
　　⑦ 米塞斯. 人的行动——关于经济学的论文 [M]. 余晖译. 上海：上海人民出版社，2013：158.
　　⑧ 洪银兴. 地方政府行为和中国市场经济的发展 [J]. 经济学家. 1997（1）：42 - 50.

（2011）基于通过构建内生增长迭代模型的实证研究，发现政府发行债券筹集资金在改善财政状况的同时，也有利于促进长期经济增长。由此可见，可以看出财政规则对于财政政策促进经济增长、控制政府债务规模时发挥着重要作用。① 徐长生（2016）基于面板分位数回归方法，以 2006～2013 年我国255 个城市 1424 个政府融资平台的样本数据为实证研究样本，运用面板分位数回归方法进行研究，发现地方政府举债融资能够促进城市经济发展，但其影响系数存在着地域差异。相对而言，落后地区举债融资建设的效果较差。② 吴涛（2019）基于实证分析发现，地方政府债券融资与经济增长存在显著的门槛效应，且只存在单一门槛。他认为，当低于该门槛值时，地方政府债券融资能够能推动经济增长。③

与之相反，部分学者则从不同角度论证了政府举债不利于促进经济增长。古典经济学派的典型代表亚当·斯密就认为，当一个国家出现财政赤字或财政短缺时，政府不应该举债，而应当收税。他认为在和平时期，政府发行公债会降低投资消费，造成经济发展缓慢。④ 戴蒙德（Diamond，1965）研究发现，就长时间而言，政府只要存在着债务，不管是内部债务还是外部债务，均会抑制资本积累，进而降低社会福利。⑤ 埃尔门多夫（Elmendorf，1999）在深入分析等价定理后发现，政府通过举债筹资和收税筹资两种方式对经济增长的影响就长远来看是有区别的。若私人储蓄低于政府赤字上升导致的公共储蓄减少额，那么就会降低投资，从而对国家总产出的增长带来负面影响。⑥ 科克伦（Cochrane，2011）则进一步认为，政府举债规模过高会对经济增长带来负面效应，甚至抑制短期经济发展。⑦ 国内学者罗珏（2013）也指出，地方政府举债存在规模大、不透明等问题，以致于容易引发债务风险，导致宏观经济不稳定。⑧ 司海平等（2018）认为，虽然地方政

① 贾俊雪，郭庆旺．财政规则，经济增长与政府债务规模［J］．世界经济，2011（1）：73－92．
② 徐长生，程琳，庄佳强．地方债务对地区经济增长的影响与机制——基于面板分位数模型的分析［J］．经济学家，2016，5（5）：77－86．
③ 吴涛，包骏．地方政府债券市场融资的经济增长效应研究［J］．新金融，2019（10）：23－29．
④ 亚当·斯密．国富论［M］．郭大力，王亚南译，北京：商务印书馆，2015：324．
⑤ Diamond PA. National Debt in a Neoclassical Growth Model［J］．*American Economic Review*，1965（55）：1125－1150．
⑥ Elmendorf D. W.，Mankiw G. N. Government Debt. J. B. Taylorand M. Woodford. Handbook of Macroeconomics［C］．Elsevier，1999：1615－1669．
⑦ Cochrane J. H. Understanding Policy in the Great Recession：Some Unpleasant Fiscal Arithmetic［J］．*European Economic Review*，2011，55（1）：2－30．
⑧ 罗珏．借鉴国际经验强化地方政府债务融资风险管理［J］．西南金融，2013（7）：40－43．

府债券发行是缓解资金约束的重要手段，但其风险属性也很可能影响经济发展。[①]

除此二者之外，还有部分学者认为政府举债对经济增长的影响具有不确定性。佩斯卡托里（Pescatori，2014）通过研究指出，政府债务与经济增长之间的存在比较复杂的非线性关系。[②] 胡翠（2011）基于拉姆齐—卡斯—库普曼斯框架而构建的理论模型研究发现，小国对外负债率与经济增长之间只存在单调关系，而大国外债与经济增长之间可能存在负向单调关系、正向单调关系以及倒"U"型关系。在此基础上，他利用脊线方程进行了实证分析，研究结果表明：不管对外负债率处于何种水平，发展中国家负债率的增加会使经济增长的速度下降，对发达国家而言，以60%为界，负债率对经济增长的影响呈现相反的效应。[③] 陈诗一等（2016）基于三部门动态博弈模型对地方政府债务与经济增长等变量之间的关系予以了研究，发现在不受债务约束的情况下，政府举债与经济增长之间存在倒"U"型关系。在此基础上通过估算不同类型地方债务对经济增长的影响及区域差异，研究结果表明，东部地区过高的政府隐性债务积累不利于经济增长，而中西部地区显性债务对当地的经济增长有显著贡献。[④]

二、地方政府债券流动性的相关研究

（一）流动性研究缘起及其内涵的相关研究

证券市场的生命力在于流动性。倘若证券市场因流动性缺乏致使交易难以顺利达成，那么证券市场也就丧失了其存在的基础。正因如此，阿米胡德与门德尔森（Amihud and Medelson，1988）提出了"流动性是市场的灵魂，流动性是市场的一切"的观点[⑤]。他们认为，流动性好的市场能够增强参与

① 司海平，刘小鸽，魏建. 地方政府债务融资的顺周期性及其理论解释 [J]. 财贸经济，2018（8）：21 – 34.
② 朱文蔚. 县级政府性债务对县域经济增长的影响——以湖南为例 [J]. 经济体制改革，2018（1）：67 – 72.
③ 胡翠，许召元. 对外负债与经济增长 [J]. 经济研究，2011（2）：19 – 30.
④ 陈诗一，汪莉. 中国地方债务与区域经济增长 [J]. 学术月刊，2016，48（6）：37 – 52.
⑤ Amihud Y and Mendelson H. Liquidity，Volatility and Exchange Automation [J]. *Journal of Accounting，Auditing，and Finance*，1988，Vol. 3 No. 4 Fall，369 – 395.

者信心，进而能够有效抗御外部的冲击，降低系统风险。

流动性理论最早起源于 20 世纪 30 年代。1936 年，凯恩斯、纽曼（Newman）相继提了流动性偏好理论、"流动性学说"。凯恩斯在其货币需求理论中，将流动性偏好理论置于其核心地位①。同年，纽曼在其"流动性学说"② 一文中，也系统研究了流动性理论，并对流动性作出了一般性的定义，进而为现代流动性理论奠定了基础，开启了学术界对流动性的系统性研究。希克斯（Hicks，1962）将流动性视为市场价格将来的波动性或者立刻执行交易的可能性。③ 巴吉霍特（Bagehot，1971）则聚焦流动性存在的评判，认为在评判市场流动性是否存在时，应该重点考虑因信息不对称而存在逆向选择的影响、交易价格的影响力以及交易成本变化的比例三个方面。④哈里斯（Harris，1990）则侧重于考量流动性的市场表现，他认为市场良好的流动性表现为能够快速完成任意交易数量的双边交易，实现交易成本最小化。⑤ 国内学者张蕊（2010）将流动性理解为在执行大额交易时，能够以较低的成本进行且不会造成价格剧烈波动的市场状态。⑥ 李新（2001）关注了国债的流动性，认为流动性是指包括国债在内的资产兑付成现金的即时性价格。⑦ 但就总体而言，学术界对流动性的定义目前仍尚未完全统一。尽管对流动性定义予以关注研究的文献颇多，但由于流动性内生具有的多重性与研究情境的差异性，基于不同的研究目的和情境领域，不同学者对流动性定义的构念也不尽相同。

（二）债券市场流动性测度相关研究

基于不同的交易市场，债券流动性的内涵表现具有差异化。故此，学术界对债券流动性测度的研究尚未形成完全一致的标准。相对而言，国外学者对于债券市场流动性的研究起步较早，其学术关注点主要集中在流动性测度

① 约翰·梅纳德·凯恩斯. 就业、利息和货币通论 [M]. 徐毓丹译. 北京：商务印书馆，1963：164－177.
② 明明. 流动性理论与分析 [M]. 北京：中国金融出版社，2015：8.
③ Hicks J R. Liquidity [J]. *The Economic Journal*, 1962, 72 (288): 787－802.
④ Bagehot W. The only game in town [J]. *Financial Analysts Journal*, 1971, 27 (2): 12－14.
⑤ Harris L. Liquidity trading rules and electronic trading systems, *Monograph Series in Finance and Economics*, 1990 (4): 455－468.
⑥ 张蕊. 中国债券市场流动性问题研究 [D]. 天津：天津大学，2010：20.
⑦ 李新. 中国国债市场流动性分析 [J]. 金融研究，2001 (3)：118－123.

指标的选取及其构建领域。哈里斯（1990）基于宽度、深度、即时性和弹性四个维度的指标对金融市场的流动性予以衡量。[①] 坦纳（Tanner，1994）则以买卖报价价差来衡量加拿大国债市场的流动性。[②] 卡马拉（Kamara，1994）选择了换手率作为流动性的测量指标，并以此测度了美国国债市场的流动性特征。[③] 弗莱明（Fleming，1997）基于全球交易日的交易量、价格波动以及买卖价差指标刻画了美国国债在伦敦、东京和纽约三个地区的日流动模式。[④] 扬科维奇（Jankowitsch，2006）在测量德国、法国、意大利、西班牙、荷兰和奥地利六个国家国债市场流动性时，采用了发行量、买卖报价价差、做市商数量、是否属于基准国债、是否属于新券等指标。[⑤] 海恩（Hein，2003）选取了买卖报价价差、已实现价差、指令簿委买深度、换手率四项指标评价了挪威政府债券市场的流动性。他在此基础上指出，挪威政府债券市场与其他政府债券市场相比，其流动性相对有限，价格存在稀缺性溢价。[⑥] 弗莱明（2001）将买卖报价价差、交易额、报价深度、交易频率、价格影响系数以及新券/旧券收益率引入了测量债券市场流动性的指标体系，更加全面地测量了美国国债债券市场的流动性。[⑦] 乔迪亚（Chordia，2004）[⑧] 构建了向量自回归模型，基于股票与美国债券市场的买卖价差、收益、深度、波动率及其订单流五个维度来研究债券市场的流动性。

国内学者对地方政府债券流动性的研究虽然起步较晚，但是随着近年来地方政府债券发行规模稳步扩大，市场化改革的步伐日益推进，学术界对政府债券特别是地方政府债券流动性的研究也越发重视。李新（2001）以交易量、买卖价差、交易品种以及交易场所来衡量我国债券市场的流动性。[⑨] 李

---

① 唐静武. 证券市场流动性的文献综述 [J]. 财会通讯，2010（8）：109 – 112.

② Tanner J E, Kochin L A. The determinants of the difference between bid and ask prices on government bonds [J]. *The Journal of Business*，1971，44（4）：375 – 379.

③ Kamara A. Liquidity, taxes, and short-term treasury yields [J]. *Journal of Financial and Quantitative Analysis*，1994，29（3）：403 – 417.

④ Fleming M J. The round-the-clock market for US Treasury securities [J]. *Economic Policy Review*，1997（2）：3.

⑤ Jankowitsch R, Mösenbacher H, Pichler S. Measuring the liquidity impact on EMU government bond prices [J]. *The European Journal of Finance*，2006，12（2）：153 – 169.

⑥ Hein J B. Liquidity and supply in the Norwegian government bond market [J]. *Economic Bulletin*，2003（4）：157.

⑦ Fleming M J. Measuring treasury market liquidity [J]. *Staff Reports*，2001（9）：83 – 108.

⑧ Chordia T, Sarkar A, Subrahmanyam A. An empirical analysis of stock and bond market liquidity [J]. *The Review of Financial Studies*，2004，18（1）：85 – 129.

⑨ 李新. 中国国债市场流动性分析 [J]. 金融研究，2001（3）：116 – 121.

焰等（2005）基于宽度、深度两个维度对上海交易所和银行间债券市场的流动性进行量化分析。他以一阶序列自协方差模拟估计有效价差来衡量流动性宽度，以换手率和 Amivest 流动性比例估计深度和宽度。① 郭泓等（2006）选取了买卖价差、第一市场深度、交易量、交易频率、每笔交易规模作为测度流动性的指标。② 汪慧（2016）以交易总额这一指标对地方政府债券的流动性状况予以了衡量。③ 张瑞晶（2018）则从交易量和换手率两个方面，对我国地方政府债券的流动性予以了分析。在其对交易量的测量中，采用了现券交易量和回购交易量两个维度进行测量指标予以构建。④ 刘绪硕（2019）还从速度、宽度、深度、弹性四维度综合衡量了地方政府债券的流动性。⑤ 而彭莉（2018）则认为，没有任何一个指标能够单独作为刻画流动性的可靠指标，若要全面地了解二级市场的流动性，则需要综合运用多个指标。她认为，当诸如换手率、交易商库存、交易规模等部分指标显示流动性水平较低的时候，另一些指标（诸如交易分歧性、平均交易规模等），则不能对流动性的变化给出明确的结论，而且成交量、竞价价差等部分指标甚至可能会显示流动性水平还在增加。⑥

（三）债券市场流动性影响因素相关研究

国内外学者基于不同的理论视角对债券市场流动性的影响因素予以了研究。国际清算银行报告（BIS，1999）将流动性的影响因素分为市场微观结构因素、标的自身影响因素和市场参与者因素。⑦ 斯卡利亚（Scalia，1999）则从透明度的角度来分析了意大利国债市场微观结构变化对流动性的影响，其研究结果表明匿名交易方式能增加市场的流动性。⑧ 布拉斯基（Buraschi，2002）研究了国债回购市场对国债现货市场流动性

① 李焰，曹晋文. 对我国国债市场流动性的实证研究 [J]. 财贸经济，2005（9）：55－61.
② 郭泓，杨之曙. 国债市场新券和旧券流动性实证研究 [J]. 证券市场导报，2006（2）：62－68.
③ 汪慧. 我国地方政府债流动性问题探析 [J]. 福建论坛：人文社会科学版，2016（8）：40－45.
④ 张瑞晶. 我国地方政府债券流动性问题研究 [J]. 甘肃金融，2018（9）：17－21.
⑤ 刘绪硕. 我国地方政府债券流动性研究 [D]. 北京：中国财政科学研究院，2019：23.
⑥ 彭莉. 公司债券二级市场流动性研究报告 [J]. 债券，2018（1）：75－79.
⑦ 程昊，凌铃，卫冰清. 债券流动性研究及应用——基于大数据视角 [J]. 债券，2018（6）：68－75.
⑧ Antonio Scalia，Valerio Vacca. Does Market Transparency Matter? A Case Study [J]. *Papers*，1999（11）：113－144.

的影响。① 贾恩（Jain，2003）基于指令驱动市场、做市商市场以及指令驱动和做市商并行的混合市场对比发现，指令驱动和做市商并行的混合的交易制度下市场流动性最高。② 村永（Muranaga，1999）指出，市场环境的波动会引起市场交易主体风险偏好的变化，若市场交易主体对风险的偏好程度降低，也会导致市场的流动性降低。③ 哈里斯（2006）基于美国一年期167 000 个债券样本的实证研究发现，随着作为债券发行人的政府信用的提升，债券流动性会明显得以提高，进而投资者购买的欲望就会愈强烈。同时，研究还发现债券结构的设计越难，债券期限越长，降低市政债券的流动性的程度也就会越深。④ 国内学者郭泓等（2006）基于对 20 年期国债、10 年期国债、7 年期国债进行研究，发现新券的收益率要低于旧券的收益率，且旧券与新券的流动性差异对旧券新券收益率差异的解释能力很小⑤。王茵田等（2010）则利用 VAR 模型对股票市场和债务市场流动性的领先滞后关系予以研究。他发现二者之间存在显著的领先滞后关系，且非流动性之间互为因果关系。通过研究，他进一步认为，利率上升将降低股票市场流动性，但其对债券市场流动性的影响则具有双向性；同时，通货膨胀增长也将导致债券市场的流动性下降。⑥ 汪慧（2016）通过研究发现，制约市场流动性的主要原因在于产品结构不合理、市场交易制度不健全、税收政策的交易抑制。周智等（2017）则认为，地方政府债券的产品设计、市场参与主体缺失与否以及市场微观结构完善与否会也影响地方政府债券的流动性。⑦ 金玥（2019）对有续发和无续发国债的流动性予以研究，发现有续发国债的流动性显著优于无续发国债的流动性，且随着续发次数增加，国债流动性呈现边际效应递减趋势的上升。⑧ 刘绪硕（2019）则将影响债务流动性的因素分为

---

① Buraschi A，Menini D. Liquidity risk and specialness ［J］. *Journal of Financial Economics*，2002，64（2）：243 –284.

② Jain P K. Institutional Design and Liquidity at Stock Exchanges Around the World ［J］. *Social Science Electronic Publishing*，2003（11）：1 –47.

③ Muranaga J，ShimizuT. Market microtructure and market liquidity ［J］. *Mimeo*，1999（10）：356 –367.

④ Harris L E，Piwowar M S. Secondary trading costs in the municipal bond market ［J］. *The Journal of Finance*，2006，61（3）：1361 –1397.

⑤ 郭泓，武康平. 上交所国债市场流动性溢价分析 ［J］. 财经科学，2006（4）：23 –29.

⑥ 王茵田，文志瑛. 股票市场债券市场的流动性溢出效应研究 ［J］. 金融研究，2010（3）：155 –166.

⑦ 周智，周春喜，刘德戟. 地方政府债券流动性问题的思考 ［J］. 浙江金融，2017（8）：25 –30.

⑧ 金玥. 银行间债券市场国债续发行情况及其对流动性的影响 ［J］. 财政科学，2019（9）：68 –82.

与市场交易制度相关、与市场交易品种相关以及和市场参与者相关三大类别，认为不同的市场交易制度会影响债券的交易成本，进而影响债券流动性。同时，交易品种的属性特征、替代性、信息透明度和标的品种的发行规模等因素也会影响投资者对该品种的投资判断，进而影响债券市场流动性。此外，预期收益目标、风险偏好会等因素也会通过市场参与者投资取向这一中介变量，进而对债券市场的流动性造成影响。①

三、地方政府债券发行与债券流动性互动关系的相关研究

基于地方政府债券发行与流动性的互动关系，国内外学者从不同视角进行了一系列的研究。麦考利（Mccauley，2000）指出，为了向陷入困境的银行体系提供资金，尽管各国的财政状况不同，但多数政府同意提升债券市场流动性。② 丹尼尔斯（Daniels，2001）发现与直接进入市场相比，商业银行承销债券的流动性有一定程度的降低，不仅不会影响债券的收益率，还会增加市政债券的流通效率。③ 亚诺（Jeanneau，2007）指出市场流动性的稳定不仅对金融市场的稳定至关重要，而且对货币政策的实施也影响巨大。④ 王文卓等（2016）指出，美国市政债券的流动性较强，极大促进了美国市政债券市场的蓬勃发展。⑤ 刁伟涛等（2016）指出随着中国经济进入"新常态"，地方政府债券的可持续性规模就显得十分重要。通过构建相应的模型并进行了一系列的研究，发现地方债务的短期流动性风险基本无法避免，需要采取相应的措施来应对。⑥ 李定华（2014）指出由于地方政府债务主要来自银行等金融机构的借款，若不能及时偿还，不仅会降低政府的信誉，而且会增加

① 刘绪硕. 我国地方政府债券流动性研究 [D]. 北京：中国财政科学研究院，2019：19 – 20.

② Mccauley, Robert, and Eli Remolona. IV. Special feature：Size and liquidity of government bond markets [J]. BIS Quarterly Review, 2000 (11)：52 – 60.

③ Daniels, Kenneth N., Jayaraman Vijayakumar. The competitive impact of commercial bank underwriting on the market for municipal revenue bonds [J]. Journal of Financial Services Research, 2001 (20)：57 – 75.

④ Jeanneau, Serge, Márcio Araujo, and Andre Amante. The search for liquidity in the Brazilian domestic government bond market [J]. BIS Quarterly Review, 2007 (6)：69 – 82.

⑤ 王文卓，郑蕾，管宇晶. 美国加强地方政府债券流动性的做法及对我国的启示 [J]. 金融纵横，2016 (5)：48 – 54.

⑥ 刁伟涛，徐匡迪. 我国地方政府存量债务化解与债务可持续性分析 [J]. 地方财政研究，2016 (3)：16 – 32.

相关金融机构资产的流动压力，因此有必要加强地方政府债务流动性的风险管理。① 孙国伟（2012）指出，由于地方政府财政的资本性支出主要被用于基础设施等项目，资产的回收期较长，因此更应重视流动性风险管理。② 柯金川等（2012）指出，为了提高地方政府债券对投资者的吸引力，不仅需要考虑地方政府债券发行要素的设计，还需要考虑债券流通市场的运行机制。借助债券流通市场，可以进一步提高债券的流动性，在深化分税制改革的大背景下赋予地方政府举债的权利，可以进一步促进地方政府债券发行模式顺利运行。③ 潘琰等（2017）认为地方政府偿债能力与偿债意愿会随着地方政府可流动性资产的增加而增强，这样政府隐性担保的可信度就会相应提高，未来便更会支付本金和利息，不仅如此，偿债的资金保证程度提高的同时抵御债务风险的能力也就越强，如此一来，债权人要求的投资回报率便会相对降低，从而降低地方政府的发债成本。④ 李皓（2016）指出，良好的流动性有利于促进投资者购买地方政府债券，进一步缩短地方政府筹集所需资金的时间，同时可以将社会资金吸引进地方政府债券市场，进而可以调控经济。⑤

更有国内部分学者对于地方政府债券流动性过低对我国地方政府债券发行的不利影响予以了研究关注，进而强调了地方政府债券流动性提升对其市场健全完善的重要性。帅姝（2009）指出，中央为了减轻全球经济衰退对我国经济的不利影响，在 2008 年下半年采用代发地方债的形式发行债券，但在地方债券发行过程中遭遇了一级市场认购度下降和二级市场交易量过低的流动性困境。⑥ 汪慧（2016）研究指出目前，地方政府债券在二级市场流动性总体较差，存在产品结构不合理、税收政策的交易抑制等诸多原因抑制了市场流动性的发展。⑦ 中国财政科学研究院金融研究中心课题组

① 李定华. 中国经济"新常态"下，须针对性加强地方债的流动性风险管理 [J]. 中国经济周刊，2014（9）：18.
② 孙国伟. 债务期限结构、流动性与公共债务管理 [J]. 金融评论，2012（5）：78–89.
③ 柯金川，蔡薇. 我国地方政府债券的发行与流通机制分析 [J]. 中国证券期货，2012（2）：32–33.
④ 潘琰，吴修瑶. 地方政府可流动性资产对其偿债能力影响的实证研究 [J]. 当代财经，2017（7）：124–133.
⑤ 李皓. 提高我国地方政府债券流动性研究——国际经验和国内对策 [D]. 北京：对外经济贸易大学，2016：13.
⑥ 帅姝. 避免地方债券发行陷入流动性困境的建议 [J]. 现代经济信息，2009（7）：74.
⑦ 汪慧. 我国地方政府债流动性问题探析 [J]. 福建论坛·人文社会科学版，2016（8）：40–45.

（2017）表示鉴于单只地方政府债券的"水池"，无法容纳众多的投资者，从而会影响地方政府债券的换手率以及流动性。同时，课题组进一步提出可以从培育多元化的地方政府债券投资者、构建地方政府债券衍生品市场、适度扩大地方政府债券的质押范围等多个方面进一步提升地方政府债券二级市场流动性。① 吴冬雯等（2017）指出，地方债市场流动性较弱的根本原因在于发行价格低于市场交易价格，要想提高地方债的流动性，就必须从发行和交易两个方向着力。② 刘乐峥等（2019）研究发现地方政府专项债券创新试点政策不仅能提高债券的信息准确度，还能提高专项债券的流动性水平。③

第三节　理论回顾与研究评述

一、理论回顾及研究启示

基于前述对地方政府融资相关理论和债券流动性理论的梳理阐析可知，在目前国内外学术界对地方政府债券发行及其流动性的研究之中，被学者们较多运用的基础理论有公共产品理论、财政分权理论、代际公平理论、信用理论、信息不对称理论和流动性溢价理论。其中，公共产品理论表述了地方政府具有提供公共产品的义务，在一定程度上论证了地方政府举债融资的理论合法性；财政分权理论阐释了地方财政的优越性，在一定程度上论证了地方政府发行债券的可行性；代际公平理论论证了地方政府债券融资投资收益性价比高的特点，在一定程度上论证了地方政府发行债券的现实性；信用理论阐述了债券购买方和发行方之间债权债务的信用关系，在一定程度上论证了地方政府债券发行的基础；信息不对称理论论述了掌握信息充分程度不

---

① 中国财政科学研究院金融研究中心课题组. 地方政府举债模式研究 [J]. 经济研究参考，2017（72）：3 – 26.

② 吴冬雯，邵威，贾赢. 2016 年地方政府债券交易分析及流动性改善建议 [J]. 中国财政，2016（8）：68 – 69.

③ 刘乐峥，蒋晓婉. 信息准确度会影响地方债发行利率和流动性吗？——基于专项债券创新试点政策的分析 [J]. 财经论丛，2019（10）：33 – 43.

同的人员在交易中所处的不同地位，在一定程度上强调了地方政府债券在发行过程中真实完整披露信息的重要性；流动性溢价理论在一定程度上揭示了债券流动性与成交价格之间的关系，支撑了在同一理论框架下对地方政府债券的发行和流动性两个方面进行研究。总而言之，上述理论均从不同角度为本书的研究撰写提供了深厚的学理基础和丰富的思想源泉，对于本书的研究立论、体系设计和创新发展均有着非常重要的指导价值与极具启发的理论意义。

（一）公共产品理论的启示

20世纪末，奥地利和意大利学者将边际效用价值论运用到财政学科研究上，论证了政府和财政在市场经济运行中的合理性、互补性，形成了公共产品理论。1919年林达尔提出，公共产品价格并非取决于某些政治选择机制和强制性税收，恰恰相反，每个个人都面临着根据自己意愿确定的价格，并均可按照这种价格购买公共产品总量。处于均衡状态时，这些价格使每个人需要的公用产品量相同，并与应该提供的公用产品量保持一致，这种均衡称作林达尔均衡①。1954年萨缪尔森提出了经济学关于纯粹的公共产品的经典定义：每一个人对这种产品的消费并不减少任何他人也对这种产品的消费②。1965年，布坎南（Buchanan）在"俱乐部的经济理论"中首次对非纯公共产品（准公共产品）进行了讨论，进一步拓宽了公共产品的概念，他认为只要是集体或社会团体决定，为了某种原因通过集体组织提供繁荣物品或服务，便是公共产品③。20世纪70年代以后，公共产品理论的发展主要集中在设计机制保证公共产品的决策者提供的效率原则。公共产品理论表述了地方政府具有提供公共产品的义务，在一定程度上论证了地方政府举债融资的理论合法性。

（二）财政分权理论的启示

财政分权理论经历了传统财政分权理论基本框架和新一代财政分权理论

---

①　Erik Lindahl. Just Taxation——A Positive Solution ［A］. in Classic in the Theory of Public Finance (eds). Richard A. Musgrave and Alan T. Peacock ［C］. New York：St. Martin's Press, 1967：69 – 76.

②　邢建国. 公共产品的供给及其治理 ［J］. 学术月刊, 2007（8）：74 – 77.

③　胡钧，贾凯君. 马克思公共产品理论与西方公共产品理论比较研究 ［J］. 教学与研究, 2008（2）：9 – 15.

两个阶段。第一阶段传统财政分权理论的核心观点是：如果将资源配置的权力更多地向地方政府倾斜，那么通过地方政府间的竞争，能够使地方政府更好地反映纳税人的偏好，从而加强对政府行为的预算约束。它以蒂布特（Tiebout）1956 年发表的《地方支出的纯理论》为标志①，随后马斯格雷夫（Musgrave）②、奥茨（Oates）③ 等经济学家对此作出补充和发展。第二阶段新一代财政分权理论，在分权框架上引入了激励相容与机制设计学说。以钱颖一和罗兰（Qian and Roland）、温格斯特（Weingast）和怀尔德森（D. E. Wildasin）为代表的学者在财政分权问题上更关注的是如何设计出一套机制以实现对公共政策制定者的激励④。财政分权理论阐释了地方财政的优越性，在一定程度上论证了地方政府发行债券的可行性，从理论上支持了我国地方政府债券发行规模的快速增长。

（三）代际公平理论的启示

代际公平理论最早由美国国际环境法学家爱蒂丝·布朗·魏伊丝在其著作《公平地对待未来人类：国际法，共同遗产与世代间衡平》一书中提出⑤，她认为每一代人都是受下一代委托保管地球的受托人，同时也是这种行为的受益人。接着以美国当代女哲学家弗莱切特和美国当代伦理学家约翰罗尔斯为代表的学者对其进行了进一步拓展。弗莱切特在《技术、环境、代际公平》中论证了代际理论的可能性⑥，罗尔斯在《正义论》一书中指出功利主义意味着人类对后代做出牺牲，但实际上是不现实的，因为他不仅有损我们当代人的利益，并且违背了享乐主义⑦。以每一代人都具有享有利用自然资源、满足自身利益、谋求生存发展的平等权利为核心的代际公平理论被现代社会广泛接受与运用。一般而言，政府筹集资金的途径主要有三种：税收、收费以及举债，而筹资的目的大多是进行基础设施建设。如果采用税收和收费的方式建设供几代人使用的设施，那么对当代的出资者而言并不公

---

① Tiebout C. A Pure Thoery of Clubs [J]. *American Economic Review*, 1956 (64): 20 – 25.

② Musgrave. R. A. *The Thoery of Public Finance* [M]. McGraw – Hill. New York. 1959.

③ Oates. W. *Fiscal Decentralization* [M]. Harcourt, Barce and Jovanovich, 1972.

④ 余靖雯著. 教育投入、分权与经济增长 [M]. 北京：中国经济出版社，2016：32 – 33.

⑤ 姜忠喆，李慕南主编. 环保知识有问必答 [M]. 长春：北方妇女儿童出版社，2012：107 – 108.

⑥ 韩立新著. 环境价值论 环境伦理：一场真正的道德革命 [M]. 昆明：云南人民出版社，2005：195.

⑦ 罗尔斯. 正义论 [M]. 何怀宏，何包钢，廖申白，译. 北京：中国社会科学出版社，1999：10.

平。代际公平理论论证了地方政府债券融资投资收益性价比高的特点，为地方政府发行债券的理论合法性提供了有力支撑。

（四）信用理论的启示

信用理论的发展经历了马克思信用理论、近代和现代西方经济学信用理论等阶段。而国内的信用理论研究领域则以"吴氏三维信用理论"为代表。马克思将信用的本质视为发达的生产关系，认为这种生产关系是在以资本或雇佣劳动的流通为前提条件而存在的①。近代西方经济学则主要是基于银行信用功能评价来阐释信用作用，其典型的理论包括了信用媒介论、信用创造论及信用调节论②。现代西方经济学则基于制度经济学、信息经济学两个维度对个人信用理论予以了研究。制度经济学信用理论将信用制度的不健全、不完全视为信用缺失的形成主因；而信息经济学信用理论则认为由于信息不对称影响了契约执行，进而影响到信用产生的基础③。地方政府发行债券，即与债券购买人形成了债权和债务的信用关系。地方政府的信用状况是偿债能力的一种表现形式，所以地方政府的信用状况会影响债权人的投资意愿，进而影响地方政府债券的发行成本和流动性。因此信用理论了对如何降低债券发行成本和提高债券流动性具有一定的指导意义，对地方政府柜台债信用评级机制的改革完善有一定的启示意义。

（五）信息不对称理论的启示

信息不对称理论是指在市场经济活动中，各类人员对有关信息的了解是有差异的，掌握信息比较充分的人员相对于信息贫乏的人员处于有利地位。首先是阿克尔洛夫以其在哈佛大学期刊发表的论文《次品问题》④，拉开了对信息不对称在商品市场应用的序幕。斯蒂格利茨分析了保险市场、信贷市场的道德风险问题，并相应地提出了缺乏信息的交易方应当如何获取更多的信息⑤。魏来（2012）在研究中指出，国债市场存在信息不对称现象及其与

---

① 马克思恩格斯全集 [M]. 人民出版社，1962（46）：29.

② 郭亮. 关于中小企业信用治理问题探讨 [J]. 经济学动态，2011（7）：85-88.

③ 武安华. 商业银行个人信用评分研究 [J]，中国金融出版社，2015（12）：66.

④ 蔡文英. 公司治理与独立审计的互动性研究 [M]. 广东：暨南大学出版社，2017（10）：19.

⑤ 盛文林编著. 最经典的经济学常识 [M]. 北京：台海出版社，2011（11）：201.

债券价格之间存在的密切关系，能够直接影响债券价格[①]。裴平（2016）进一步指出信息不对称的特征在金融领域表现更为明显，并且可能扭曲资源配置，从而阻碍市场经济的发展[②]。刘绪硕（2019）认为，地方政府在信息披露过程中的态度可以用信息不对称理论予以解释。一般而言，财政状况较好的地方政府更愿意主动披露相关信息，以增加潜在投资者对地方政府偿债能力的了解和认同；与之相反，对于信息披露不充分甚至数据造假的地方政府而言，投资者则会回避投资，导致该地方政府债券的估值下降，直接引起地方政府融资成本的上升[③]。基于信息不对称理论，地方政府应重视地方政府柜台债信息披露机制的健全落实，财政部发布的《关于做好 2018 年地方政府债券发行工作的意见》也对此做出了明确要求。

（六）流动性溢价理论的启示

流动性溢价理论是在对资本资产定价模型的挑战和质疑的背景下形成的，阿米胡德与门德尔森（Amihud and Mendelson，1986）认为资产流动性反映在立即执行交易的成本中，而交易成本的一个重要成分是买卖价差[④]。维诺斯（Vayanos，2007）构建了一个资产交易模型，发现流动性溢价在交易集中的市场结果更加明显[⑤]。罗登跃等（2007）基于三因素资产定价模型研究发现，中国股市存在显著的市场风险溢价以及显著的流动性风险溢价，并且在一定程度上，股市风险影响着市场的预期收益率[⑥]。流动性溢价理论对政府债券基于流动性测度制定发行价格有一定的借鉴意义。一方面，地方政府债券发行种类、期限和利率的多样性可以满足投资者投资需求的多样性，地方政府债券发行信息披露的真实性和完整性可以提升政府信誉状况，进而提升债券的流动性。另一方面，地方政府债券的流动性会影响投资者的投资意愿，进而影响地方政府债券发行的规模和成本。所以本书基于上述理

---

① 魏来. 我国国债利率期限结构估计——基于流动性和信息不对称的研究 [D]. 东北：东北财经大学，2012：16.

② 裴平. 美国次贷风险引发的国际金融危机研究 [M]. 北京：中国金融出版社，2016：31~32.

③ 刘绪硕. 我国地方政府债券流动性研究 [D]. 北京：中国财政科学研究院，2019：21.

④ Amihud, Y. and H, Mendelson. Asset pricing and the bid-askspread [J]. *Journal of Financial Economics*，1986，17（2）：22–250.

⑤ Vayanos D, Wang T. Search and endogenous concentration of liquidity in asset markets [J]. *Journal of Economic Theory*，2007，136（1）：66–104.

⑥ 罗登跃，王春峰，房振明. 中国股市总流动性与资产定价关系实证研究 [J]. 中国管理科学，2007，15（2）：33–38.

论框架，对地方政府债券的发行和流动性两个方面进行了研究，并对地方政府债券的发行优化及其流通性提升提出了建议。

二、国内外相关研究研究评述

基于前述对国内外相关研究文献的梳理阐析，可将现有研究动态分为地方政府债券的发行的相关研究、债券流动性的相关研究以及地方政府债券发行与债券流动性的互动关系相关研究三大部分。

目前，国内外学术界对地方政府债券发行的研究主要是围绕必要性、存在风险及其经济后果三个方面展开。在地方政府债券发行的必要性研究方面，由于国外地方政府债券发行相对较早且比较成熟，而国内地方政府债券发行起步较晚，国外对地方政府债券发行的必要性研究较少，而国内则较多。绝大多数学者认为，我国已经具备了发行地方政府债券的条件，并进一步分析了地方政府举债能带来的正向效应；也有个别学者从另一视角分析了我国地方政府债券发行可能引发的负向效应。在地方政府发行债券风险研究方面，国内外学者对其进行的相关研究较多，学者们基于风险类别的识别角度差异，提出了内部风险、外部风险、信用风险、违约风险、规模风险、结构风险、效率风险等不同的风险类型分析架构，并进而探讨了其防控机制。在地方政府发行债券经济后果研究方面，国内外学者主要围绕正负效应两个方向开展了相关研究论证，其相关研究论证尚未达到完全的统一，主要分为有利于经济增长、不利于经济增长以及经济后果影响不确定三种不同的结论。其中，有的学者基于实证研究、面板分位数回归方法等研究方法得出地方政府举债有利于促进增长的结论；与之相反，有的学者又从地方政府举债风险、等价定理等不同角度论证了政府举债不利于经济增长。此外，还有的学者基于拉姆齐—卡斯—库普曼斯框架构建的理论模型、三部门动态博弈模型等视角认为政府举债对经济增长的影响具有不确定性。综上所述，目前地方政府债券发行的相关研究较多，但整合运用案例研究方法和混合研究方法进行研究的相关成果较少。故此，本书综合采用了案例研究以及横向多维比较与分层级多维度比较相结合的研究方法，对于地方政府债券发行及其改革试点予以研究，并试图揭示我国地方政府柜台债试点发行所存在的问题，进而以重庆市为具体实施案例开展了对策性研究。

国内外学术界对债券流动性研究的代表性基础理论主要包括了信用理论、信息不对称理论以及流动溢价理论。就地方政府债券流动性的相关具体研究而言，其研究主题主要是围绕定义、测度以及影响因素三个维度展开。尽管目前对债券流动性定义的相关研究较多，但由于债券流动性本身的内涵就比较丰富，而且在不同的交易市场其流动性特征的表现并不完全一致。因此，目前学术界对流动性的定义尚未完全达成共识。在地方政府债券的流动性测度研究领域，国内外相关研究则主要是围绕债券流动性的测度，即指标的选取与构建方面来展开。但基于不同的情境领域债券流动性抑或会表现出差异化特征，因此国内外学者在债券流动性衡量指标的选取上也有所差别，尚未形成统一的衡量标准。目前，学者们选取的流动性测度指标主要有买卖报价价差、换手率、交易量、发行量、做市商数量以及是否属于基准国债等。此外，还有部分国内外学者对影响政府债券市场流动性的因素予以关注，基于不同的视角考量了影响地方政府债券市场流动性的因素。针对地方政府债券流动性这一主题，本书在对其进行理论解构和评价体系构建的基础上，采用了定量与定性相结合的混合研究方法予以分层级多维比较分析研究，进而据此析出了制约我国地方政府债券流动性提升的若干障碍因素。

在地方政府债券发行与流动性互动关系的相关研究方面，国内外学者也陆续在其研究中有所涉及和关注，但在二者的互动关联性上缺乏系统性的专题研究。不少学者在研究地方政府债券发行中，都从不同的侧面考虑了流动性不足的障碍性影响，并将流动性提升视为促进地方政府债券发行及其市场运行良性循环的重要实现机制。基于此，本书从地方政府债券及其改革试点发行和地方政府债券流动性问题两大主题的互动关联性入手，将其整合到一个研究框架体系中予以系统研究，为以后在实证检验二者互动关联性的基础之上，进一步为揭示地方政府债券发行及其流动性二者间的双向互动机理奠定了基础。

综上所述，目前国内外地方政府债券发行与流动性及其二者互动关系的相关文献，均从不同的角度，为本书的研究和撰写提供了深厚的学术参考资料和丰富的理论思想源泉，对于本书的研究立论、研究设计和研究实施有着非常重要的指导价值。

三、启示与评述小结

综上所述，本书在参考借鉴国内外学者相关研究成果的基础之上，聚焦于地方政府债券发行以及流动性这一重大理论与实践论题开展研究，通过国内外地方政府债券发行的比较、我国国债与地方政府债券发行的比较以及相关省市地方政府债券发行的实证数据和重庆市发行地方政府债券的个案研究，在一定程度上拓展了地方政府债券理论研究的学术视野，深化了对地方政府债券发行理论与流动性理论的研究，为地方政府部门科学合理地开展债券发行决策，统筹推进地方政府债券流动性治理的供给侧结构性改革，更好地发挥地方政府债券融资对于促进经济社会高质量发展的积极效用，提供了非常重要的学术理论价值和实践参考价值。

第三章

地方政府债券的市场发行
及其投资主体比较分析

近年来，随着我国地方政府债券市场的快速发展，地方政府债券对金融市场的影响力正在逐步提升。目前，地方政府债券余额、年度发行量占整个债券市场的比重均超过 20%，成为我国债券市场第一大品种。地方政府债券市场也已成为多层次资本市场的重要组成部分。地方政府债券发行是地方政府债务管理的一项重要工作，既关系到地方政府能否顺利筹集资金，又关系到地方政府债务风险的防范。本章节将在回顾中美地方政府债券市场发展历程的基础上，重点梳理地方政府债券市场的发行方式，比较分析地方政府债券市场中不同投资主体的行为特征与投资偏好，进而为后续分析地方政府债券商业银行柜台市场发行情况奠定理论基础。

第一节　中美地方政府债券市场发展概述

国外关于地方政府债券的研究相对起步较早，主要源于大卫·李嘉图和凯恩斯的政府税收与举债思想。大卫·李嘉图（David Ricardo，1817）指出，就政府而言，税收与举债都是促进经济发展的两种等价形式[①]。凯恩斯（1936）进而将增加政府支出视为增加需求的方式之一，认为减少税负，加大财政赤字，可以弥补部分需求。同时，他还认为，政府可以适当通过加大

[①] 大卫·李嘉图著．政治经济学及赋税原理［M］．南京：译林出版社，2014：137 – 140.

举债来促进经济发展。[①] 国内关于地方政府债券的研究因中途停止地方政府发债的缘故，发展相对滞后。直到近年来，随着地方政府债券发行的政策性重启与探索性实践，地方政府债券的相关研究才愈发受到学界的重新关注。就总体而言，国内地方政府债券研究起步较晚，其研究方向也主要聚焦于地方政府举债的优劣与效果的理论研判及实证分析上。在早期的相关研究中，学者魏加宁（2004）认为，地方政府举债可能存在着短期功利性行为，强调国家应建立对地方政府举债的有效监督和约束机制。[②] 时红秀（2005）指出，地方政府通过融资和举债等手段，可以促进地方经济的发展与增长，但同时需要注意的是，如果过度举债也可能会引发经济的较大波动，引发恶性的债务经济循环。[③] 对此，周小川（2010）也曾著文强调，应当适度减少地方融资总量，以便有效地控制风险。[④]

一、我国地方政府发债融资沿革与债市现状

（一）我国地方政府发债融资的历史沿革

目前，世界范围内已有多个国家实施地方政府债券模式。美国和日本的地方政债券分别代表着分权制国家和集权制国家的地方政府债券市场制度。此外，近年来在欧洲、阿根廷和巴西等国家和地区，地方政府债券市场已具备一定规模。[⑤] 早在20世纪50年代，我国各省市就陆续发行了一些地方政府债券，主要品种有地方经济建设公债和东北生产建设折实公债。这些政府公债的发行，标志着新中国地方政府债券发行的开始。但在1962年之后，由于种种原因，我国的国债和地方政府债券都处于停滞状态。直到1981年恢复国债发行后，地方政府债券还是尚未得以恢复。自1994年《中华人民共和国预算法》明文提出除法律和国务院另有规定外，地方政府不得发行地方政府债券时开始算起，我国的地方政府债券发行政策大致可划分为三个阶

---

① J. M. 凯恩斯，（Keynes, J. M.）著. 就业利息和货币通论［M］. 徐毓丹译. 北京：商务印书馆，1963：26 - 37.

② 魏加宁. 中国地方政府债务风险与金融危机［J］. 商务周刊，2004（5）：42.

③ 时红秀. 中国地方政府债务的形成机制与化解对策［J］. 山东财政学院学报，2005（1）：3 - 11.

④ 周小川. 推进中国债务资本市场持续健康发展［J］. 中国金融，2010（23）：8 - 9.

⑤ 彭铮. 株洲市污水处理项目融资模式选择［D］. 中南大学，2009：47.

段（如表 3 - 1 所示）：

1. 地方政府平台融资与中央政府国债转贷并行阶段（1994～2009 年）

在预算法发债禁令放开之前，地方政府主要采用以下两种融资模式：一是建立地方政府融资平台，通过融资平台发债和非标债权来满足其融资需求，特别是 2008 年金融危机后，融资平台爆发式涌现；二是中央政府通过发行专项国债再转贷给地方政府。

2. 地方政府债券发还模式改革发展推进阶段（2009～2014 年）

在《2009 年地方政府债券预算管理办法》《2011 年地方政府自行发债试点办法》《2014 年地方政府债券自发自还试点办法》相继颁布后，地方政府债券完成了由"代发代还"到"自发代还"，最后再到"自发自还"模式的改革发展演进。

3. 地方政府债券发还治理的法治化发展阶段（2014 年至今）

2014 年预算法的修正及《国务院关于加强地方政府性债务管理的意见》的出台，使我国地方政府债券市场正式进入全面规范的法制化建设阶段。为了推动地方政府债券市场的规范化发展，中央相继颁发了一系列有针对性的政策法规。这些法规可以概况总结分为三类：一是关于地方政府债券限额管理和风险防范处置的政策法规；二是关于地方政府债券发行管理和预算管理的政策法规；三是关于做好地方政府债券发行工作的政策法规。

2019 年地方政府债券开始启动商业银行柜台销售，其发行认购逐步转向市场化的多元路径结构。2019 年 2 月，财政部发布《关于开展通过商业银行柜台市场发行地方政府债券工作的通知》，规定地方政府公开发行的一般债券和专项债券可通过商业银行柜台市场在本地区范围内发行。[①] 随着地方政府债券发行认购的多元化放开，地方政府债券的投资结构将逐步改善，配置价值也将更加得以凸显。

表 3 - 1　　　　　　　　我国地方政府债券不同阶段主要政策梳理

发展阶段	文件名称	发布时间	发布主体	主要内容
第一阶段：1994～2009 年	《中华人民共和国预算法》	1994.03	全国人大常委会	除了法律和国务院另有规定外，地方政府不得发行地方政府债

---

① 包兴安. 银行柜台市场发行地方债开闸　六省市尝鲜［N］. 证券日报，2019 - 03 - 19（A01）.

发展阶段	文件名称	发布时间	发布主体	主要内容
第一阶段：1994~2009年	《2009年地方政府债券预算管理办法》	2009.02	财政部	"代发代还"，地方政府债券收支实行预算管理，由财政部代理发行并代办还本付息和支付发行费
	《2011年地方政府自行发债试点办法》	2011.10	财政部	"自发代还"，试点省市在国务院批准的发债规模限额内，自行组织发行本省市政府债券，由财政部还本付息
第二阶段：2009~2014年	《2014年地方政府债券自发自还试点办法》	2014.05	财政部	"自发自还"，试点省市在国务院批准的发债规模限额内，自行组织发行本省市政府债券，自行还本付息，开展信用评级
	《国务院关于加强地方政府性债务管理的意见》	2014.09	国务院	"开前门，堵后门"，允许地方政府发行地方政府债
	《中华人民共和国预算法》（2014年修正）	2014.12	全国人大常委会	地方政府可以举债，举债规模由国务院报全国人大批准
第三阶段：2014年至今	《地方政府一般债券发行管理暂行办法》	2015.03	财政部	规定一般债券为没有收益的公益性项目发行，以一般公共收入还本付息
	《地方政府专项债券发行管理暂行办法》	2015.04	财政部	规定专项债券为有一定收益的公益性项目发行，以一般公共收入还本付息
	《关于对地方政府债务实行限额管理的实施意见》	2015.12	财政部	分为一般债务限额和专项债务限额，总限额由国务院确定，报全国人大批准
	《地方政府性债务风险分类处置指南》	2016.11	财政部	对于地方政府债券，地方政府依法承担全部偿还责任；对非政府债券形式的存量政府债务，置换为政府债券
	《地方政府土地储备专项债券管理办法（试行）》	2017.05	财政部	为土地储备发行土地储备专项债券
	《地方政府收费公路专项债券管理办法（试行）》	2017.06	财政部	为发展政府收费公路举借收费公路专项债券
	《试点发行地方政府棚户区改造专项债券管理办法》	2018.03	财政部	为棚户区改造系统工程发行棚户区改造专项债券

续表

发展阶段	文件名称	发布时间	发布主体	主要内容
第三阶段：2014 年至今	《地方政府债券公开承销发行业务规程》	2018.07	财政部	地方政府债券的承销方式包括公开承销和定向承销
	《关于开展通过商业银行柜台市场发行地方政府债券工作的通知》	2019.02	财政部	地方政府公开发行的一般债券和专项债券，可通过商业银行柜台市场在本地区范围内（计划单列市政府债券在本省范围内）发行，满足个人和中小投资者投资需求

资料来源：财政部，中国人大网。

（二）我国地方政府债券市场的发展现状

我国地方政府债券市场无论从绝对规模还是相对规模来看，都取得了明显的发展。目前，我国地方政府债券市场包括三个子市场，如图 3-1 所示，分别为：银行间债券市场、商业银行柜台市场和交易所债券市场。其中，交易所市场属于场内市场，投资机构和个人都可以广泛地进行参与，而银行间市场和柜台市场则均属于债券的场外市场。[①] 银行间债券市场的参与者限定为机构投资者，属于场外债券批发市场；而商业银行柜台市场的参与者则限定为个人，属于场外债券零售市场，是场外债券批发市场的延伸。

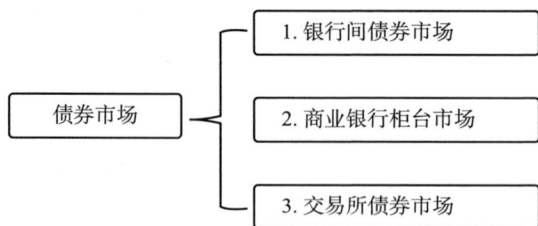

图 3-1 我国地方政府债券市场分类

二、我国地方政府债券发还模式阶段性回顾

作为地方政府举债的主要形式之一，我国发行地方政府债券，经过十几

[①] 个人买债：有哪些？去哪里？[J]. 今日财富，2008（Z2）：80.

年的实践探索，基于不同的模式可以划分为以下三个阶段：

1. 第一阶段（2009～2011 年）代发代还模式

这一阶段的地方政府债券主要是经中央审批后，由财政部代理发行。债券到期，先由财政部先代为其还付本息，而后再由中央向地方政府收取此前代为偿还本息的垫付款。此阶段采取这代发代还模式主要是基于国家控制地方政府债券发行风险的考量。为此，在 2010 年 6 月发布的《国务院关于加强地方政府融资平台公司管理有关问题的通知》①　就明确提出了，加强地方政府融资平台公司的清理和规范管理工作，以便控制地方性的政府融资风险。

2. 第二阶段（2011～2013 年）自发代还模式

自 2011 年起，经国务院批准，上海、浙江、广东、深圳四个省市启动了地方政府自行发债试点改革。2013 年，新增江苏、山东为试点地区。在此阶段，国务院对试点省份的地方政府债券券发行规模采取了配额规制措施。在发行债券的具体操作上，给予了地方政府一定的自主空间。各个地方政府可根据配额在年度内自行发行本地债券。债券到期后，依旧由财政部先代其还本付息，而后中央再向地方政府收取此前代其偿付本息的垫付款。此阶段采用的自发代还模式试点，主要是基于对经济"调结构"的考量，国家主动赋予地方政府以一定的自主权，并试图以此促进经济结构的优化。此模式的主要优势在于国家统一管制发债规模，便于集中统筹管控地方债务的综合体量与风险水平。但其中也存在国家为地方政府债券违约风险背书的政策性隐患，同时还阶段性地增大了中央政府潜在性的财政负担。另外，发债权自主权的部分下放，若无完善的相应监管机制，也可能会造成地方政府争相发债、发债不透明等债务乱象。故此，2012 年财政部、发改委、人民银行和银监会联合印发了《关于制止地方政府违法违规融资行为的通知》②，试图以此规范地方政府的发债行为。

3. 第三阶段（2014 年至今）自发自还模式

根据财政部 2014 年发布的《2014 年地方政府债券自发自还试点办法》③，国务院在上海、浙江、广东、深圳、江苏、山东、北京、江西、宁

---

① 国务院. 国务院关于加强地方政府融资平台公司管理有关问题的通知［P/OL］.［2010 - 6 - 13］. http：//www. gov. cn/zwgk/2010 - 06/13/content_1627195. htm.

② 财政部网站. 四部门关于制止地方政府违法违规融资行为的通知［P/OL］.［2012 - 12 - 31］. http：//www. gov. cn/gzdt/2012 - 12/31/content_2302905. htm.

③ 财政部网站. 关于印发《2014 年地方政府债券自发自还试点办法》的通知.

夏、青岛 10 省市启动了地方政府债券自发自还模式的发行试点。地方政府债券的自发自还模式与自发代还模式，虽然都在政策上赋予了地方政府一定的发债自主权。但也存在明显的差异性，即自发自还模式将地方政府债券具体的发行权力与还本付息的义务统一了起来，进而从权利义务对等的法理性上促进了原有自发代还模式的完善升级，在兼顾地方政府债券发行效率与风险的同时，理顺厘清了发债权力与偿债义务之间的政策关系，明确了地方政府偿本付息的债务主体地位和责任，在一定程度上能够抑制地方政府不切实际地盲目发债。当然，由于地方政府在信用状况与发展能力方面所存在具体差异性，此模式也可能降低部分地方政府的发债信用评级，增加其发债违约风险。同时，由于发债的部分自主权和还本付息义务履行的全面下放，若无相应的管理跟进与管控升级配套措施，也可能会导致在地方政府债券的发行和偿还过程中出现个别乱象。2015 年，经国务院批准，重庆市启动了地方政府债券自发工作。同年 6 月，首次成功依法依规地完成了第一支地方政府债券的发行。

三、美国地方政府债券市场的发展经验

发达国家的地方政府债券市场经过 200 多年的不断发展和完善，在债券发行、承销、评级、保险、投资信托和监管等方面，已形成了较为规范的运作方式和严密的管理体系。地方政府债券与国债、企业债券、金融债券、股票、投资基金一起，共同构筑成完善统一的证券市场，成为一国资本市场不可或缺的重要组成部分。[①] 在这些发达国家之中，又以美国地方政府债券的发展规模最大、运作最为规范。因此，本书将立足于我国地方政府债券柜台市场发行的实际，参考借鉴美国地方政府债券市场的先行发展经验。

1. 美国地方政府债券市场概况

在美国，地方政府债券又称市政债券，是指州、城市、县以及各地方政府，包括某些特别的行政当局（如高等院校当局、水利当局、高速公路当局）及其授权机构和代理机构，为学校、公路、医院、污水处理等筹集

---

① 吴杨，黄鹏. 兼谈我国发展市政债券的必要性及政策建议［J］. 世界经济情况，2007（9）：42－45.

资金而发行的债券。① 美国地方政府债券市场的品种按还本付息的资金来源区分主要有总义务债券、特殊税收债券、岁入债券、工业发展债券、住宅债券等品种。根据债券期限、用途的不同，地方政府债券的利率也随之有所不同。通常而言，地方政府债券的利率水平普遍低于公司债券。但由于地方政府债券的信誉度高，到期偿付有保障，且兼有免税优待政策，所以实际收益率并不是太低。美国地方政府债券的购买者起初主要是各商业银行、保险公司和普通居民②。但随着市场的发展，地方政府债券的投资者当中银行和保险公司的占比明显下降，而私人投资者所占的比例明显上升，个人和以零散投资者为基础的共同基金、货币市场基金、封闭式基金和银行个人信托成为地方政府债券的主要投资者。③

2. 美国地方政府债券的市场化运作

美国地方政府债券的市场运作方式通常是由多家证券公司组成辛迪加联合包销商，再以全额包销的方式代理发行。随着美国金融市场的成熟发展，美国地方政府债券市场逐渐形成了以信用评级制度、信息披露制度和私人债券保险制度为核心的规范性框架，以减少市场的违约风险。现在，美国的信用评级机构对所有公开发行的债券进行评级，信用评级有助于有效地防范地方政府债券风险。同时，城市财政信息的公开披露也大大改善了地方政府债券信用风险判断所依据的信息状况。私人债券保险也进一步降低了地方政府债券购买者的风险，相较于免费的政府担保，私人债券保险不会产生负面的效率激励效应。保险公司安排专人评估城市财政或收益债券所对应的项目风险，如果风险越大，则市政当局为获得保险所支付的费用就越高。④ 保险公司通常会告诉市政当局应当如何进行项目重组，以减少其整体性的经济风险。此外，从美国地方政府债券的流动性来看，美国地方政府债券均可以在柜台市场进行交易，活跃的二级市场为地方政府债券提供了良好的流动性。

3. 美国债券柜台市场的运行特点

美国的柜台市场以纳斯达克（NASDAQ）为核心，以美国场外柜台交易系统（OTCBB）和粉红单市场（PinkSheets）为外围，有明确的层次划分，

---

①② 李文沁. 我国地方政府债券的制度设计 [J]. 科技创业月刊，2004（5）：43－45.
③ 韩立岩，郑承利，罗雯，杨哲彬. 中国市政债券信用风险与发债规模研究 [J]. 金融研究，2003（2）：85－94.
④ 贾春辉. 市政债券法律制度研究 [D]. 北京：中国政法大学，2006：37.

是全球范围内最大规模的场外交易市场。① 美国债券柜台市场的运行大致有五个方面的特点：一是柜台交易分割而零散，且一般采用报价交易；二是市场规模较小，柜台市场证券数量是主板和创业板的数倍，但市值却仅占总市场的1%左右；三是柜台市场以证券商为中介，如美国典型的柜台市场——布告栏市场（Over the Counter Bulletin Board，OTCBB）就实行了做市商制度，既可以降低交易成本，又能扩大市场交易；四是挂牌简单，柜台市场的进入条件相对于主板市场都非常宽松，基本无财务指标要求；五是注重信息披露、柜台市场的监管和信息披露严格。②

第二节 我国地方政府债券的政策走向与审批发行

一、我国地方政府债券发行的政策背景及其走向

1. 我国地方政府债券发行的政策背景

随着自发自还的地方政府债券发行模式在我国试点的逐步铺开，各省市的地方政府债券发行得以有序推进。国务院以及财政部、发改委等相关主管部门也在及时调研和总结试点省份发行经验教训的基础上，相继出台了若干政策性文件，以指导地方政府债券的规范化发行。

（1）《中华人民共和国预算法》重新修订清除了我国地方政府发行债券的法律性障碍。

2014年8月通过的《中华人民共和国预算法③》第35条指出，"经国务院批准的省、自治区、直辖市的预算中必需的建设投资的部分资金，可以在国务院确定的限额内，通过发行地方政府债券举借债务的方式筹措。举借债务的规模，由国务院报全国人民代表大会或者全国人民代表大会常务委员会

---

① 喻晶晶. 发展中国场外交易市场浅析 [D]. 上海：上海交通大学，2012：22.

② 刘维嘉. 我国证券公司柜台市场建设的研究 [C]. 中国证券业协会、上海证券交易所、深圳证券交易所、中国证券登记结算公司、中国证券投资者保护基金有限责任公司. 创新与发展：中国证券业2013年论文集. 中国证券业协会、上海证券交易所、深圳证券交易所、中国证券登记结算公司、中国证券投资者保护基金有限责任公司：中国证券业协会，2013：198–206.

③ 全国人大常委会. 中华人民共和国预算法（2014年修正）[Z]. [2014–8]. http：//www. mof. gov. cn/mofhome/fujian/lanmudaohang/zhengcefagui/201501/t20150108_1177747. html.

批准。举借的债务应当有偿还计划和稳定的偿还资金来源，只能用于公益性资本支出，不得用于经常性支出。除前款规定外，地方政府及其所属部门不得以任何方式举借债务。除法律另有规定外，地方政府及其所属部门不得为任何单位和个人的债务以任何方式提供担保。国务院建立地方政府债务风险评估和预警机制、应急处置机制以及责任追究制度。国务院财政部门对地方政府债务实施监督。"[①] 此条款对于规制地方政府债券的发还具有五大特点。一是从法律条款上解除了对地方政府发债的限制，地方政府发债从此于法有据、有法可依；二是《中华人民共和国预算法》虽然赋予地方政府一定的发债权，但其发债额度规模始终置于国务院的限额规制之下，且须由国务院报经全国人民代表大会或者全国人民代表大会常务委员会批准同意；三是规定了举借债务必须要有偿还计划和稳定的偿还资金来源，在一定程度上有助于抑制地方政府冲动性发债行为，同时还能够督促地方政府合理安排财政资金，统筹兼顾发债与还债的平衡性，将偿债风险的防控前置化和同步化；四是明确限定了地方政府举债资金的支出范围，将其限定为公益性资本支出，在一定程度上规避了举债资金被挪用的情况；五是实施自发自还的地方政府发债模式，必须建立完善与之相配套的包括债务风险评估和预警机制、应急处置机制和责任追究制度在内的地方政府债务监管体系。

（2）加强了对地方政府债券自发自还试点信用评级的指导。

财政部 2014 年 6 月印发的《关于 2014 年地方政府债券自发自还试点信用评级工作的指导意见》指出，"试点地区财政部门应按照公开、公平、公正的原则，从具备中国境内债券市场评级资质的信用评级机构中依法竞争择优选择一家信用评级机构"[②]，对地方政府发行债券明确提出了竞争性择优选聘第三方信用评级机构开展信用评估的指导性要求，同时强调了在选聘第三方信用评级机构时必须坚持"三公"原则，做到公开、公平、公正。

（3）明确了对地方政府债券自发自还试点信息披露的结构性要求。

2014 年 6 月，财政部印发的《关于 2014 年地方政府债券自发自还试点

---

① 全国人大常委会. 中华人民共和国预算法（2014 年修正）［Z］. ［2014 - 8］. http：//www. mof. gov. cn/mofhome/fujian/lanmudaohang/zhengcefagui/201501/t20150108_1177747. html.

② 财政部. 关于 2014 年地方政府债券自发自还试点信用评级工作的指导意见［EB/OL］. ［2014 - 6 - 13］. http：//www. gov. cn/xinwen/2014 - 06/13/content_2700717. htm.

信息披露工作的指导意见》①明确要求各省（市）地方政府债券信息披露文件，应由债券概况、信用评级情况、地方经济状况、财政收支状况、地方政府债务状况等五个部分组成，以便地方政府债券的投资者能够在较为全面地了解每次债券发行的整体情况、地方政府发债的信用水平、当地经济发展的现状及走势、地方政府财政收支状况以及当前地方政府的债务总体情况等必要投资信息的基础上，做出理性的投资价值判断。这种对地方政府债券发行的结构性信息披露规制要求，有助于更好地维护投资者的知情权以及其他合法权益。同时，通过相关内容的信息披露，也能够起到倒逼地方政府合理安排财政收支的作用，使其能够在科学地研判现有的债务水平和信用评级基础上，立足地方经济社会的现实状况和发展需要科学地做出债券发行决策。

（4）强调了对地方政府债券发行成分及其方式的统筹优化。

财政部在 2015 年 9 月 8 日发布了《财政支持稳增长的政策措施》。该措施其中一条明确提出了"政府综合施策缓释地方政府债务风险和融资压力"的要求，并对这种基于债务风险和融资压力的缓释综合政策的主要体现作了规定性的分类表述。强调这些综合性措施主要体现在四个方面："一是将地方存量债务分类纳入预算，转为余额管理，对今年到期还本部分发行债券进行置换……""二是发布地方政府一般债券和专项债券发行管理办法，并会同人民银行、银监会下发采用定向承销方式发行地方政府债券办法和操作规范，指导地方做好发债工作……""三是为妥善解决地方政府融资平台公司在建项目后续融资问题，5 月份同人民银行、银监会出台了相关意见的通知"；"四是大力推广 PPP 模式。""同时，积极开展项目示范，吸引社会资本进入。"②该指导意见还将政府债券发行按照其偿还资金来源划分为一般债券和专项债券，按照其资金用途划分划分为新增债券和用于置换非债券形式存量债务的置换债券，并明确要求各省市应当规划协调好二者间的比例关系，进而对地方政府债券的偿债资金来源和资金用途的结构性平衡提出了分类管理的要求。

（5）强化了以地方政府债务限额管理为基准的风险管控要求。

财政部于 2016 年 1 月下达了《关于对地方政府债务实行限额管理的实

---

① 新华社. 财政部连发两文规范地方发债须过评级和信息披露关 [EB/OL]. [2014 - 6 - 13]. http：//www. gov. cn/xinwen/2014 - 06/13/content_2700691. htm.

② 财政部. 财政支持稳增长的政策措施 [EB/OL]. [2015 - 09 - 08]. http：//www. gov. cn/xinwen/2015 - 09/08/content_2927226. htm.

施意见》①。该意见明确指出，对地方政府债务余额要实行限额管理。国务院将根据经济形势确定地方政府债券总限额，并逐级下达分地区限额。同时还对地方政府建立完善债务管理提出了结构性的要求，指出各级政府应当建立起债务风险防控机制，定期公开政府举债情况，妥善处理存量债务，并规定公益性债务可用预算资金偿还。

2. 对我国地方政府债券未来发行政策走向的研判

2015 年 5 月，国务院转批发展改革委的《关于 2015 年深化经济体制改革重点工作的意见》中，对当年的地方债改革作了建立完善地方政府融资举债管理机制的明确要求。意见强调，要"制定加强地方政府性债务管理意见的配套办法，做好过渡政策安排，加快建立规范的地方政府举债融资机制，对地方政府债务实行限额管理，建立地方政府债务风险评估和预警机制。"②虽然这一要求仅是针对 2015 年而提出的具体工作，但是通过 2015 年对地方政府发债工作的制度性规范和机制性建设，为后续的地方政府债券的规范化发行以及地方政府债务的科学化管理做出了制度性的铺垫。

2015 年 8 月 27 日，财政部原部长楼继伟在第十二届全国人民代表大会常务委员会第十六次会议上作报告时提出，在政府下一步的工作中，很重要的一条就是"进一步规范地方政府债务管理"。就此，楼继伟提出了加强地方政府融资发债管理的三大举措："一是积极推动地方政府债券发行。加强对地方财政部门的指导，进一步完善地方债发行机制。推动相关各方积极参与地方债公开发行与定向承销，做好已下达债券发行工作"。"二是支持地方政府融资平台公司转型改造。根据融资平台公司项目或业务的性质，政府给予必要的支持，推动市场化转型改制，剥离政府融资职能，不得再新增政府债务。妥善解决融资平台公司在建项目后续融资问题，规范增量融资行为"。"三是依法规范地方政府举债。尽快按程序向地方下达债务限额。加快制订风险评估和预警、存量债务纳入预算管理等相关制度，建立对违法违规融资和违规使用政府债务资金的惩罚机制"③。上述三个方面对加强地方

---

① 财政部. 关于对地方政府债务实行限额管理的实施意见 ［EB/OL］. ［2016 - 01 - 11］. http：// www. gov. cn/xinwen/2016 - 01/11/content_5032067. htm.

② 新华社. 图表：国务院批转《关于 2015 年深化经济体制改革重点工作的意见》［Z］. ［2015 - 5 - 18］. http：// www. gov. cn/xinwen/2015 - 05/18/content_2864326. htm.

③ 新华社. 中国财长：中国将进一步规范地方政府债务管理 ［Z］. ［2015 - 8 - 27］. http：// www. chinanews. com/cj/2015/08 - 27/7493379. shtml.

政府融资举债所提出的管理举措，表明了中央在加强地方政府债务管理上的三个基本导向：一是债券融资的逐步市场化导向。政府债券发行将逐渐推向市场化改制，政府融资职能最终将要剥离，债券利率、定价等结构性要素的生产均应由市场来决定；二是地方债务减少增量与消化存量的并行化导向。新增债务将大大减少，逐渐消化存量债务，增量债务将向类似于 PPP 项目的增量融资方式转移；三是地方政府债券发行的规范化导向。地方政府债券发行相对于过去而言，其过程将更加规范化，其管理将日趋体系化，建立健全风险评估和预警、存量债务纳入预算管理、对违法违规融资和违规使用政府债务资金建立惩罚机制等规制性的政策性文件将随之陆续出台。上述地方政府融资举债管理政策的三大趋向，势必对高质量地推进地方政府债券发行、使用、偿还的全过程规范化管理产生深刻的影响。

二、我国地方政府债券审批与发行

（一）我国地方政府债券的审批流程

我国地方政府债券在发行前一年，市县级政府财政部门将会同行业主管部门上报下一年的一般债和专项债的额度需求，由省级财政部门汇总上报财政部，经国务院报全国人大批准全年债务新增限额。财政部根据《新增地方政府债务限额分配管理暂行办法》，在全国人大批准的限额内根据债务风险、财力状况等因素提出分地区债务总限额以及当年新增债务限额方案，报国务院批准后下发至省级财政部门。省级财政部门在财政部下达的本地区债务限额内，提出该省本级及其所辖各市县当年债务限额方案，报省级人大批准后下达至市县级财政部门。① 市县级财政部门聘请专门机构进行方案制定、材料撰写，上报省级财政部门进行审核，经省级财政部门报财政部审核通过后，向国库司申请组织发行。最后，通过债券市场完成发行后，由省级财政部门转贷给市县。具体审批流程如图 3-2 所示。

---

① 佚名. 财政部出台《办法》规范地方政府债务预算管理工作［J］. 山西财税，2016（11）：27.

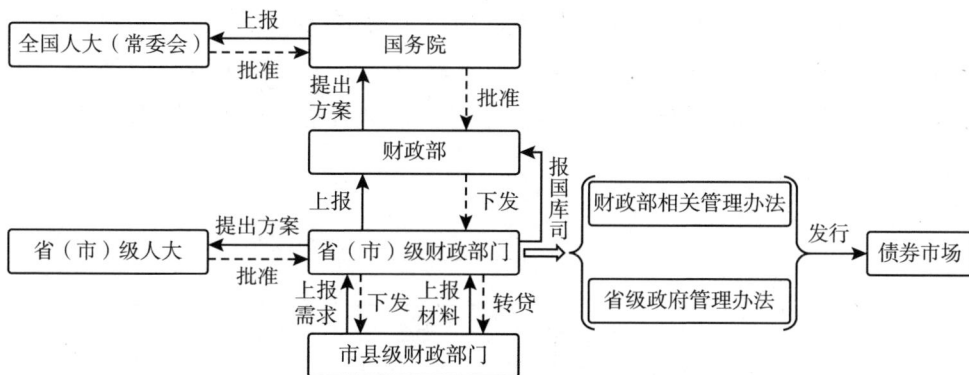

图 3-2 地方政府债券审批流程

（二）我国地方政府债券的发行方式

我国地方政府债券的发行方式包括公开发行（公开招标和公开承销）和定向承销发行。其中，公开发行单一期次发行额在 5 亿元以上的须通过招标方式发行。定向承销的地方政府债券在银行间债券市场发行。开办机构以定向承销方式开展地方债柜台发行业务时，可与该债券的定向投资人在全国银行间债券市场买卖该债券。根据相关规定，地方政府债券应当在中央国债登记结算有限责任公司办理总登记托管，在交易所办理分登记托管。

2018 年 11 月，央行、财政部、银保监会联合发布《关于在全国银行间债券市场开展地方政府债券柜台业务的通知》。《通知》明确，经发行人认可的已发行地方政府债券和发行对象包括柜台业务投资者的新发行地方政府债券，可在银行间债券市场开展柜台业务。同时，对定向承销方式发行的地方政府债券开展柜台业务的方式予以规范。至此，地方政府债券成为继记账式国债、政策性银行债券和国家开发银行债券后又一类可以开展银行间债券市场柜台业务的品种，为中小投资者提供了更多的投资选择，有利于提高居民的财产性收入。[①]

2019 年 2 月，财政部《关于开展通过商业银行柜台市场发行地方政府债券工作的通知》提出，地方政府应当通过商业银行柜台市场重点发行专项债券，更好发挥专项债券对稳投资、扩内需、补短板的作用，增强投资者对本地经济社会发展的参与度和获得感。地方政府债券通过商业银行柜台市场

---

① 佚名. 财经资讯 [J]. 产权导刊, 2018 (12): 13-15.

发行，进一步地拓宽了债券发行渠道，满足了更多投资者的投资需求。个人和中小机构投资者均可通过商业银行营业网点或电子渠道进行政府债券买卖业务，这也是银行间债券市场向零售业态的延伸发展。[①] 其具体发行方式如图 3 - 3 所示。

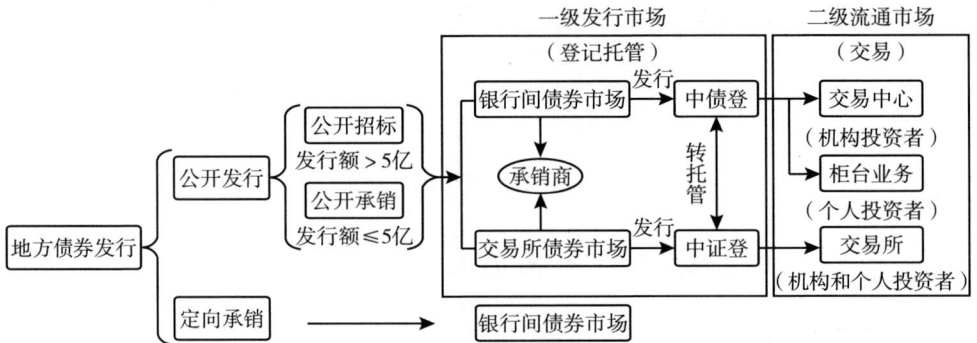

图 3 - 3　地方政府债券发行方式的结构体系

（三）我国地方政府债券的发行流程

我国地方政府债券发行的一般流程大致可以分为五个步骤，如图 3 - 4 所示。一是财政部下达地方政府债券发债限额；二是地方政府在发债前制定总方案，涉及发债方方面面；三是择优选择信用评级机构，对本地债券进行

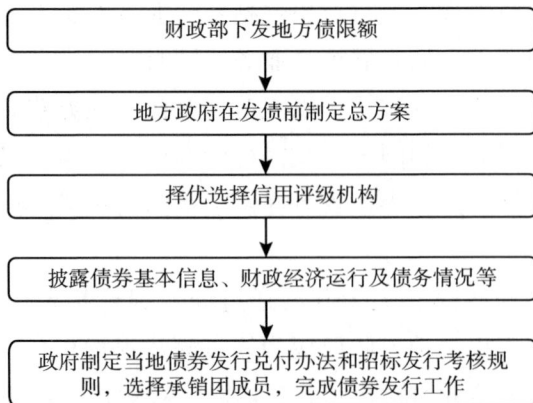

图 3 - 4　地方政府债券发行的一般性流程

---

① 解旖媛. 满足更多投资者需求 [N]. 金融时报, 2019 - 03 - 20 (007).

信用评级；四是及时披露债券基本信息、财政经济运行及债务情况等；五是政府制定当地债券发行兑付办法和招标发行考核规则，选择承销团成员，完成债券发行工作。

第三节　地方政府债券投资主体与发行方式比较

一、地方政府债券投资主体的比较分析

地方政府债券的投资主体主要包括机构投资者、个人及中小投资者。三者在资金持有量、投资管理、投资结构和投资行为等方面表现出显著的差异性特征。[①] 通过对地方政府债券投资主体的比较分析，有助于把握不同投资主体的行为特征和投资偏好，为本书后续对地方政府债券商业银行柜台市场发行的研究提供了新的理论视角。

（一）机构投资者

所谓机构投资者，广义上是指用自有资金或者从分散的公众手中筹集的资金专门进行有价证券投资活动的法人机构[②]，其具有以下几个特点：

1. 投资管理专业化

机构投资者一般具有较为雄厚的资金实力，在投资决策运作、信息搜集分析、上市公司研究、投资理财方式等方面都配备了专业部门，并由证券投资专家进行管理。1997 年以来，国内的主要证券经营机构，都先后成立了自己的证券研究所。个人投资者由于资金有限而高度分散，同时绝大部分都是小户投资者，缺乏足够的时间和精力去搜集信息、分析行情、判断走势，更缺少足够的资料数据和专业知识去分析上市公司的经营情况。因此，就理论上而言，机构投资者的投资行为相对更为理性化，投资规模相对更大，投资周期也相对更长，其投资有助于证券市场的健康稳定发展。

---

① 赵贞，张建平，高佳. 国际化经营、股权结构与企业绩效——基于 A 股数据的经验分析 [J]. 国际商务（对外经济贸易大学学报），2014（3）：102 – 111.
② 尚彦华. 中国机构投资者制度变迁研究 [J]. 华商，2008（18）：171 – 173.

2. 投资结构组合化

证券市场是一个风险较高的市场，机构投资者入市资金越多，承受的风险就越大。为了尽可能地降低风险，机构投资者在投资过程中会进行合理组合性投资。机构投资者庞大的资金量、专业化的管理水平和多方位的市场研究，也为建立有效的投资组合提供了可能性。

3. 投资行为规范化

机构投资者是一个具有独立法人地位的经济实体。其投资行为受到多方监管，相对而言比较规范。一方面，为了保证证券交易的"公开、公平、公正"原则，维护社会稳定，保障资金安全，国家及相关政府部门制定了一系列的法律、法规来规范和监督机构投资者的投资行为；另一方面，投资机构本身也必然按照相关法规的要求，建立健全自律管理体系和内部控制机制，以便从各个方面规范投资行为，保护客户的合法利益，维护机构在社会上的信誉和形象。[①]

（二）个人及中小投资者

在债券市场上，凡是以自然人身份出资购买股票、债券等有价证券的个人即为个人投资者。目前，个人及中小投资者购买地方政府债券的方式有两种：一是投资者持有效证件，到发售地方政府债券的银行网点填单交款，办理购买事宜，或者通过银行的手机 APP 在线购买，即打开银行的手机 APP，搜索"地方债券"，进入柜台记账式债券页面，选择想要购买的产品，在签署《银行柜台记账式债券交易协议》后则可以实现购买。但个人及中小投资者通常具有四个特征：一是专业投资能力不足，投资相关的知识和经验较少；二是可投资的资金量较小；三是投资需求受个人所处生命周期的不同阶段和个人情况的影响，呈现出较大的差异化特征；四是风险承受能力相对较弱。

（三）不同主体投资地方政府债券的差异性分析

机构投资者与个人及中小投资者在资金拥有量、投资管理、投资结构及投资行为上具有显著的差异性，如表 3 - 2 所示。通过对不同投资主体的比较分析发现：个人及中小投资者的资金有限且分散，缺乏足够的资料数据和

---

① 尚彦华. 中国机构投资者制度变迁研究［J］. 华商，2008（18）：171 - 173.

专业知识去分析债券情况，且受其自身条件所限，难以进行科学有效的组合性投资，因此承担的风险较高。① 此外，与机构投资者相比，个人及中小投资者受到的监管限制较少，投资行为更具有灵活性。由此可见，发行地方政府柜台债实际上有利于更好地满足个人及中小投资者低风险投资需求，增强人民群众投资理财的获得感。

表 3 - 2　　　　　　　　机构投资者与个人及中小投资者的比较

不同点	机构投资者	个人及中小投资者
资金	雄厚资金，相对集中	资金有限，且分散
投资管理	在投资决策运作、信息搜集分析、上市公司研究、投资理财方式等方面配有专门部门，由证券投资专家进行管理，独立进行价值评估，大大降低了投资的盲目性②	缺乏足够的资料数据去分析债券情况
投资结构	资金庞大、管理专业化和多方位的市场研究，建立有效的投资组合，降低了投资风险	自身的条件所限，难以进行投资组合，承担的风险较高
投资行为	具有独立法人资格，投资行为受到多方面的监督，自身也通过自律管理规范投资行为	受到的监督限制较少，投资行为具有随意性

二、我国地方政府债券发行市场的比较分析

目前，我国地方政府债券可在交易所债券市场、银行间债券市场和商业银行柜台市场三类场所发行。本书将基于地方政府债券发行的一般性流程，归纳梳理地方政府债券在三类场所发行的具体业务流程，进而在此基础之上，总结地方政府债券在三类场所发行的不同特点和交易机制差异，推动各场所之间良性互动、优势互补，更好地服务地方政府债券市场，保障地方政府债券的平稳有序发行。

（一）地方政府债券在不同场所发行的业务流程分析

1. 地方政府债券在交易所债券市场发行的业务流程

交易所债券市场是以非银行金融机构和个人为主体的场内市场，该市场

---

① ②　胥婉葭，蒋葵. 机构投资者与个人投资者投资行为羊群效应比较分析 [J]. 财会通讯，2011 (8)：4 - 6.

采用连续竞价方式交易，债券的托管与结算都在中国证券登记结算公司。①2016 年 11 月 11 日，上交所成功发行首批地方政府债券，到目前累积覆盖了发行主体 31 个。2018 年有 33 个省市在交易所市场发行地方政府债券 2.56 万亿，占公开发行的 68%，比 2017 年增长了 150%。2019 年，交易所已经发展成为地方政府债券发行的重要渠道。以上交所为例，本书将地方政府债券在交易所债券市场发行的业务流程划分为以下四个阶段，如图 3-5 所示。

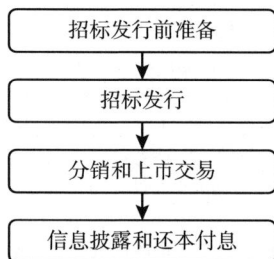

```
┌─────────────────┐
│   招标发行前准备    │
└─────────────────┘
         ↓
┌─────────────────┐
│     招标发行      │
└─────────────────┘
         ↓
┌─────────────────┐
│    分销和上市交易   │
└─────────────────┘
         ↓
┌─────────────────┐
│   信息披露和还本付息  │
└─────────────────┘
```

图 3-5 地方政府债券在交易所债券市场发行的业务流程

（1）阶段一：招标发行前准备。

①鼓励债券承销团增补。地方政府依托原有的承销团在上交所进行地方政府债券招标发行。上交所将做好券商的组织工作，协助发行人完成承销团成员的增补。

②财政部备案（T-7 日前）。发行安排报财政部备案，财政部统筹协调确定发行时间。

③披露发行文件（T-5 日前）。发行人通过财政部指定网站或上交所网站披露债券发行文件，包括招标方式、数量标的、缴款方式等。

（2）阶段二：招标发行。

①提交名单（T-2 日）。发行人向上交所提交承销商名单和招标工作人员名单。

②提供招投标书（T-1 日）。发行人向上交所提供招投标书、应急投标书、托管应急申请书等，在上交所网站披露。

③招标发行（T 日）。发行人员发布招标要素，承销团成员使用上交所

---

① 陈涛. 消除我国金融市场分割约束　努力提高货币政策有效性［J］. 金融与经济，2002（3）：11-13.

配发的 CA 证书用户名及密码，通过互联网用 IE 浏览器远程登录财政部上交所国债招标系统进行投标，招标时间原则上为 40 分钟。

（3）阶段三：分销和上市交易。

①债券分销（T+1 日）。承销商可向社会公众投资者网上分销，和面向机构投资者网下分销。网上分销是指债券招标完成后，承销商通过上交所交易系统向社会公众投资者公开销售，以既定的发行价格卖出；网下分销是承销商向特定投资者协议销售。承销团成员根据市场情况自定分销价格。

②债权确认（T+2 日）。地方政府债券债权登记按现有流程办理，发行人于债权登记日 12：00 前，将发行款入库情况通知国债登记公司办理债权总登记托管以及涉及国债登记公司分托管部门的登记托管，并委托国债登记公司将涉及证券登记公司上海、深圳分公司分托管的部分，于债权登记日通知证券登记公司上海、深圳分公司办理分登记托管。①

③上市交易（T+3 日）。地方政府债券在银行间市场和交易所市场同步上市。投资者也可将地方政府债券在银行间市场和交易所进行转托管操作。投资者自地方政府债券上市日起，可以开展现券和质押式回购等交易。地方政府债券在交易所债券市场上市后按现行的标准券制度可用于质押式回购。投资者可以将地方政府债券在交易所市场进行质押式回购融资，融资折算率折扣系数比照国债（0.98）执行；也可以在交易所市场和银行间市场进行一对一协议质押回购融资。

（4）阶段四：信息披露和还本付息。

①信息披露。地方政府债券存续期间，发行人按照财政部和地方财政部门规定的内容和格式，编制定期信息披露文件、可能影响其偿债能力的重大事项的临时信息披露文件、信用评级机构出具跟踪评级报告等。发行人按照财政部和地方财政部门规定的时间和要求，在财政部指定网站披露上述文件。

②兑付兑息。地方政府债券的还本付息按现有规程办理。发行人应当不迟于地方政府债券还本付息日前 2 个工作日 15：00，将地方政府债券还本付息资金划至国债登记公司账户。国债登记公司应当于还本付息日前 2 个工作

---

① 佚名. 关于印发《辽宁省政府债券公开发行兑付办法》和《辽宁省政府债券招标发行规则》的通知 [J]. 辽宁省人民政府公报，2019（14）：16-32.

日日终前将托管在证券登记公司的地方政府债券还本付息资金划至证券登记公司账户。[①] 国债登记公司、证券登记公司应按时划付还本付息资金，确保还本付息资金于还本付息日足额划至各债券持有人账户。

2. 地方政府债券在银行间债券市场发行的业务流程

我国银行间债券市场成立于 1997 年 6 月 6 日，是指依托于中国外汇交易中心暨全国银行间同业拆借中心（简称同业中心）和中央国债登记结算公司（简称中央结算公司）、银行间市场清算所股份有限公司（上海清算所）的，包括商业银行、农村信用联社、保险公司、证券公司等金融机构进行债券买卖和回购的市场。[②] 目前，银行间债券市场已成为我国地方政府债券发行的重要场所，采取公开发行和定向承销方式发行的地方政府债券均可在银行间债券市场进行。地方政府债券在银行间债券市场面向承销团成员招标发行的业务流程与在交易所债券市场类似。地方财政部门会指定观察员在现场观察招标过程，中标的承销机构可以进行分销。地方政府债券发行后，可按照规定在全国银行间债券市场流通，具体如图 3 - 6 所示。

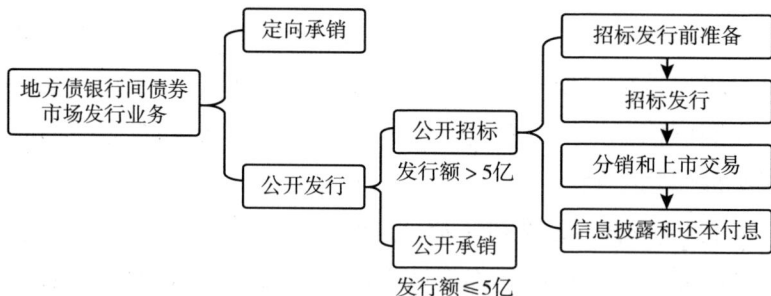

图 3 - 6　地方政府债券在银行间债券市场发行的业务流程

3. 地方政府债券在商业银行柜台市场发行的业务流程

根据财政部《关于开展通过商业银行柜台市场发行地方政府债券工作的通知》相关要求，地方政府公开发行的一般债券和专项债券，可通过商业银行柜台市场在本地区范围内（计划单列市政府债券在本省范围内）发行，

①　佚名. 关于印发《辽宁省政府债券公开发行兑付办法》和《辽宁省政府债券招标发行规则》的通知 [J]. 辽宁省人民政府公报, 2019 (14)：16 - 32.

②　程继爽, 胡国强. 类 CDS：银行间债券市场的多赢创新 [J]. 会计之友, 2011 (10)：40 - 42.

并在发行通知中明确柜台最大发行额度、发行方式和分销期安排等。[①] 按照积极稳妥、分步推进的原则，由省级财政部门分批实施地方政府债券商业银行柜台市场发行业务。通过商业银行柜台市场发行的地方政府债券，发行利率（或价格）按照首场公开发行利率（或价格）确定，发行额度面向柜台业务开办机构通过数量招标方式确定。[②] 分销期一般为招标日次日起3个工作日，分销结束后，未售出的发行额由柜台开办机构包销。缴款日和起息日为招标日（T日）后第四个工作日（即 T + 4 日）（续发行地方政府债券的起息日与之前发行的同期地方政府债券相同），债权登记日为招标日后第五个工作日（即 T + 5 日），上市日为招标日后第六个工作日（即 T + 6 日），具体如图 3 - 7 所示。

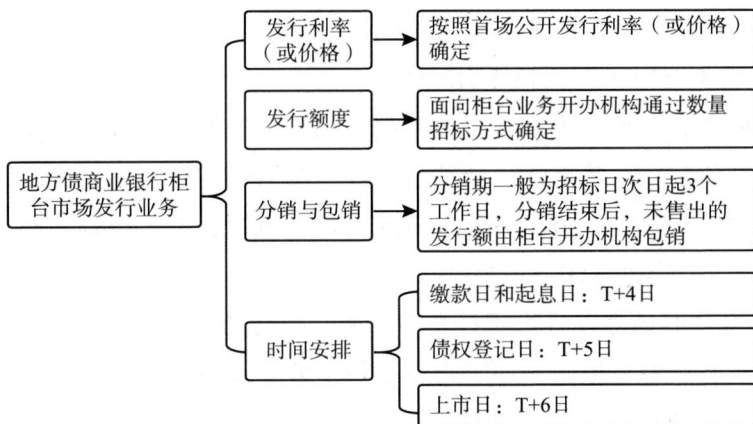

图 3 - 7 地方政府债券在商业银行柜台市场发行的业务流程

（二）地方政府债券在不同场所发行的特点总结

地方政府债券在交易所债券市场、银行间债券市场和商业银行债券市场三大场所的发行具有不同特点。充分把握地方政府债券在三大场所发行的差异性，有利于发挥各场所的优势，相互协同，以提高地方政府债券发行服务水平、促进地方政府债券投资主体多元化、推动地方政府债券市场的高质量发展。

---

① 包兴安. 银行柜台市场发行地方债开闸 六省市尝鲜［N］. 证券日报，2019 - 03 - 19（A01）.
② 张绍辉. 山东政府债券招标发行有了"新规矩"［J］. 齐鲁周刊，2019（23）：47.

1. 地方政府债券在交易所债券市场发行的特点

地方政府债券在交易所债券市场发行主要有以下三个特点：

（1）投资主体多元化。

此前地方政府债券投资者主要是银行机构，而现在交易所债券市场投资的结构逐步呈现出多元化发展的趋势。除银行外，证券公司、保险公司、基金公司等非银机构，理财产品、工商企业、境外机构和个人也都相继参与其中。这种投资主体多元化的发展趋势，有效地撬动了社会各方面的闲散资金，对于服务国家重大战略发挥了显著的积极作用。

（2）市场化招标发行程度提高。

交易所债市在地方政府债券发行的过程中，始终坚持市场化导向。承销过程中的市场化询价机制使得发行主体的基本面得到了更加客观的反映，提升了市场化的定价水平。

（3）服务市场的意识和能力较强。

交易所债券市场全力配合财政部门、地方政府的发行节奏，持续做好地方政府债券的发行保障工作，持续推动地方政府债券产品创新和交易机制的完善，进一步加强了二级市场建设以及对各类机构和个人投资者的培育，具有较强的服务市场的意识和能力。①

2. 地方政府债券在银行间债券市场发行的特点

地方政府债券在银行间债券市场发行主要有以下两个特点。

（1）地方政府债券的流动性迅速提高。

地方政府债券在银行间债券市场的流动性管理功能不断提升，市场运作机制得以进一步加强。

（2）主要面向机构投资者。

市场化运作使得银行间债券市场具备了债券大宗交易批发市场的功能，为地方政府债券的机构投资者提供了重要的投资渠道。

3. 地方政府债券在商业银行柜台市场发行的特点

与交易所债券市场发行和银行间债券市场发行方式相比，地方政府债券在商业银行柜台市场发行主要具有以下四大特点。

---

① 马婧妤. 证监会将推动地方债产品创新　对承销券商加大激励力度［N］. 上海证券报，2019－01－21（001）.

（1）投资准入门槛低。

地方政府债券最低投资金额为 100 元，且对投资者没有金融资产的限制性要求，基本上人人都可以参与。[①]

（2）流动性较强。

投资者认购地方政府债券，既可以持有到期，享受稳定利息收入，支持家乡建设，也可以在需要资金时随时向承办银行卖出或开展质押融资，表现出较强的流动性。[②]

（3）完全面向中小投资者开放。

地方政府债券柜台发行，在现行通过银行间和交易所债券市场主要面向商业银行等大型机构投资者发行的基础上，进一步拓宽了地方政府债券发行渠道，丰富了投资者群体来源，有利于更好地满足个人和中小机构低风险投资需求，拓宽财产性收入渠道，促进城乡居民增收，增强人民的投资理财获得感。

（4）购买方便快捷。

地方政府债券登入银行柜台之后，投资者不仅可以在银行柜台购买，而且还可以在网上银行、手机 APP 等渠道购买，十分方便快捷。

（三）地方政府债券在不同场所发行的交易机制差异性分析

目前，地方政府债券通过银行间债券市场、商业银行柜台债券市场和交易所债券市场发行，在功能、参与者、交易方式、交易结算方式、价格波动程度、交易品种、手续费交纳、市场投资特点等方面既有共同点，又有明显的区别，如表 3 - 3 所示。地方政府债券在三类不同的场所发行，会使得不同的投资者根据自身资金情况以及各市场交易的差异性来进行投资。银行间市场实行实时全额结算，也称逐笔结算，这种最基本的结算方式，适用于系统高度自动化且单笔交易规模较大的市场；交易所市场则是净额结算，即对当日市场参与者债券买卖轧差得到的净额和资金净额进行交收，它适合交易频繁、数量较小的市场，如交易所撮合交易模式或做市商发达的场外市场；

---

① 杨望，周钰筠. 地方债，开启零售时代 [J]. 金融博览（财富），2019（5）：20 - 21.
② 佚名. 浙江个人可 100 元起购买地方债 [J]. 理财，2019（5）：8.

而银行柜台市场则是在柜面实时逐笔结算。

表3-3　　　银行间债券市场、交易所债券市场和银行柜台债券市场的比较

项目	银行间债券市场	交易所债券市场	银行柜台债券市场
功能	实现货币政策目标，满足大量资金实力雄厚的金融机构投资和流动性管理的需要	为投资者进行投资组合提供便利	为个人和中小客户提供投资操作服务的功能
参与者	以商业银行等金融机构为主	由证券公司、基金管理公司，保险公司、企业和个人等投资者组成	个人和中小非金融机构为主
交易方式	场外一对一询价谈判的方式，自行寻找交易对手	撮合竞价方式	由商业银行同时报出地方政府债券买卖的价格
交易结算方式	由全国银行间同业拆借中心提供前台交易，中央结算公司负责提供后台结算。采用逐笔、实时和全额的结算制度	交易前台是交易所，托管结算机构是中央证券登记结算有限责任公司，采用净额结算制度	前台交易和后台结算都在商业银行柜台进行，实行二级托管制度，实行连笔、实时和全额结算制度
价格波动程度	投资比较理性，价格波动较小	与股市联系紧密，价格波动往往较大	通常一天一价，报价相对而言较为固定
交易品种	各机构可进行债券的回购和现货业务，回购期限可通过协商灵活确定	机构投资者和个人投资者，均可进行债券现货交易，机构投资者还可以进行债券回购交易	柜台业务交易品种包括现券买卖、质押式回购、买断式回购以及经中国人民银行认可的其他交易品种
手续费交纳	企业在银行间债券市场办理业务时需要交纳一次性开户费、结算过户费和代理佣金	在交易所债券市场需要交纳开户费和交易手续费。相比较而言，投资者在交易所交纳的费用较高	只需交纳一次性开户费10元，无须交纳手续费
市场投资特点	参与主体信誉度高，债券价格极少剧烈波动	投资主体多元化，有利于小额交易，流动性较强。但交易费用较高，不利于大宗交易的成交，债券价格有可能波动剧烈	向个人及中小投资者开发，投资门槛低，流动性较强，交易方便快捷，交易费用低

第四章

地方政府柜台债试点
省市发行比较分析

通过对十二个省市地方政府债券商业银行柜台试点（以下简称地方政府柜台债）发行所应用的政策、发行方式、募集资金投向、偿债资金来源、信用评级及信息披露、债务限额与预算管理进行比较分析，以便较为系统地梳理和全面地了解各个省市首次推出地方政府柜台债券的发行依据和发行状况，进而洞悉各个试点省市地方政府柜台债的募集资金动向及其发行机制，在对十二个试点省市一级发行和二级发行予以分层级多维度比较研究基础上，深度剖析其地方政府债券柜台发行的实际运行机制及其内在的规律性。

第一节　我国地方政府柜台债发行的背景与机制

一、我国地方政府柜台债试点发行的改革背景

（一）打好防范化解重大风险攻坚战，缓释地方隐性债务

我国地方政府债务问题已经成为当前防范和化解重大风险、保持经济持续健康发展与社会大局稳定的关键性工作之一。自 2014 年中央加强地方政府债务管理以来，债务规模增速开始放缓，处置接续等环节日趋规范。但地方政府杠杆率尚未调转下行，高风险运行态势并未实质性改变，仍有必要对

此保持高度的警惕。特别是 2019 年，随着稳定经济增长的压力增大，在财政进一步扩张的情况下，化解地方隐性债务、促进地方债券柜台业务平稳有序开展显得尤为紧要。而地方政府柜台债的发行有助于满足低风险偏好客户的投资需求，进而能够丰富客户投资的备选品种。此外，地方政府柜台债的发行也有助于拓宽地方政府债券的发行与投资交易渠道，是金融服务实体经济、防控金融风险、深化金融改革、化解地方隐性债务的重要举措。

（二）落实"宽货币，宽信用"政策，拓展债市增量空间

2018 年下半年以来，根据我国经济发展由高速增长向高质量发展转换的形势，我国货币政策定位逐步由"宽货币，紧信用"政策向"宽货币，宽信用"的政策转变。目前，央行正在通过多种形式拓展债市增量空间，以期尽快摆脱紧信用的状态。其中，推进地方政府债券商业银行柜台市场发行就是其落实宽信用政策的重要举措之一。

（三）地方债外围政策媒体环境优化，提振发行认购情绪

自 2019 年 3 月起，宁波、浙江、四川、陕西、山东、北京 6 省市掀起一股地方债抢购潮，并受到社会媒体的关注报道。同年，3 月 25 日，宁波、浙江两个共计 14 亿的地方债在 10 分钟之内全部卖光，浙江人表现出对购买地方政府债券"支持"本地建设的极度投资热情。4 月 1 日，中国工商银行提前售完共计 17.7 亿元的 6 省市首批柜台地方债。4 月 2 日，1 亿元的北京市地方政府债券也在 2 日之内全部售罄。越来越多的低风险偏好投资者人发现地方政府债券登上了电视广告。诸如"100 元起投，利息免税，手慢无！"等市场化的广告用语被运用到了地方政府债券发行的前期宣传推广上。甚至中央媒体 CCTV 也在黄金时段播放了"欢迎认购"的地方政府债券广告。积极的媒体宣传和舆论引导，让地方政府债券这一原本陌生的概念逐渐被广大民众所认知和接受，充分提振了投资者的认购情绪，进而助推了地方债券柜台业务兴起的舆论热潮。

（四）地方经济发展及民生需求增大，发行改革时机成熟

党的十九大报告指出，我国社会主要矛盾已经转化为人民日益增长的美好生活需要和不平衡不充分的发展之间的矛盾，并做出了实现第一个百年奋

斗目标和向第二个百年奋斗目标进军的战略部署。要主动适应我国社会主要矛盾的新变化，贯彻新时代中国特色社会主义发展的战略安排，深化供给侧结构性改革，均离不开财政资金的支持。在我国推出一系列减税降税措施、降低实体经济负担的新形势下，财政增收面临较大压力，弥补财政收支缺口的任务艰巨。而《中华人民共和国预算法》的修订又赋予了地方债券承担地方政府融资的新职责，这势必要求进一步深化地方债券发行机制改革，完善地方债券管理机制，不断提高地方债券发行管理水平，帮助地方政府采取合理成本筹资，保障精准脱贫、污染防治等国家重大战略在地方的实现落地，更好地促进地方经济社会持续健康发展。

（五）群众多元化投资需求日益增长，个人投资者潜力巨大

我国是世界上储蓄率最高的国家之一，平均储蓄率达到 35% ~ 40%。然而，我国居民个人投资者的投资渠道却相对有限[①]。股票市场的高风险让众多并不具备专业投资判断技能且风险承受能力较低的居民望而却步。同时，银行储蓄余额持续性地大幅增长和近年来国债连续热销等现象，都从不同的侧面反映了普通居民渴望获得更多安全性高和收益性相对稳定的投资品种的投资理财迫切需要。地方政府债券作为一种"银边债券"[②]，无疑是广大低风险偏好的个人投资者除国债之外最好的投资产品选择。由此可见，广大低风险偏好的个人投资者将成为购买地方政府债券的重要投资主体，地方政府债券商业银行柜台市场发行存在广泛的投资人基础。此外，居民个人投资于地方政府债券，还可以避免将储蓄滞存在银行体系进而形成巨额存差，必将有助于更加有效地实现储蓄向投资的转化，促进国民经济的平稳运行和发展。

二、地方政府柜台债试点的发行机制

（一）发行方式转换的实现机制

各地方政府积极响应财政部《关于开展通过商业银行柜台市场发行地方

---

① 贾康，李炜光，刘军民. 关于发展中国地方政府公债融资的研究 [J]. 经济社会体制比较，2002
(5)：38 - 45.
② 贺俊程. 我国地方政府债券运行机制研究 [D]. 北京：财政部财政科学研究所，2013：20.

政府债券工作的通知》，拓宽地方政府债券发行渠道，满足个人和中小机构投资者需求，丰富商业银行柜台市场业务品种，积极推进通过商业银行柜台市场发行地方政府专项债券①。地方政府专项债发行渠道方式除了原本在全国银行间债券市场和证券交易所债券市场上市流通外，现已能够在商业银行柜台市场进行交易流通。商业银行柜台市场的开辟增加了地方政府债券发行方式，拓展了投资群体，扩大了地方政府债券发行的市场化范围。

目前，十二个省市地方政府柜台债券发行的方式均是采用招标发行。首场参与公开招标的投标机构为各地方政府债券承销团成员，第二场数量招标参与机构为取得地方政府柜台债券业务承办资格的银行。十二个省市的首场招标均采用单一价格荷兰式招标方式，标的为利率，全场最高中标利率为本期债券的票面利率；柜台发行采用数量招标，柜台发行利率为首场中标利率。通过招标方式，各个承销机构获得债券额度，并根据获得的额度在其柜台市场推出该地方政府债券。

（二）募集资金的投向优化机制

2019 年 2 月 27 日，财政部发布的《财政部关于开展通过商业银行柜台市场发行地方政府债券工作的通知》指出，地方政府公开发行的一般债券和专项债券，可通过商业银行柜台市场在本地区范围内发行。地方政府应当通过商业银行柜台市场重点发行专项债券，更好地发挥专项债券对稳投资、扩内需、补短板的作用，增强投资者对本地经济社会发展的参与度和获得感②。本书以 2019 年地方政府债券商业银行柜台发行试点省市资料进行比较分析，如表 4 – 1 所示。十二个试点省市所发行的柜台债的募集资金投向均为政府性特定项目，其中浙江、陕西、北京和青海 4 个省市此次发行的地方政府柜台债券用于棚户区改造；宁波、北京、四川、山东、广西、上海 6 个省市此次发行的地方政府柜台债券用于土地储备项目；海南此次发行的地方政府柜台债券用于收费公路项目；广东发行地方政府柜台债券募集资金用于粤港澳大湾区生态环保建设项目；安徽用于基础设施建设项目，重点用于推进长江经济带生态修复"三大一强"、淮河行蓄洪区居民迁建、重大铁路项目、乡

---

①② 财政部. 关于开展通过商业银行柜台市场发行地方政府债券工作的通知 [EB/OL]. [2019 – 02 – 27]. http://gks.mof.gov.cn/lmcs/zt/zt_zfzqgl/zfgzgl_dfzfzwgl/200012/t20001212_3370325.htm.

村振兴、城镇基础设施等公益性基础设施建设。所有试点省市的地方政府柜台债券发行均以专项债为主，且发行资金投向主要是为了满足发行地区经济社会建设与发展的资金需求。

表4-1　　　　　　　　　　试点省区市发行地方柜台债募集资金投向

债券代码	试点省市	募集资金投向
1905075	浙江	用于嘉兴市、温州市、金华市等3个地级市的棚户区改造
1905089	宁波	用于宁波绿色石化片区产城融合生态综合开发土地储备项目
1905111	陕西	用于陕西省8个地级市棚户区改造项目
1905119	北京	用于大兴区的3个土地储备项目
1905121	北京	用于北京市密云区、房山区等7个棚户区项目改造
1905131	四川	用于四川省各市、区、县等合计共62个土地储备项目
1905155	山东	用于山东省下辖7个城市的土地储备项目
1905198	海南	用于海南各地段收费高速公路项目
1905218	广东	用于广州市、佛山市有关污水处理项目
1905226	广西	用于广西南宁市市本级的土地储备项目
1905232	上海	用于上海市市本级和12个区的土地储备项目
1905285	安徽	用于安徽省所辖15个设区市的83个基础设施建设项目
1905333	青海	用于青海西宁市棚户区改造项目

注：表中债券（债券代码为1905119、1905121）为北京市发行同一批地方政府柜台债券，用于不同项目。

资料来源：全国银行间同业拆借中心。

十二个试点省市此次试点发行的地方政府债券所募集资金运用的项目都与各个地区经济社会发展相关。大多数地区发行债券募集资金用于土地储备项目或棚户区改造项目。土地储备项目和棚户区改造项目是各省市推进城镇化发展，促进城乡区域协调发展的重点项目。许多试点省市都在进一步优化与资源环境承载能力相匹配的城镇布局。其中，土地储备项目和棚户区改造项目是十二个试点省市中应用最多的项目。据统计数据显示，我国东部地区发行地方政府柜台债券的省市较多，而且在沿海地区推出地方政府柜台债券的城市相对更加密集，而中西部地区发行地方政府柜台债券的省市则相对较少。

由表4-2所示，海南此次试点发行地方柜台债所筹集的资金主要用于海南收费公路项目。根据《海南省国民经济和社会发展第十三个五年规划》，海南着重打造旅游交通一体化城市，优化旅游环境，重点建设旅游公路项目，该债券募集资金的投向与海南省地方发展规划是完全相契合的。广东发行的地方柜台债则是为粤港澳大湾区生态建设项目募集资金，主要用于改善水体环境、打造优质生活圈，同样投向的是广东省十三五规划中的重点项目。通过对试点发行地方柜台债省市所募资金投向的统计分析可见，将地方政府柜台债券募集资金用于土地储备项目和棚户区改造项目，能够改善省市城乡发展不平衡、城乡区域不协调的状况。十二个试点省市发行地方柜台债募集资金投向与其自身的十三五规划完全相适应，为落实各省市经济社会发展的战略规划，实实在在地提供了有力的资金支持。

表 4 - 2 　　　　　　　　　　**试点省市发行地方柜台债募集资金投向选取依据**

试点省市	募集资金投向项目选取依据
浙江　棚户区改造	《浙江省国民经济和社会发展第十三个五年规划纲要》，深入推进新型城市化和城乡区域协调发展，推动城乡建设转型
宁波　土地储备	《宁波市十三五规划》，打造世界级绿色石化产业基地，延伸绿色石化产业价值链，完善绿色石化产业循环链
陕西　棚户区改造	《陕西省国民经济和社会发展第十三个五年规划纲要》，创新城镇化发展方式，健全城市住房体系，推动城乡一体化
北京　棚户区改造	《北京市国民经济和社会发展第十三个五年规划纲要》，优化城市区域功能，逐步解决城市发展不平衡问题
北京　土地储备	《北京市国民经济和社会发展第十三个五年规划纲要》，增强平原地区功能承载能力，缓解城六区功能过度集聚的压力
四川　土地储备	《四川省国民经济和社会发展第十三个五年规划纲要》优化城镇化布局和形态，扩大中小城市、重点小城镇数量和规模
山东　土地储备	《山东省国民经济和社会发展第十三个五年规划纲要》支持聊城、滨州、东营承接北京非首都功能疏解和京津产业转移，日照建立"一带一路"新节点城市，纵深推进"两区一圈一带"
海南　收费公路	《海南省国民经济和社会发展第十三个五年规划纲要》优化旅游发展环境，加快建设环岛滨海旅游公路，推进多种运输方式的有效衔接，疏通无障碍旅游交通网络

续表

试点省市	募集资金投向项目选取依据
广东　污水处理	《广东省国民经济和社会发展第十三个五年规划纲要》共建粤港澳优质生活圈，加强水环境保护合作，强化东江水质保护和珠江河口水质管理，广州市粤港澳大湾区污水联合防治项目
广西　土地储备	《广西壮族自治区国民经济和社会发展第十三个五年规划纲要》打造西南中南地区开放发展新的战略支点，参与以南宁—新加坡经济走廊为主轴的中国—中南半岛经济走廊、孟中印缅经济走廊建设
上海　土地储备	《上海市国民经济和社会发展第十三个五年规划纲要》大力推进新城功能建设，将松江新城、嘉定新城、青浦新城、南桥新城、南汇新城打造成为长三角城市群综合性节点城市
安徽　基础建设	《安徽省国民经济和社会发展第十三个五年规划纲要》推动资源型城市转型发展，强化重点生态功能区的生态修复和环境保护；加快现代水利建设，全面推进淮河行蓄洪区调整和建设、重点淮河行蓄洪区和淮河干流滩区居民迁建等重点项目建设
青海　棚户区改造	《青海省国民经济和社会发展第十三个五年规划纲要》推进"四区两带一线"区域发展战略，重点解决区域城乡发展差距大、新型城镇化水平较低、区域互动发展程度不高等问题

资料来源：各试点省市政府政策文件。

（三）偿债资金来源的对接机制

十二个试点省市发行的地方政府柜台债均为专项债。2016 年，财政部关于印发《地方政府专项债务预算管理办法》的通知中指出，专项债务应当有偿债计划和稳定的偿还资金来源，其本金通过对应的政府性基金预算收入、专项收入、发行专项债券等偿还，其利息则通过对应的政府性基金收入、专项收入偿还，不得发行专项债券偿还①。故此，十二个试点省市均把此次发行的政府柜台债纳入了各地方政府性基金预算管理。由表 4 - 3 各试点省市发行地方柜台债的偿债资金来源统计分析可见，诸如浙江、宁波、陕西、北京、四川、山东、广西、上海、青海等九个省市采用了出让国有土地使用权的收入来偿还该债务；而海南省的偿债资金则来源于公路车辆通行附加费；广东省的偿债资金相应地来源于污水处理费收入；安徽省的偿债资金

① 财政部．关于印发《地方政府专项债务预算管理办法》的通知［EB/OL］．［2016 - 11 - 09］．http：//yss. mof. gov. cn/zhengwuxinxi/zhengceguizhang/201612/t20161201_2471207. html.

来源于具体应用的项目所取得的收入；青海省的偿债资金来源于资金投向的棚户区改造项目自身所取得的收入。所有试点省市地方政府柜台债券的偿债资金均源自该债券投资项目所取得的专项收益并被纳入了政府性基金预算管理。

表 4 - 3   试点省市发行地方柜台债偿债资金来源

试点省市	偿债资金来源
浙江	全部来自项目对应的国有土地使用权出让收益
宁波	项目实现的国有土地使用权出让收入
陕西	对应项目的土地出让收入及安置房销售收入等
北京	主要来源对应地块的土地出让收入
四川	主要来源于项目对应地块的国有土地出让收入
山东	对应地块国有土地使用权出让收入
海南	海南省高等级公路车辆通行附加费收入
广东	污水处理费收入全部用于债券还本付息
广西	对应项目的土地出让收入
上海	国有土地使用权出让收入
安徽	以专项债券对应项目的专项收入进行偿还
青海	对应项目的国有土地使用权出让收入和房屋销售收入

资料来源：全国银行间同业拆借中心。

（四）信用评级及信息披露机制

地方政府债券信用评级是指评级机构以地方政府作为评级对象，对地方政府各自发行债券的偿还能力、风险以及偿还意愿加以评价，并以一定的符号或分数来表示债券的等级。2019 年地方政府债券商业银行柜台试点发行省市债券评级资料显示：十二个省市均通过各自选择的信用评级机构对此次发行的地方政府债券予以了评级，如图 4 - 1 所示。其中，有 5 个试点省市选择了中债资信评估有限责任公司、3 个试点省市选择了东方金诚国际信用评估有限公司、3 个试点省市选择了上海新世纪资信评估投资服务有限公司、1 个试点省市选择了中诚信国际信用评级有限责任公司。由表 4 - 4 可见，上海选择的中诚信国际信用评级有限责任公司在 2018 年企业债券信用评级机构中排名为第一位，上海新世纪资信评估投资服务有限公司排名为第三位，两者分数相差 8.21。根据发改委 2018 年年度企业评级机构评价结果排名，中债资信评估有限责任公司不在此排名内，海南、安徽和青海三个地区选择的东方金诚国际信用评估有限公司，排名第四，比其他两个信用评级机构的排名略低。

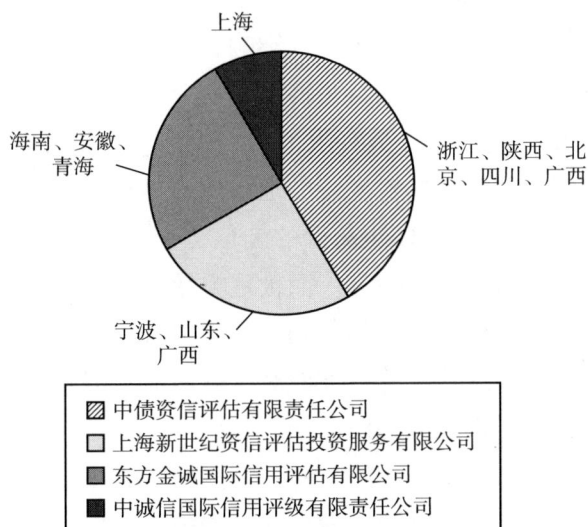

图 4 - 1　试点省市发行地方柜台债选取评级机构

资料来源：全国银行间同业拆借中心。

表 4 - 4　　　　　　　2018 年度企业债券信用评级机构信用评价结果

排名	信用评级机构名称	得分
1	中诚信国际信用评级有限责任公司	91.32
2	联合资信评估有限公司	86.96
3	上海新世纪资信评估投资服务有限公司	83.11
4	东方金诚国际信用评估有限公司	79.10
5	中证鹏元资信评估股份有限公司	76.50
6	大公国际资信评估有限公司	73.52

资料来源：中华人民共和国国家发展和改革委员会。

此次，安徽试点发行地方柜台债主要用于基础建设，其偿债资金来源为基础项目建设对应的收入。安徽省地方政府柜台债信用评级文件显示，安徽本批债券将纳入本省政府性基金预算管理，政府性基金收入在整体财力中的支撑作用明显。虽然募投项目收入的实现易受项目建设及土地出让进度等因素影响而可能存在不达预期的风险，但安徽省地方柜台债的评级同样为AAA级。各评级机构在信用评级披露文件中均表示，综合考察了各个省市的综合状况，各省市地方债券评级均为AAA级，这意味着各省市对应的政府性基金或专项收入收支状况以及对应项目建设运营的状况很好，偿还债务的能力极强，基本不受不利经济环境的影响，违约风险极低。

诺贝尔经济学奖获得者赫伯特·西蒙曾强调了"有限理性"人的概念，认为人的分析能力和认知能力是有限的[①]。因此，地方政府在发行债券时，应当选择权威的信用评级机构对发行的地方政府债券进行综合评级。选择较好的评级机构能够强化债券对外发行的公信力，使得投资者对债券更有信心，更加认可地方政府发行的债券。而被地方政府所选择进行债券评级的评级机构则应当客观地对地方政府的信用质量予以分析，在经济实力、财政实力、政府债务、政府治理状况等各方面对地方政府予以全面系统的评估，并进而对其发行的债券予以跟踪评级。

财政部2018年发行《地方政府债务信息公开办法（试行）》明确要求，省级财政部门应当在新增专项债券发行前，提前五个以上工作日公开该地区经济社会发展指标。其中，地方政府性基金预算情况，包括本地区、本级或使用专项债券资金的市县级政府的地方政府性基金收支、拟发行专项债券对应的地方政府性基金预算收支情况；专项债务情况，包括本地区专项债务限额及余额、地区分布、期限结构等；拟发行专项债券信息，包括规模、期限及偿还方式等基本信息；拟发行专项债券对应项目信息，包括项目概况、分年度投资计划、项目资金来源、预期收益和融资平衡方案、潜在风险评估、主管部门责任等；第三方评估信息，包括财务评估报告（重点是项目预期收益和融资平衡情况评估）、法律意见书、信用评级报告等；其他按规定需要公开的信息。同时，规定省级财政部门应当在新增专项债券发行后两个工作日内，公布发行债券编码、利率等信息[②]。表4-5对2019年地方政府债券商业银行柜台试点省市发行债券信息披露的资料予以了较为全面的梳理，据此可以看出，十二个试点省市此次发行地方政府柜台债都严格遵守了财政部

---

① 赫伯特·西蒙. 管理行为 [M]. 詹正茂译，北京：机械工业出版社，2013：136.
② 财政部. 关于印发《地方政府债务信息公开办法（试行）》的通知 [EB/OL]. [2018-12-20]. http://www.gov.cn/xinwen/2019-01/04/content_5354764.htm.

相关规定。债券有关事项通知、债券信息披露文件、债券信用评级和法律意见书构成了每个试点省市发行地方柜台债信息披露的必备文件。诸如浙江、宁波、北京、四川、山东、海南、上海七个试点省市，在中央结算公司披露的债券信息中报告了地方十三五规划，上海和广东两个试点省市还在中央结算公司披露了各自政府债券招标发行兑付办法和地方政府债券招标发行规则。但也有个别省市披露文件相对较少，如安徽与山东两省就仅对债券的基本信息予以披露。

表 4 - 5 　　　　　　　　　　试点省市发行地方柜台债信息披露文件

试点省市	信息披露文件
浙江	《浙江省财政厅关于发行 2019 年浙江省棚改专项债券（一期）有关事项通知》 《浙江省财政厅关于发行 2019 年浙江省棚改专项债券（一期）信息披露文件》 《2019 年浙江省棚改专项债券（一期）信用评级》 《2019 年浙江省金华市棚户区改造项目法律意见书》 《2019 年浙江省棚改专项债券项目情况介绍汇总》 《浙江省经济、财政和债务有关数据》 ＊《浙江省国民经济和社会发展第十三个五年规划纲要》
宁波	《关于发行 2019 年宁波市土地储备专项债券（一期）有关事项通知》 《2019 年宁波市土地储备专项债券（一～二期）信息披露文件》 《2019 年宁波市政府土储专项债（一～二期）信用评级报告》 《土储法律意见书》 《2019 年宁波市土地储备专项债券（一～二期）项目基本情况汇总》 《宁波市经济、财政和债务有关数据》 ＊《宁波市十三五规划》
陕西	《陕西省财政厅关于发行 2019 年陕西省棚户区改造专项债券（二期）有关事项的通知》 《2019 年第一批陕西省棚户区改造专项债券信息披露文件（1～4 期）》 《2019 年陕西省棚户区改造专项债券（一至四期）信用评级》 《法律意见书—2019 年陕西省棚户区改造专项债券（第一批）》 《2019 年度陕西省棚户区改造专项债券项目（第一批）汇总方案》 《2019 年陕西省棚户区改造专项债券（第一批）评价报告》
北京	《北京市财政局关于发行 2019 年北京市棚改专项债券（二期）有关事项的通知》 《北京市财政局关于发行 2019 年北京市土地储备专项债券（一期）有关事项的通知》 《2019 年北京市政府棚户区改造专项债券信息披露文件》 《2019 年北京市政府土地储备专项债券信息披露文件》 《2019 年北京市政府棚户区改造专项债券（一至四期）信用评级》 《2019 年北京市政府土地储备专项债券（一期）信用评级》 《对应项目五个地区——棚改专项债募投项目情况、财务审计报告、法律意见书》 《大兴区——土储专项债募投项目情况、财务审计报告、法律意见书》 《北京市经济、财政和债务有关数据》 ＊《北京市国民经济和社会发展第十三个五年规划纲要》

试点省市	信息披露文件
四川	《四川省财政厅关于发行 2019 年四川省土地储备专项债券（五期）有关事项通知》 《2019 年四川省土地储备专项债券（五期）信息披露》 《2019 年四川省土地储备专项债券（五期）信用评级》 《四川专项债募投各地区项目应用法律意见书》 * 《四川省国民经济和社会发展第十三个五年规划纲要》
山东	《关于发行 2019 年山东省政府土储专项债券（三期）有关事项的通知》 《2019 年山东省政府土储专项债券（三期）信息披露文件》 《2019 年山东省政府土储专项债券（三期）信用评级》 《2019 年山东省济南市新旧动能转换先行区土地储备专项债券（一期）法律意见书》 《2019 年山东省政府棚改专项债券（三期）募投项目情况》 《2019 年山东省济南市新旧动能转换先行区土地储备专项债券（一期）项目收益与融资自求平衡专项评价报告》 * 《山东省国民经济和社会发展第十三个五年规划纲要》
海南	《海南省财政厅关于发行 2019 年海南省收费公路专项债券（一期）有关事项的通知》 《海南省财政厅关于发行 2019 年海南省收费公路专项债券（一期）信息披露文件》 《海南省财政厅关于发行 2019 年海南省收费公路专项债券（一期）信用评级报告》 《2019 年海南省本级收费公路专项债券（一至二期）项目收益与融资资金平衡方案、财务评价报告、法律意见书》 # 《海南省财政厅关于印发海南省政府债券招标发行兑付办法的通知》 # 《海南省财政厅关于印发海南省政府债券招标发行规则的通知》 * 《海南省国民经济和社会发展第十三个五年规划纲要》
广东	《关于 2019 年粤港澳大湾区生态环保建设专项债券（四期）有关事项通知》 《2019 年粤港澳大湾区生态环保建设专项债券（四期）信息披露文件》 《2019 年粤港澳大湾区生态环保建设专项债券（四期）信用评级报告》 《广州市粤港澳大湾区污水联合防治项目—项目情况、财务审计报告、法律意见书》 # 《关于印发〈2019 年广东省政府债券招标发行兑付办法〉的通知》 # 《关于印发〈2019 年广东省政府债券招标发行规则〉的通知》
广西	《广西壮族自治区财政厅关于发行 2019 年广西壮族自治区政府土地储备专项债券（四期）有关事项通知》 《2019 年广西壮族自治区政府土地储备专项债券（四期）信息披露文件》 《2019 年广西壮族自治区政府土地储备专项债券（四期）信用评级报告》 《2019 年广西壮族自治区政府土地储备专项债券（四期）法律意见书》 《2019 年广西壮族自治区政府土地储备专项债券（四期）总体评价报告》
上海	《关于发行 2019 年上海市政府土地储备专项债券（二期）有关事宜的通知》 《2019 年第二批上海市政府土地储备专项债券信息披露文件》 《2019 年第二批上海市政府土地储备专项债券信用评级报告》 《2019 年上海市本级和各个地区土地储备项目实施方案、项目财务评估咨询报告、法律意见书》 《2019 年上海市本级和各个地区土地储备项目专项评价报告》 # 《关于印发〈上海市政府债券招标发行兑付办法〉的通知》 # 《关于印发〈上海市政府债券招标发行规则〉的通知》 * 《上海市国民经济和社会发展第十三个五年规划纲要》

试点省市	信息披露文件
安徽	《安徽省财政厅关于发行 2019 年安徽省基础设施专项债券（一期）有关事项通知》 《2019 年安徽省政府专项债券（五至七期）信息披露文件》 《2019 年安徽省专项债券（五至七期）信用评级报告》 《2019 年安徽省政府专项债券（五）期项目情况、法律意见书、财务评价报告》
青海	《关于发行 2019 年青海省西宁市棚户区改造专项债券（二期）有关事项通知》 《2019 年青海省第三批棚户区改造专项债券信息披露文件》 《2019 年青海省第三批棚户区改造专项债券信用评级报告》 《2019 年青海省西宁市棚户区改造专项债券（二期）法律意见书》 《2019 年青海省西宁市棚户区改造专项债券（二期）项目实施方案》 《2019 年青海省西宁市棚户区改造专项债券（二期）项目收益评价报告》

资料来源：中央结算公司。
注：＊表示各试点省市披露的十三五规划；
#表示各试点省市政府债券招标发行规则与兑付办法。

由表 4-6 对各试点省市地方柜台债投入项目情况说明的统计分析可以看出，十二个省市对本次地方政府柜台债募集资金所投入的项目予以披露，从项目的基本情况、资金募投情况以及该地方政府柜台债券投入项目能否取得收益等方面均作出了详细说明，使得投资者更能了解该项债券资金投向的具体情况，有利于增强投资者投资的信心，提升该债券发还的可靠性。

表 4-6　　　　　　　各试点省市地方柜台债投入项目情况说明

试点省市	项目情况说明
浙江	《2019 年浙江省棚改专项债券项目情况介绍汇总》对债券资金所用于项目的区域情况、项目具体情况、资金平衡方面作出分析。 本期专项债券募资资金中，7 亿用于嘉善县姚庄镇，姚庄片城中村建设改造"棚户区"项目和惠民街道惠园二期（惠园小区北区）安置房项目。嘉善县棚户区改造项目用于资金平衡的项目收益，对融资成本覆盖倍数为 1.71～2.36。项目收益可以覆盖融资成本，债券偿还安全度较高。 债券募集资金 12 亿计划用于瑞安市西门棚户区改造项目、瑞安市南门棚户区改造项目；瑞安市锦湖西门、瓦窑团块棚户区改造项目。瑞安市以上棚户区改造项目用于资金平衡的项目收益对融资成本覆盖倍数为 1.33～1.36。项目收益可以覆盖融资成本，债券偿还安全度较高

试点省市	项目情况说明
宁波	《2019 年宁波市土地储备专项债券（一～二期）项目基本情况汇总》对债券资金用于项目的地块情况、项目预期收益与融资平衡进行说明。 本批次土储专项债券募集资金拟用于宁波绿色石化片区产城融合生态综合开发项目中的两个子项目：甬舟跨海大桥两侧收储地块项目和经济开发区收储地块项目。上述收储地块均纳入宁波市 2019 年市六区土地储备计划。本项目计划于 2019 年共计发行 20 亿元土地储备专项债券，2020 年发行 10 亿元土地储备专项债券。收储土地挂牌在债券存续期内可以全部实现出让，可用于资金平衡的土地相关收益对债券本息的覆盖倍数为 1.60，预计土地出让产生的现金净流入能够合理保障偿还债券本金及利息，实现项目收益和融资自求平衡，不能偿还债券本息的风险较低
陕西	《2019 年度陕西省棚户区改造专项债券项目（第一批）汇总方案》对项目情况、项目投资估算与资金筹措方案、预期收益与融资平衡情况、项目风险评估及控制措施等方面作出说明。 发行债券资金投资于西安、铜川、宝鸡、咸阳、汉中、安康、商洛、延安、榆林九个地区的棚户区改造，项目资金全部用于棚户区改造项目安置住房购买费、拆迁补偿费用支出、货币安置费用、基本预备费、房屋建设等基础设施建设支出，按照项目预期收入和预期支出测算，在存续期间能够产生持续稳定的净现金流。项目存续期内可达到的偿债资金覆盖率为 1.2 倍，还本付息资金有充分保障
北京	《对应项目五个地区棚改专项债募投项目情况》对昌平区、东城区、房山区、丰台区、密云区项目情况、资金募集情况、经济社会效益、项目预期收益及融资平衡进行说明。 昌平区项目四至范围为：东至基杨路、南至回南北路、西至唐家岭路、北至南沙河。实施内容包括项目范围内集体土地征地、国有土地房屋征收、集体宅基地及非住宅房屋拆迁、安置房建设和必要的市政基础设施建设等。项目本息覆盖倍数为 1.58，项目收益可以覆盖融资成本。 东城区项目通过对宝华里地区危旧房和环境进行治理改造，集中建设回迁安置房，改善宝华里居民的居住条件，预计项目收益对融资成本覆盖倍数为 4.45，项目收益可以覆盖融资成本。 房山区涉及 3 个项目，房山区长阳镇 06、07 街区棚户区改造、房山区琉璃河镇中心区洄城等 5 村棚户区改造和环境整治项目、房山区城关中心区棚户区改造。预计收益能够覆盖融资成本。 丰台区项目位于丰台区长辛店地区，东至京周公路，南至赵辛店跨线桥，西至京广铁路线，北至长辛店大街北口（现代叉车、林德叉车销售部南墙），预计收益对融资成本覆盖倍数为 2.02，预计本息覆盖倍数为 1.44，项目收益可以覆盖融资成本。 密云区项目位于密云区穆家峪镇新农村、刘林池，项目范围为北至站东路，南至潮河，西至行官小区及檀营回迁小区，东至京承铁路，债券本息覆盖率为 1.12 倍，充分满足债券付息要求
北京	《大兴区——土储专项债募投项目情况》对项目基本情况、募投项目情况、预期收益与融资平衡、还款保障情况作出说明。 大兴区土储项目涉及三个项目，分别为：大兴新城核心区土地一级开发；2016 年世界月季洲际大会周边配套土地一级开发项目；旧宫镇集贤地区旧村改造土地一级开发项目，大兴新城核心区土地一级开发项目融资金额为 15.20 亿元，预计项目本息覆盖倍数为 11.49～12.96，未来 5 年内项目收益覆盖倍数为 2.31～2.88；2016 年世界月季洲际大会周边配套土地一级开发项目融资金额为 22.50 亿元，预计项目本息覆盖倍数为 1.81～2.19；集贤项目拟融资金额为 20.00 亿元，预计项目本息覆盖倍数为 2.09～2.55，这些项目预期收益能够合理保障偿还融资本金和利息，实现项目收益和融资自求平衡

续表

试点省市	项目情况说明
四川	《对应项目十七个地区土地储备专项债募投项目情况》对达州、德阳、广安、乐山、凉山、泸州、绵阳、眉山、南充、内江、攀枝花、遂宁、雅安、宜宾、自贡、巴中、成都十七个地方土地储备项目情况进行说明。 对各个地区项目基本情况、经济社会效益分析、项目投资估算、资金筹措方案、项目预期收益情况、成本情况、项目绩效目标、潜在影响项目的风险评估、还款保障情况进行说明分析，这些项目预期收益能够合理保障偿还融资本金和利息，实现项目收益和融资自求平衡
山东	《2019 年山东省政府棚改专项债券（三期）募投项目情况》对项目情况、项目融资投资额、偿债来源等作出说明。 项目地区为济南市新旧动能转换先行区、东营市金湖银河片区和河口区、烟台市幸福西区和黄家村地块、济宁市高新技术产业开发区、日照市、聊城市阳谷县、滨州市阳信县的棚户区改造项目
海南	《2019 年海南省本级收费公路专项债券（一至二期）项目收益与融资资金平衡方案》对债券项目基本情况、募集资金投向情况、项目收益与融资平衡、压力测试、还款风险作出了说明。 本次拟筹集专项债券资金用于海口绕城公路美兰机场至演丰段公路项目、省道 S314 天新线天涯至新宁坡段改建工程，支付工程尾款。对项目收益在通行附加费收入下降 15% 的情况，项目本息覆盖倍数仍然 >1；在利率上升 15% 的情况下，项目本息覆盖倍数仍然 >1。本项目收益对债券还本付息保障性较高
广东	《广州市粤港澳大湾区污水联合防治项目—项目情况》对项目基本情况、募投项目情况、经济社会效益分析、项目投资估算及资金筹措方案、项目预期收益、成本及融资平衡作出分析说明。 项目位于广州市越秀区、海珠区、荔湾区、天河区、白云区、旧埔区和广州大学城。预计本次项目收益对融资成本覆盖倍数为 6.38，项目收益可以覆盖融资成本。2019 年粤港澳大湾区广州市污水联合防治不能偿还的风险较低
广西	《2019 年广西壮族自治区政府土地储备专项债券（四期）总体评价报告》对于南宁市本级土地储备项目情况说明，从项目基本情况、应付本息情况、项目收益与融资平衡进行说明，项目预期收益能够合理保障偿还融资本金和利息，实现项目收益和融资自求平衡
上海	《2019 年上海市本级和各个地区土地储备项目专项评价报告》对于上海市本级、黄浦区、普陀区、静安区、杨浦区、宝山区、闵行区、嘉定区、浦东新区、金山区、松江区、奉贤区、崇明区地方的项目进行分析说明。 从项目基本情况、资金募投概况、经济社会效益分析、资金平衡方案方面综合分析，对各个项目进行分析表明项目预期收益能够合理保障偿还融资本金和利息，实现项目收益和融资自求平衡
安徽	《2019 年安徽省政府专项债券（五）期项目情况》债券资金用于庐江县美丽乡村建设、怀远县淮河行蓄洪区、淮南市淮河行蓄洪区安全建设、太和县镜湖东路市政、颍上县淮河行蓄洪区安全建设、临泉县城市道路及路网建设、裕安区淮河行蓄洪区安全建设、金案现代产业园北部新城建设、芜湖市四区公办幼儿园、安徽中医药专科学校综合楼、鸠江区自来水厂整合、镜湖区环境整治、南陵县家发中学、宿州市高新区半导体产业园、灵璧县乡村振兴、砀山县污水治理、埇桥区美丽乡村建设、泗县污水治理。 对项目基本情况、募投项目情况、经济社会效益分析、项目投资估算及资金筹措方案、项目预期收益、成本及融资平衡、项目风险控制方面进行分析，预计项目收益对融资成本覆盖倍数为 1.32，项目收益可以覆盖融资成本，不能偿还的风险较低

试点省市	项目情况说明
青海	《2019 年青海省西宁市棚户区改造专项债券（二期）项目实施方案》 《2019 年青海省西宁市棚户区改造专项债券（二期）项目收益评价报告》 该债券用于 3 个项目，包括杨家巷片区棚户区改造项目、机场高速公路沿线棚户区改造项目、二十里铺镇新村棚户区改造项目。对项目背景、项目概况、项目收益覆盖、项目融资成本、经济社会效益分析、项目风险及防范措施方面进行分析认为本期债券可以为 3 个项目提供足够的资金支持，保证 3 个项目的顺利施工。同时 3 个项目完工后的收益充分满足本期债券还本付息要求，实现项目收益和融资自求平衡

资料来源：中央国债登记结算有限责任公司。

根据有关法规政策，试点发行的各地方政府其地方柜台债券的发行应该严格遵守财政部相关规定，对债券相关内容予以披露。试点发行省市将其十三五规划与发行债券的各信息披露文件一起披露于中央结算公司平台，能让投资者对地方政府债券资金投入的项目情况掌握得更加全面，使其对地方政府发行债券所募资金的运用更了解。这种信息披露及其完整性要求能够进一步提高地方政府债券发还管理的透明度，增强地方政府柜台债发行的可靠程度。

根据财政部《地方政府专项债券发行管理暂行办法》规定，各地应当在专项债券发行定价结束后，通过中国债券信息网和本地区门户网站等媒体，及时公布债券发行结果[①]。如表 4 – 7 对 2019 年地方政府债券商业银行柜台发行试点省市债券信息披露时间的统计分析所示，试点省市发行地方政府柜台债券的信息披露时间均早于债券发行时间。首批进行地方政府柜台债发行的省市信息披露时间间隔均为十天以上。其中，浙江、宁波、陕西、北京四个试点省市其债券信息披露时间与债券发行时间间隔为十二天，是十二个试点省市中时间间隔最长的。首批地方政府债券柜台债发行信息披露时间先于发行时间越早，就越有助于投资者对该债券具体情况的了解，为首批地方柜台债的发行提供了良好的信息披露环境。同时，信息披露与发行的时间间隔较长，也越有利于各大商业银行对该批柜台债发行的前期宣传。而对地方政府柜台债发行宣传力度的提高，又进一步促进了地方政府柜台债的交易。

---

① 财政部. 关于印发《地方政府专项债券发行管理暂行办法》的通知 [EB/OL]. [2015 – 04 – 02]. http：//ah. mof. gov. cn/cslm/zcfg/200012/t20001212_3328766. htm.

表 4 - 7　　　　　　　　　试点省市发行地方柜台债信息披露时间

试点省市	信息披露文件发布时间	债券发行时间	时间差（天）
浙江	03 月 15 日	03 月 27 日	12
宁波	03 月 15 日	03 月 27 日	12
陕西	03 月 20 日	04 月 01 日	12
北京	03 月 22 日	04 月 03 日	12
四川	03 月 18 日	03 月 28 日	10
山东	03 月 21 日	04 月 01 日	11
海南	06 月 05 日	06 月 13 日	8
广东	06 月 10 日	06 月 17 日	7
广西	06 月 13 日	06 月 19 日	6
上海	06 月 10 日	06 月 17 日	7
安徽	07 月 24 日	07 月 31 日	7
青海	08 月 27 日	09 月 03 日	7

由图 4 - 2 试点省市发行地方柜台债信息披露时间差的统计分析所示，发行地方政府柜台债券较晚的试点省市，其债券信息披露时间与发行时间的间隔相对缩短。首批地方柜台债的顺利推出为后续各个省市发行地方柜台债发行营造了良好的环境，从而加快了后续地方柜台债发行的进度。表 4 - 7 对试点省市发行地方柜台债信息披露时间的统计显示，首批柜台债券于 2019 年 3 月披露信息，4 月初正式进行交易，6 月第二批柜台债对具体信息进行披露和交易，7 月与 8 月都有地方进行政府柜台债的发行。应当说，各试点省市地方政府积极响应财政部号召，在合理把握发行节奏的基础之上，有效加快了债券发行进度，6 月底前完成提前下达新增债券额度的发行，9 月底前完成全年新增债券发行[①]。这也说明，地方政府柜台债发行的信息披露不仅要遵照财政部要求而行，同时也要在把握好信息披露和发行节奏的基础上合理加快债券的发行。

---

① 佚名．地方债发行提速．宏观·国内 [J]．投资北京，2019（7）：10.

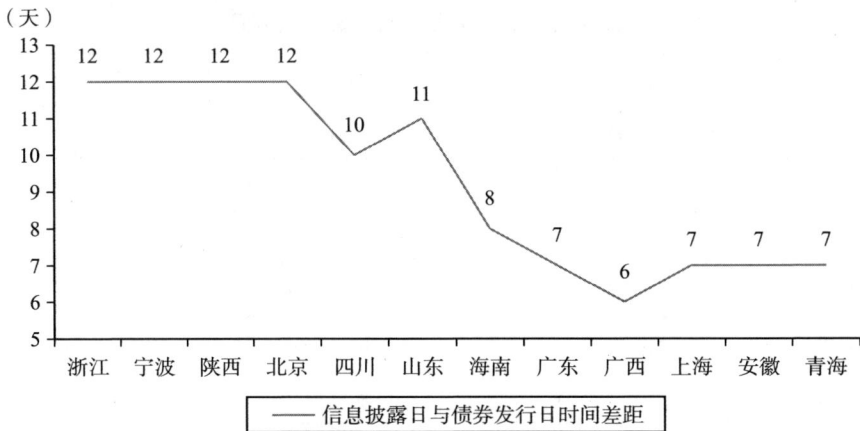

图 4 - 2 试点省市发行地方柜台债信息披露时间差

资料来源：中央国债登记结算有限责任公司。

（五）债务限额与预算管理机制

财政部发布的《关于做好 2018 年地方政府债务管理工作的通知》重申，要依法规范地方政府债务限额管理和预算管理机制，合理确定各个地区的地方政府债务限额，用好地方政府债务限额，严格贯彻地方政府债务限额管理要求。2019 年地方政府债券商业银行柜台发行试点省市的债务限额与预算额度的数据分析显示，十二个试点省市政府债务限额大于政府债务余额。这一结果表明，尽管试点省市发行了地方政府柜台债，但其债务规模仍然严格被控制在地方政府债务限额之内，其债务率仍然低于财政部所确定的总债务率警戒线。

如图 4 - 3 所示，就整体而言，十二个试点省市的政府债务规模相对稳定，与债务规模限额相匹配。其中，虽然山东省的地方债务限额与地方债务余额最高，但也尚未突破国家下达的债务限额，债务风险总体可控；青海省债务余额与债务限额在试点的十二个省市中数量最少；北京市政府债务限额与政府债务余额差距最大。其中，北京专项债务余额 2 214.86 亿元，低于同期财政部核准的专项债务限额水平，债务限额与债务余额给北京未来预留了较大的举债融资空间。宁波、海南、青海三个省市债务余额接近其地方债务限额。其中，宁波市由于基础设施建设和公益性项目等方面的投入，形成了较大规模的政府性债务。但是宁波市政府不断完善政府债务管理，严控债务规模，政府负有偿还责任的债务始终保持在限额之内，风险也仍处于可控范围；海南省政府债务中的一般债务占比较高，债务偿还期限分布较为合理，集中偿付压力较小，且本批海南发行的地方柜台债为公路专项债，偿债资金纳入政府性基金预算管理，并利用海南省高等级公路车辆通行附加费的收入偿还，因此海南发行的此批专项债券其保障程度较高；青海此批专项债项目的预期收入及现金流能够为本批债券还本付息提供保障，政府债务偿还期限分布较为合理，集中偿付压力总体较小。由此可见，十二个试点省市的债务规模大小不一，均是控制在地方债务限额之内，并有稳定的偿债来源为其提供保障。

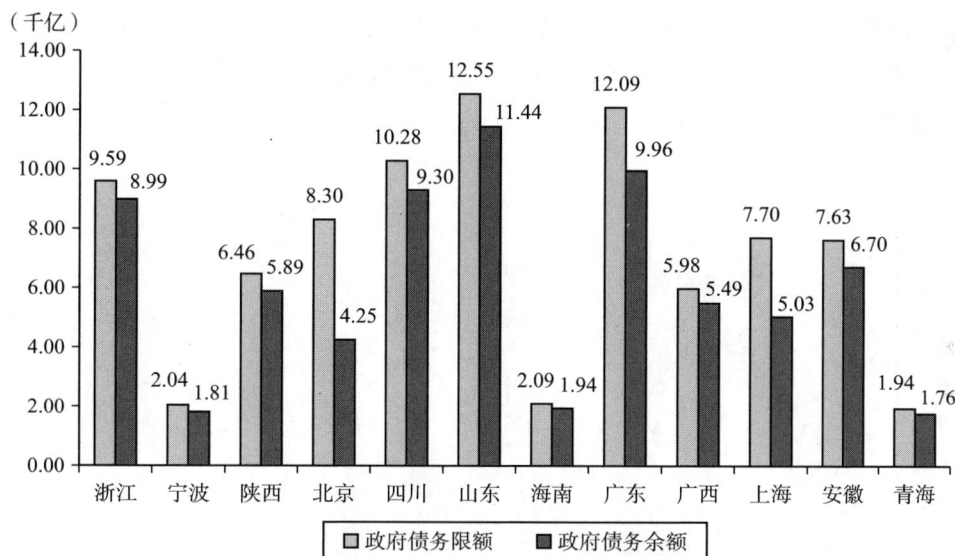

图 4 - 3　2019 年试点省市政府债务限额与债务余额
资料来源：各省市财政部门官网。

根据各试点省市发布的地方政府债券信用评级报告资料，地方政府债务率 = 债务余额/综合财力，该指标为衡量地区债务风险的核心指标。综合财力为财政收入、政府性基金收入和国有资本预算收入之和。根据有关研究表明，债务率 100% 为安全警戒线，超过 100% 存在债务风险；70% ~ 100% 为预警区间，还有一定举债空间；70% 以下债务风险较低[①]。基于图 4 - 4 的统

───────

① 耿军会，胡恒松.政府投融资平台公司转型发展研究综述 ［J］.区域经济评论，2017（3）：155 - 159.

计数据显示，广西的地方政府债务率为 91.53%，是十二个试点省市中地方政府债务率最高的地区，但未超过理论上的债务安全警戒线；而宁波的地方债务率为 53.24%，为十二个试点省市中地方政府债务率最低的地区，虽然宁波市的债务余额数量较为逼近债务限额的数量，但其债务风险较低，保留了一定的举债融资空间。此外，北京市的债务限额与债务余额尚有一定差距，同时也为其保留了进一步举债融资的空间，且北京地方政府债务率仅为 54.05%，其债务风险仍然处于较低的水平。有学者将戴蒙德代际交叠模型运用于国债的研究，发现在一定限度的地方政府债券规模内，赤字财政表现出传统的凯恩斯效应。① 因此，地方政府债务一定要将债务规模牢牢地控制在地方债务限额以内，并且要根据地方政府的综合财力对地方政府发债融资予以预判。由此可见，地方政府应该严格把控好地方债务率指标，为未来举债融资保留一定的空间。

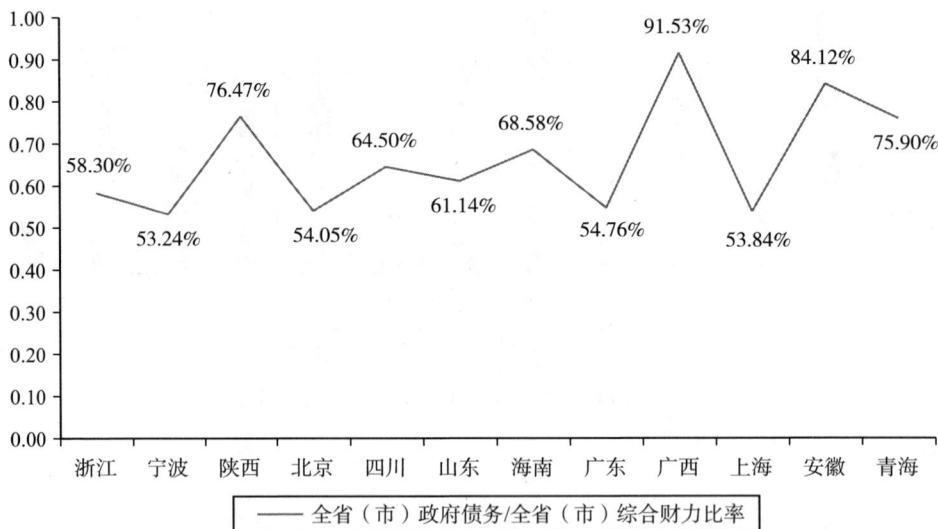

图 4-4 2019 年试点省市地方政府债务率

资料来源：试点省市地方财政部门官网。

---

① 谢平. 中国地方政府债券发行管理制度研究 [M]. 北京：中国经济出版社，2018：43.

第二节　试点省市地方政府柜台债一级发行比较分析

一、发行债券品种比较分析

2018 年 4 月，财政部、住房和城乡建设部联合发布《试点发行地方政府棚户区改造专项债券管理办法》，确定试点发行地方政府棚户区改造专项债券。该专项债券是继土地储备、政府收费公路专项债券之后的第三个全国性的中国版"市政收益债"品种[1]。此后，与之相配套，财政部又于 2019 年 6 月印发了《土地储备项目预算管理办法（试行）》，旨在健全完善土地储备专项债券的项目预算控制机制，有效防控专项债务风险[2]。上述政策有效地驱动了土地储备专项和棚户区改造专项债的发行，而土地储备专项债和棚户区改造专项债的发行又切实增强了地方政府改善当地民生的财政能力，进而发挥了地方政府规范化适度举债融资在改善低收入群体民众住房条件这个关键性民生问题上的积极效用。根据图 4 - 5 对 2019 年试点省市地方政府柜台债发行品种的统计显示，在十二个试点省市发行的专项债中，6 个试点省市选择发行了土地储备专项债、4 个试点省市发行了棚户区改造专项债。此外，还有 3 个省市还选择发行了其他对应项目的专项债，如海南省发行了收费公路专项债券、广东省发行了对应粤港澳大湾区生态环保建设的专项债、安徽省发行了基础设施专项债券。在北京市发行的专项债中，有 10 亿为土地储备专项债、10 亿为棚户区改造专项债。就总体上而言，十二个试点省市在选择发行地方柜台债品种时均积极响应财政部的号召，发行了地方专项债，其对应项目绝大多数倾向于棚改专项和土地储备专项，能够满足各地方政府在基础设施建设、公益类项目建设等地方社会发展领域的投融资需求。作为一种与我国财政管理体制相适应的投融资方式，专项债券适应了我国在特定发展阶段的财政投融资需求，正逐渐成为地方政府公益类项目投资

---

① 　陈兴鑫. 棚改专项债问世［N］. 乐山日报，2018 - 04 - 06（002）.

② 　财政部. 关于印发《土地储备项目预算管理办法（试行）》的通知［EB/OL］.［2019 - 05 - 20］. http：//yss. mof. gov. cn/zhuantilanmu/dfzgl/zcfg/201906/t20190620_3281702. html.

融资的关键渠道。

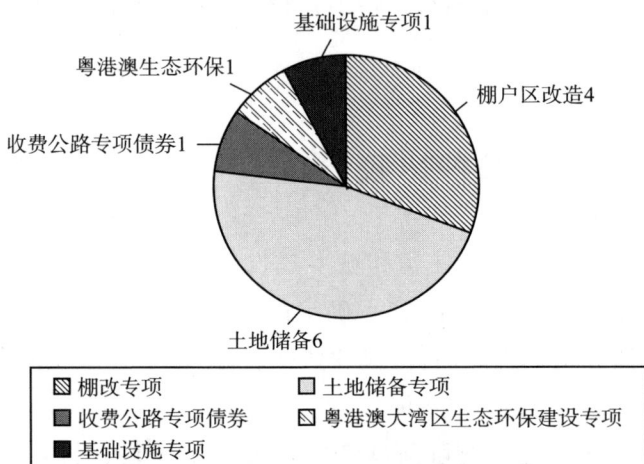

图 4 - 5　试点省市地方政府柜台债发行品种

资料来源：全国银行间同业拆借中心。

二、发行规模比较分析

根据图 4 - 6 对 2019 年试点省市地方政府柜台债各市场发行量以及图 4 - 7 对其 2019 年商业银行市场发行量的统计分析显示：四川省本次试点发行地方政府债券总额最大，一共发行了 59.29 亿。其中，商业银行柜台发行了 15 亿、银行间债券市场和证券交易所债券市场一共发行了 44.29 亿。此次，四川省发行地方政府专项债券募集资金全部用于土地储备开发。而本次地方政府债券试点发行中总量占比相对较少的广西壮族自治区与青海省两地，同样也是将债券资金投向土地储备与棚户区改造项目。因此，就总体而言，政府地方债券的发行量集中于土地储备与棚户区改造项目，而对基础设施建设项目的投入则相对较少。具体而言，从投入各个项目的债券资金数量比例来看，土地储备专项、棚户区改造专项、收费公路专项、生态保护专项、基础设施专项债券之间的资金占比大致为 18.34∶13∶1∶3.45∶3.55。由于，十二个试点省市的发行规模各自不相同，其商业银行柜台发行量的占比也各有不同。其中，土地储备专项总体发行量最多且占比最大，其次则为棚户区改造专项。基于上述分析可知，各试点省市均结合了各自具体的情况进行发行量权衡，并对债务募集资金使用专项的项目进行了相对合理的选择。

（亿）

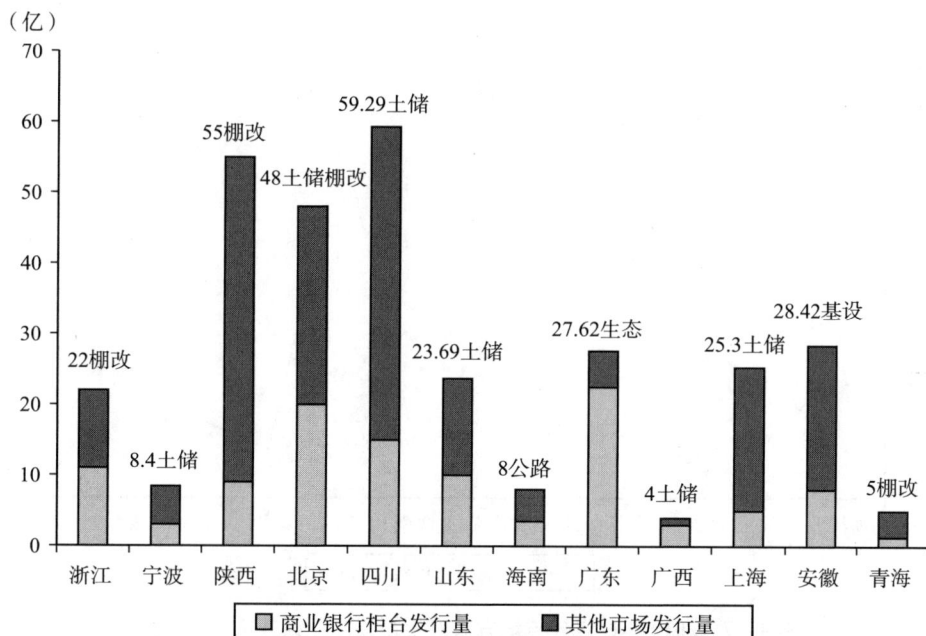

图 4 - 6　2019 年试点省市地方政府柜台债各市场发行量

资料来源：全国银行间同业拆借中心。

　　如图 4 - 7 所示，广东省是十二个试点省市中商业银行柜台发行量数额最大的省市，同时也是柜台发行量占政府地方债发行量份额最大的省市。广东省地方政府柜台债一共发行了 27.62 亿，其中商业银行柜台发行量为 22.5 亿，其发行量占比为总发行量的 81.46%。广东省地方政府柜台债券以污水处理费收入作为其偿债来源，项目相关收益能够覆盖融资本息。同时，由于广东省政府性基金预算收入规模较大且保持了持续增长态势，这在很大程度上也为其债券偿付提供了良好的保障。在试点发行的十二个省市中，广西壮族自治区发行地方政府债券的总量和数量最少，一共仅发行了 4 亿。其中，商业银行柜台市场发行债券 3 亿元。而青海省作为在本次地方政府债券柜台发行试点中发行量最少的省市，其商业银行柜台发行量也仅为 1.3 亿。由此可见，地方政府债券首次在商业银行柜台市场试点发行，经济较发达省市通过商业银行柜台市场发行债券的数量相对于其他省市而言较高，不同的省市在商业银行柜台市场发行债券的数量不仅与该省市发行地方政府债券的总量有关，还与各个省市整体的经济社会发展状况密切相关。

（亿）

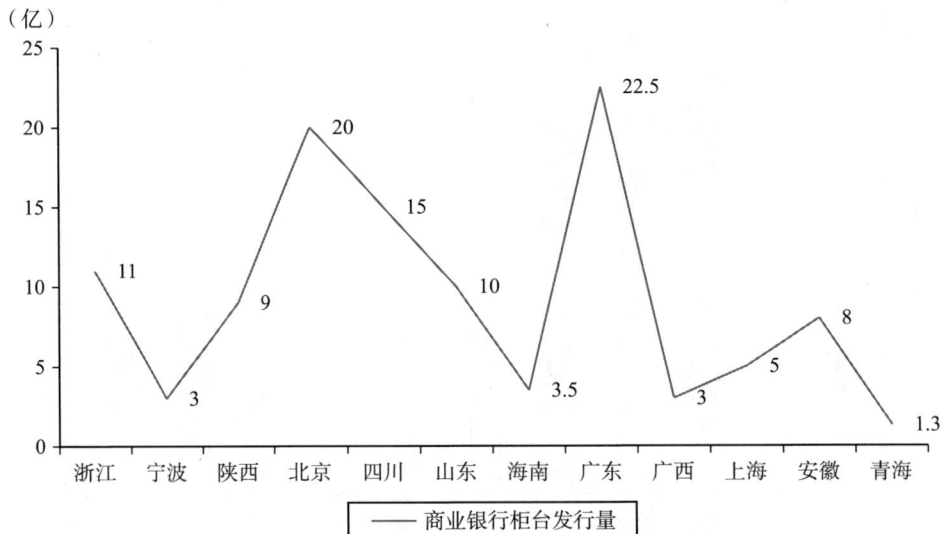

图 4 – 7 2019 年试点省市地方政府柜台债商业银行市场发行量

资料来源：全国银行间同业拆借中心。

三、发行期限比较分析

地方政府债券发行期限的确定具有较强的政策约束性。财政部《地方政府土地储备专项债券管理办法（试行）》第二十六条规定，土地储备专项债券期限应当与土地储备项目期限相适应，原则上不超过 5 年；《地方政府收费公路专项债券管理办法（试行）》《试点发行地方政府棚户区改造专项债券管理办法》也分别规定收费公路专项债券、棚户区改造融资专项债券的发行期限不得超过 15 年。如图 4 – 8 对 2019 年试点省市地方柜台债发行期限的统计分析所示：十二个试点发行地方政府债券的省市其发行期限主要集中于 5 年期和 3 年期。具体而言，浙江、陕西、北京、四川、广东、安徽六个省市此次发行的地方政府债为 5 年期债券，其中北京、四川、广西三地发行的地方政府柜台债券投向均为土地储备项目；而宁波、山东、海南、广西、上海、青海六个省市其发行地方政府柜台债券的期限则为 3 年期。就总体上而言，本次发行的地方政府柜台债券中3年期与5年期各自占比为1:1。按照相关政策规定，地方政府专项债发行期限可以是1年、2年、3年、5年、7年、10年、15年、20年，但目前十二个试点省市在商业银行柜台进行发行的债券发行期限均集中于3年和5年，其发行债券的期限缺乏灵活性，未能有效地考虑到短期债券和长期债券搭配发行的平衡效应。故此，各省市在后续的发债规划中，应当更加科学地根据项目资金状况、市场需求等因素，合理安排债券期限结构，促进其发行期限结构的多元平衡与动态优化。

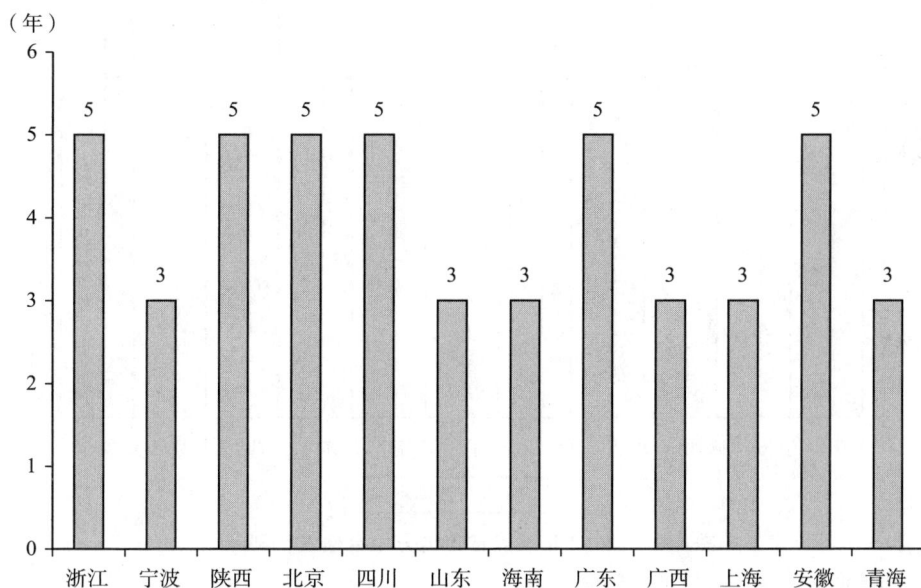

图4-8 2019年试点省市地方柜台债发行期限

资料来源：全国银行间同业拆借中心。

四、发行利率比较分析

本次试点的十二个省市其地方专项债均采用招标方式发行。首场发行招标采用单一价格的荷兰式招标方式。标的为利率，全场最高中标利率即为各地本期债券的票面利率；各省市商业银行柜台发行则采用数量招标方式，柜台发行利率即为首场中标利率。如图4-9对2019年试点省市地方柜台债发行利率的统计所示，广西壮族自治区发行的政府地方柜台债券其利率为

3.43%，在十二个试点省市中处于最高水平；而山东省此次发行的政府地方债券其利率则最低，较之于广西壮族自治区地方政府债券利率低了 0.42 个百分点，仅为 3.01%。就十二个试点省市整体的利率水平而言，山东省和宁波市的利率水平较低，而广西和安徽省的利率水则平均突破了 3.40%，其他各省市政府地方债券的利率则在均在 3.20%～3.40% 波动，十二个试点省市地方政府债券总体的发行利率加权平均为 3.28%。

（%）

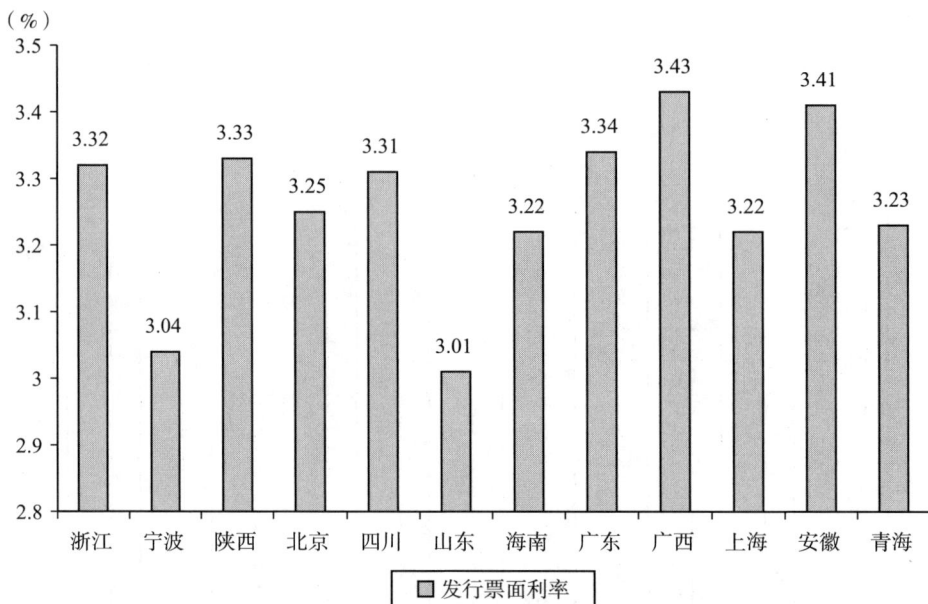

图 4-9　2019 年试点省市地方柜台债发行利率

资料来源：全国银行间同业拆借中心。

地方政府债券的发行利率是由招标来确定。但同时，《地方政府债券公开承销发行业务规程》也要求，公开承销的申购利率，其区间下限不得低于申购前 1～5 个工作日（含第 1 和第 5 个工作日）由中国债券信息网公布的中债国债收益率曲线中相同待偿期国债收益率的算术平均值。由此可见，各承销机构应当综合考量同期限国债、政策性金融债利率水平及二级市场地方债券估值等因素来合理决定投标价格①。此外，地方政府柜台债券的发行利

① 财政部. 关于做好地方政府专项债券发行工作的意见 ［EB/OL］. ［2018-08-14］. http://gks. mof. gov. cn/guozaiguanli/difangzhengfuzhaiquan/201808/t20180814_2987600. html.

率还会受到债券发行期限的影响，试点省市地方政府柜台债券的发行期限集中在 3 年期和 5 年期，发行期限过于接近往往容易导致债券发行利率不够灵活。故此，地方政府柜台债的发行应当做到长期与短期相结合、高利率与低利率相匹配，以此更好地满足不同投资者的需求，进一步优化完善地方政府柜台债的流动性结构。

五、银行付息方式比较分析

财政部颁布的《地方政府专项债券发行管理暂行办法》第三条明确规定，专项债券采用记账式固定利率附息形式，且以招标方式发行的地方政府专项债，其发行利率在招标或承销日前 1~5 个工作日（含第 1 和第 5 个工作日）由中国债券信息网公布的中债国债收益率曲线中相同代偿期的国债收益率算数平均值确定。故此，十二个试点省市此次地方政府债券均采用了招标发行的方式，其债券商业柜台市场发行利率为首场招标中标利率。根据财政部文件规定，各试点省市本次所发债券的付息方式均为周期付息，除最后一期利息随本金一起支付外，其他各期利息为每年支付一次。

六、银行分销比较分析

根据中国人民银行、财政部和中国银行保险监督管理委员会联合颁布的《关于在全国银行间债券市场开展地方政府债券柜台业务的通知》要求，柜台业务的开办机构可以开办经发行人认可的已发行地方债以及发行对象包括柜台业务投资者的新发行地方债的柜台业务[1]。由表 4-8 对 2019 年试点省市地方柜台债承销机构的统计可见，十二个试点省市均通过财政部政府债券发行系统组织招投标工作，其参与机构即为各个试点省市政府债务承销团成员。因为各省市拥有不同的区域性商业银行，所以不同的试点省市其承销团成员也不尽相同。

---

[1] 中国人民银行，财政部，中国银行保险监督管理委员会. 关于在全国银行间债券市场开展地方政府债券柜台业务的通知 [EB/OL]. [2018-11-10] https://www.chinabond.com.cn/cb/cn/xwgg/ggtz/rmyh/20181115/150304755.shtml.

表4-8   2019 年试点省市地方柜台债承销机构

试点省市	商业银行柜台发行承销机构	机构数量
浙江 11 亿	农业银行 2 亿、工商银行、中国银行、建设银行、交通银行、兴业银行、浦发银行	7
宁波 3 亿	工商银行 1.1 亿,农业银行 1.1 亿,建设银行 0.3 亿,宁波银行 0.5 亿	4
陕西 9 亿	农业银行 5 亿、工商银行 1 亿、建设银行 1 亿、中国银行 1 亿、浦发银行 1 亿	5
北京 20 亿	中国农业银行 5.6 亿、中国工商银行 5.6 亿、中国建设银行、中国交通银行、北京银行、中国银行、北京农商行、兴业银行、平安银行、宁波银行、江苏银行	11
四川 15 亿	工商银行、农业银行、建设银行、中国银行、交通银行	5
山东 10 亿	工商银行 2.5 亿、农业银行 4.5 亿、中国银行 1 亿、建设银行 2 亿	4
海南 3.5 亿	中国农业银行、中国工商银行、中国建设银行、交通银行、中国银行、浦发银行、兴业银行、平安银行	8
广东 22.5 亿	中国农业银行、中国工商银行、中国建设银行、交通银行、中国银行、浦发银行、兴业银行、平安银行、广东顺德农村商业银行	9
广西 3 亿	中国农业银行、中国工商银行、中国建设银行、交通银行、中国银行、兴业银行	6
上海 5 亿	中国农业银行、中国工商银行、中国建设银行、交通银行、中国银行、浦发银行、兴业银行、南京银行、北京银行、江苏银行、上海农村商业银行、宁波银行、平安银行	13
安徽 8 亿	中国农业银行、中国工商银行、中国建设银行、中国银行、兴业银行、交通银行	6
青海 1.3 亿	中国农业银行、中国工商银行、中国建设银行、中国银行、浦发银行	5

资料来源:根据地方媒体报道整理。

就承销银行数量而言,本次试点发行地方政府柜台债券的十二个试点省市所选承销银行数量也存在一定差异。其中,上海市地方政府柜台债发行量为 5 亿元,共有 13 家银行为其承销该批债券,其承销团成员数量在十二个试点省市中居于首位;山东省发行了高达 10 亿的地方政府柜台债,但其承销团成员数量仅为 4 家。北京市地方政府债券通过商业银行柜台本次一共发行了 20 亿元,其中,中国农业银行和中国工商银行各自承销 5.6 亿元。在试点发行的十二个省市中，只有宁波市、陕西省、山东省三个试点省市的各承销银行详细披露了其发行数量，而其他各省市承销银行则均未披露其具体承销份额。

就总体而言，十二个试点省市均选择了工商银行、农业银行、建设银行作为承销地方政府专项债的机构。而中国银行则取得了十一个试点省市地方政府柜台债的承销资格，其余的银行诸如浦发银行、兴业银行、交通银行等商业银行也成为部分省市承销团成员，上述三个银行承销试点柜台债省市的数量分别为6、7、8个。除此之外，各省市的承销机构还包括了其各自的地方性银行，如北京地方柜台债的承销机构就包括了北京银行和北京农商行，广东地方柜台债的承销机构里也有广东顺德农村商业银行，上海地方柜台债发行的商业银行也包括了上海农村商业银行。

如表4-9对2019年地方柜台债各个承销机构发行量的统计可知，农业银行、工商银行、建设银行和中国银行作为发行量最大的四大承销机构，其承销的数量远远大于区域性商业银行，农业银行作为地方政府柜台债发行量最大的承销机构，其实际发行量未达到计划发行量额度。此外，建设银行也未达到计划发行量的数额，工商银行实际发行量与计划发行量相当，中国银行的发行量在四大主要承销银行中最少，但其实际发行的数额超过计划发行的数额。根据财政部《关于开展通过商业银行柜台市场发行地方政府债券工作的通知》《关于印发〈地方政府债券公开承销发行业务规程〉的通知》相关规定，地方政府柜台债在发行通知中明确柜台最大发行额度、发行方式和分销期安排等，地方财政部门应当与柜台业务开办机构签订分销协议，明确双方权利和义务。地方政府柜台债券分销，是指在规定的分销期内，中标承销团成员将中标的全部或部分地方政府柜台债券债权额度转让给非承销团成员的行为。地方政府债券采取场内挂牌、场外签订分销合同等方式分销，具体分销方式以当期发行文件规定为准。地方政府债券承销团成员间不得分销，非承销团成员通过分销获得的政府债券债权额度，在分销期内不得转让，承销团成员根据市场情况自定价格分销。通过商业银行柜台市场发行的地方债券，分销期一般为招标日次日起3个工作日。分销结束后，未售出的发行额由柜台开办机构包销，即地方政府柜台债券在申购截止时间后有效申购额或缴款额不足计划发行额时，不足部分按承销协议约定，由全部或部分承销团成员按票面利率（价格）认购。北京农商行、广东顺德农商行和上海农商行等区域性商业银行完成了计划发行份额，地方政府债券通过商业银行柜台市场发行，已受到各地区广大投资者的认可和青睐。

表4-9　　　　　　　　2019年地方柜台债各个承销机构发行量　　　　单位：万元

承销机构名称	计划发行量	实际发行量	差额
农业银行	351 000.00	341 759.83	9 240.17
工商银行	276 000.00	276 000.00	0.00
建设银行	183 000.00	177 478.35	5 521.65
中国银行	113 000.00	113 120.50	(120.50) *
交通银行	58 000.00	58 000.00	0
兴业银行	44 000.00	44 000.00	0
浦发银行	39 000.00	39 000.00	0
北京银行	13 000.00	13 000.00	0
北京农商银行	10 000.00	10 000.00	0
平安银行	10 000.00	10 000.00	0
宁波银行	8 000.00	8 000.00	0
江苏银行	3 000.00	3 000.00	0
广东顺德农商行	3 000.00	3 000.00	0
南京银行	1 000.00	1 000.00	0
上海农商行	1 000.00	1 000.00	0
合计	1 113 000.00	1 098 358.68	14 641.32

注：＊括号中的数据表示实际发行量大于计划发行量。
资料来源：中国债券信息网。

地方政府债券商业银行柜台发行的承销机构虽然在总体上呈现了以工商银行、农业银行、建设银行为主的趋势，但也同时在各地方性商业银行柜台开展了承销业务。作为地方政府债券各试点发行省市居民"家门口的银行"，地方性商业银行具有鲜明的本地化优势，相对而言与当地居民的日常资金来往更为频繁，容易更快地获取居民动态信息。故此，地方柜台债券银行承销成员在构成上应当注重全国性银行与地方性银行的合理搭配，以便形成一个更有利于地方政府柜台债发行的承销机构团体。

第三节　试点省市地方政府柜台债二级发行比较分析

一、交易量比较分析

根据财政部《关于开展通过商业银行柜台市场发行地方政府债券工作的通知》，通过商业银行柜台市场发行的地方债券，其分销期一般为招标日次日起 3 个工作日，缴款日和起息日则为招标日（T 日）后第四个工作日（即 T + 4 日），上市日为招标日后的第六个工作日（即 T + 6 日）[①]。本书基于 2019 年试点地方政府债券商业银行柜台发行省市的二级市场交易量数据对其交易净额予以分析。

由表 4 - 10 对 2019 年试点省市地方柜台债上市交易净额的统计可知，在各地方政府债券上市交易的第一个交易日，广东省所发行的地方柜台债二级市场交易量最大，其次则为安徽省的地方柜台债。广东省此次地方柜台债的发行量高达 22.5 亿元，发行量大是其第一日交易净额较大的原因；第一日上市交易净额为 4.85 亿元的安徽省地方柜台债，其发行量也以 8 个亿而排名第二；陕西省地方柜台债发行量为 9 个亿，其第一日上市交易净额为 1.23 亿元。浙江省商业银行柜台债市场发行量高达 11 亿元，但其第一日上市交易净额也仅为 2.67 亿元。由此可见，尽管首日交易净额受到各省市发行量大小的影响，但是 4 月份第一批试点省市发行的地方柜台债首日交易净额相对于后期试点省市的首日交易净额较低，从数据上来看第一批柜台债的发行交易能够推动后期地方柜台债交易量的增加。

---

① 财政部. 关于开展通过商业银行柜台市场发行地方政府债券工作的通知 [EB/OL]. [2019 - 02 - 27]. http：//gks. mof. gov. cn/lmcs/zt/zt_zfzqgl/zfgzgl_dfzfzwgl/200012/t20001212_3370325. htm.

表 4 – 10 　　　　　　 2019 年试点省市地方柜台债上市交易净额 　　　　单位：亿元

债券简称	上市交易日期	第一日上市交易净额	10 月 30 日上市总交易净额
19 浙江债 04	2019 – 04 – 01	2.67	8.89
19 宁波债 03	2019 – 04 – 01	0.94	2.35
19 陕西债 05	2019 – 04 – 04	1.23	5.85
19 北京债 08	2019 – 04 – 09	1.81	5.10
19 北京债 10	2019 – 04 – 09	1.77	4.83
19 四川债 37	2019 – 04 – 02	2.74	12.68
19 山东债 14	2019 – 04 – 04	2.36	8.22
19 海南债 10	2019 – 06 – 21	1.07	2.31
19 广东债 46	2019 – 06 – 25	5.09	14.78
19 广西债 13	2019 – 06 – 27	1.39	2.46
19 上海债 06	2019 – 06 – 25	1.55	2.87
19 安徽债 09	2019 – 08 – 08	4.85	6.54
19 青海债 21	2019 – 09 – 11	0.09	0.52

资料来源：中国债券信息网。

　　由图 4 – 10 对 2019 年试点省市地方柜台债上市交易净额的统计足以见得，至同年 10 月 30 日，十二个试点省市上市总交易净额量最大的为广东省，其交易净额达到 14.78 亿元；次之为四川省，其交易净额为 12.68 亿元。

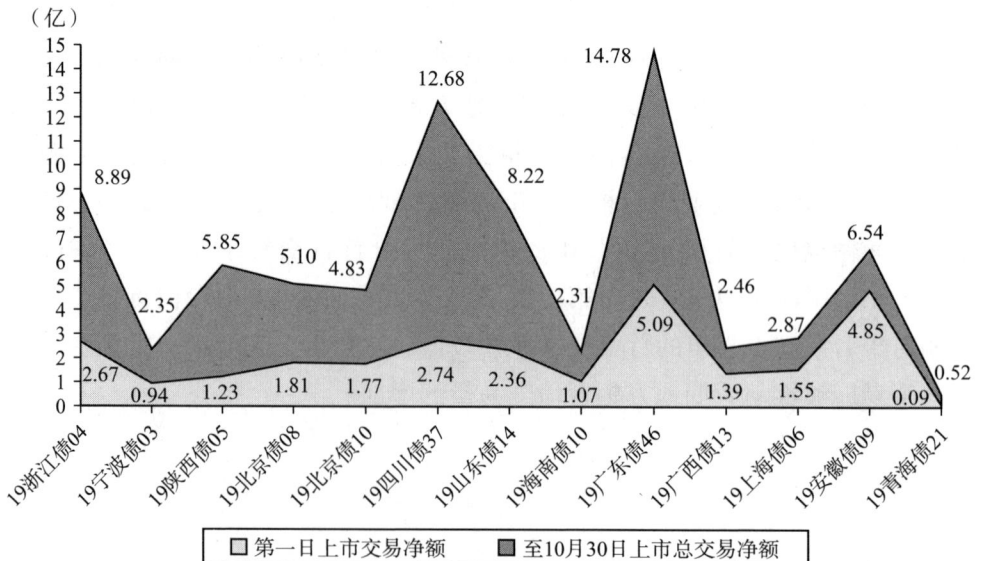

图 4 – 10 　2019 年试点省市地方柜台债上市交易净额

资料来源：中国债券信息网。

青海省由于其上市时间短，商业柜台发行量小，所以上市交易净额最低，为0.52亿元。由此可见，十二个试点省市发行的地方柜台债券在商业银行柜台市场的交易持续活跃，交易价格与银行间市场价格的联动性较好。

二、发行认购量比较分析

根据对2019年地方政府债券商业银行柜台试点发行省市的债券发行认购数据分析，在地方政府债券柜台市场上，个人投资者与中小机构投资者的购买总量占比差距不大。据表4-11对2019年地方柜台债承销机构分销量结构性占比的统计显示，中小机构占成交总额的56%；个人投资交易热情亦较为高涨，占比为44%。个人投资者的购买量几乎占据地方政府债券柜台市场发行量的一半。这表明，个人以及中小投资者对地方柜台债的首次发行表示青睐，其发行受到个人投资者和中小机构投资者的热捧。由于首批地方政府柜台债的发行为第二批地方政府柜台债的推出营造了良好的市场环境氛围，第二批试点省市的发售情况更为可观。

表4-11　　　　　　2019年地方柜台债承销机构分销量结构性占比　　　　单位：%

承销机构名称	个人投资者占比	中小机构投资者占比
农业银行	57	43
工商银行	41	59
建设银行	47	53
中国银行	21	79
交通银行	17	83
兴业银行	53	47
浦发银行	25	75
北京银行	1	99
北京农商银行	100	0
平安银行	53	47
宁波银行	55	45
江苏银行	26	74
广东顺德农商行	100	0
南京银行	100	0
上海农商行	30	70
合计	44	56

资料来源：中国债券信息网。

　　就整体而言，个人投资者购买量占比相对于机构投资者购买量占比而言少了12%，中小机构投资者相对于个人投资者而言，其购买力更强。据图4-11对地方柜台债承销机构分销量结构性占比的统计可知，北京银行此次承销发行的地方政府柜台债中有99%都被中小机构投资者认购，仅有1%为个人投资者所认购；北京农商银行所承销的地方政府柜台债则全部为个人投资者认购。北京银行承担了北京和上海两个城市地方政府柜台债的发行，北京农商行只作为北京地方政府柜台债的承销机构，而广东顺德农商行与南京银行的个人投资者购买量均达到了银行承销数量的100%。由此可见，地方性银行发行地方政府柜台债，其投资主体主要为个人投资者，这也充分地体现了地方性银行在地方政府柜台债发行上所具有的本地化优势。同时，个人投资者与中小机构投资者的购买量占比相对持平，则表明倘若地方政府债券向个人投资者与中小机构投资者成功实现全面开放，则其发行渠道必然会得到进一步拓宽。

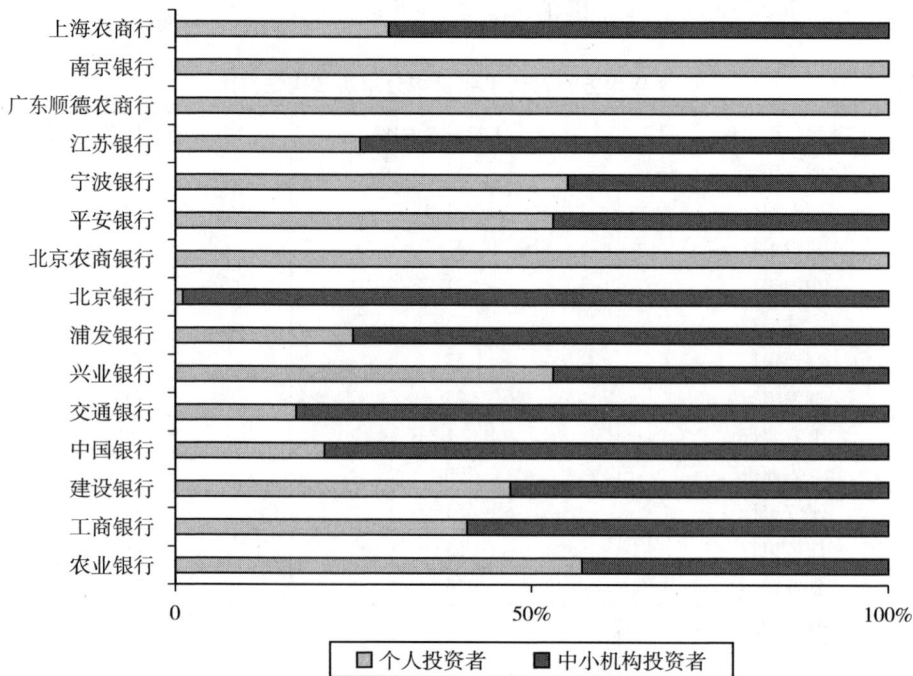

图4-11　地方柜台债承销机构分销量结构性占比

资料来源：中国债券信息网。

由表4-12对2019年试点省市地方政府柜台债分销量的统计可见，十二个试点省市的个人投资者认购比与机构投资者认购比各不相同。根据图4-12对试点省市地方政府柜台债承销机构分销量的统计显示，省份4在本次地方政府债券商业银行柜台发行量中，其个人投资者认购占比最高；而省份1的个人投资者认购占比则最低。就总体而言，虽然机构投资者认购地方政府债券商业银行柜台发行量相对个人投资者认购量而言较多一些，但个人投资者的认购比就整体上而言也并不低，达到了发行总量的44%。由此可见，地方政府债券商业银行柜台的发行，为个人投资者提供了新的且具有一定吸引力的投资机会，为个人投资者开辟了投资新渠道，在一定程度上激活了个人投资者的存量资金。因为，个人投资者将地方政府债视为"银边债券"[①]，既有地方政府的信用担保，违约风险极小，同时其利息所得还免征个人所得税，收益率高于同期国债和定期储蓄。这些固有的优势使得各地个人投资者购买地方政府债券的热情非常高[②]。个人购买者的积极参与能够帮助银行缓解其资金压力，从另一个侧面有利于推动银行将其资金投资于其他经济社会发展的领域，满足社会经济发展对资金的多元化需求。总而言之，个人投资者购买地方政府债券，既拓宽了居民投资理财的收入渠道，促进了城乡居民个人收入的增加，使其通过投资增强参与城市建设的获得感，同时还是其个人投资利益与债券资金使用情况紧密相连，增强了当地群众关注地方经济社会发展事务，督促和推动地方政府债券资金运用合理化、透明化的积极性，在一定程度上有利于提升各地方财政治理的科学化水平。

表4-12　　　　　　　　2019年试点省市地方政府柜台债分销量　　　　　　　单位：%

省市	个人投资者认购占比	机构投资者认购占比
省份1[③]	28.58	71.42
省份2	32.81	67.19
省份3	27.79	72.21
省份4	68.16	31.84
省份5	39.69	60.31
省份6	33.52	66.49
省份7	40.75	59.25

① 贺俊程. 我国地方政府债券运行机制研究 [D]. 北京：财政部财政科学研究所，2013：20.
② 李凤文. 银行柜台销售地方债一举多得 [N]. 证券时报，2019-03-28（A08）.
③ 涉及各省市未公开披露信息，根据数据提供单位要求，本数据以省份1、省份2等代替。

续表

省市	个人投资者认购占比	机构投资者认购占比
省份 8	47.08	52.92
省份 9	62.04	37.96
省份 10	57.85	42.15
省份 11	44.69	55.31
省份 12	63.47	36.53
总计	44.00	56.00

资料来源：中国债券信息网。

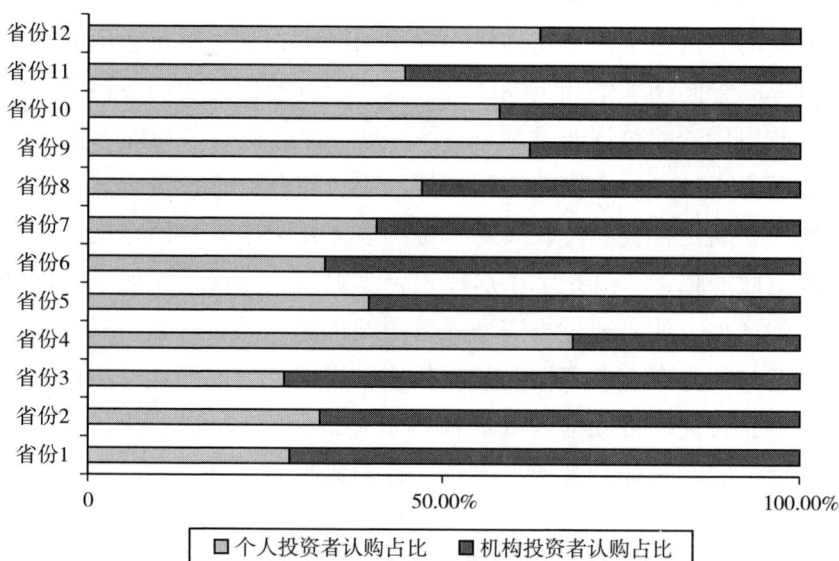

图 4 - 12 试点省市地方政府柜台债承销机构分销量

资料来源：中国债券信息网。

三、价格变动比较分析

由表 4 - 13 对 2019 年试点省市地方政府柜台债买入价格变动的统计可知，浙江省的地方政府债券其首日上市交易买入价为 99.67 元，低于发行面值 100 元。同年 4 月末浙江省、宁波市、陕西省、北京市 4 省市的地方政府债柜台交易买入价均跌破了其发行面值。5 月 31 日，首批政府柜台债发行的

表4-13　　　　　　　　　　　2019年试点省市地方政府柜台债买入价格变动表

单位：元

债券简称	4月1日	4月30日	5月31日	6月28日	7月31日	8月30日	9月27日	10月31日	价格走势图
浙江	99.67	99.04	99.92	100.67	101.24	101.87	102.22	102.31	
宁波	100.05	99.72	100.10	100.52	101.01	101.44	101.68	101.92	
陕西		99.02	99.91	100.67	101.24	101.78	102.22	102.29	
北京		98.58	99.58	100.28	100.86	101.47	101.83	101.89	
四川			99.91	100.61	101.19	101.81	102.17	102.25	
山东			99.97	100.39	100.87	101.28	101.55	101.78	
海南				100.21	100.71	101.14	101.49	101.71	
广东				99.94	100.43	101.11	101.41	101.33	
广西				100.74	101.21	101.64	102.01	102.23	
上海				100.19	100.69	101.12	101.48	101.68	
安徽						100.97	101.24	101.08	
青海							100.85	101.00	

资料来源：中央国债登记结算有限责任公司。

6个省市中有5个省市柜台债买入价跌下了100元。在首批地方柜台债发行火爆之后，出现了跌破发行面值的现象，这可能预示随着我国经济向好发展，宽松的货币政策可能导致地方债价格下降，且政府柜台债的发行利率相对其他金融产品而言，其优势尚不明显。首批发行的地方柜台债，其发行利率仅略高于同期发行的记账式国债利率，但与结构性存款及多数的银行理财产品相比则显得偏低，这也可能是导致首批地方政府柜台债券价格下降的原因之一。第二批6个试点省市地方政府柜台债发行后，其买入价格近4个月虽有略微波动，但就总体上而言尚高于发行面值。截至2019年10月31日，浙江、陕西、四川、广西4省的地方柜台债券其买入价均高于102元。

地方柜台债券价格下降至面值以下并不意味着地方柜台债的收益为负，考虑到票面利息等持有收益，总体收益依然有保证，且地方债安全性接近国债，同时还具有税收优惠、流动性较强等优势，这都使其依旧对市场投资者具有较强的吸引力[1]。上述价格变动趋势表明，目前地方政府柜台债券的发行具有较大的市场空间，有利于各地方政府后续的债券发行。从交易市场的数据来看，地方政府柜台债券受到了投资者的青睐，其交易价格的上升能够推动未来地方政府债券的顺利发行，为发债省市社会民生基建项目的投资建设提供了资金保障。

四、地方政府柜台债流动性分析

由于目前地方政府债券发行数据披露有限，无法直接以相关数据量化评价地方政府柜台债券的流动性。换手率作为债券交易量与债券总流通量的比值，是度量一般性债券流动性的主要指标。因循这种思路，本书选取了2019年十二个试点省市地方政府柜台债首日发行量至同年10月30日这一期间债券的成交金额与该省市柜台发行总量的比值，作为度量地方政府债券流动性的参考指标。该指标越高，则意味着在此期间地方政府柜台债券在二级市场的成交越活跃，流动性越好；该指标越大，则意味着地方政府柜台债券的市场深度越大，投资者可以交易更多的债券，其流动性也就越强。图4–13

---

[1] 于淼. 6月地方债发行提速增量下半年专项债将加码发力稳投资 [N]. 中国产经新闻, 2019 – 06 – 25 (002).

对 2019 年试点省市地方政府柜台债流动性指标的统计显示，各试点省市发行的地方政府柜台债从发行日至同年 10 月 30 日的流动性均比较好。其中，以四川省发行的地方政府柜台债流动性最强，安徽省发行的地方政府柜台债从发行首日至 10 月 30 日的流动性最低，其指标值仅为 0.21。在十二个试点省市中，浙江省、陕西省、四川省、山东省 4 省发行的地方政府柜台债流动性较好，在商业银行柜台市场上的成交也相对于其他省市而言更为活跃。安徽债与上海债的流动性较弱，由于安徽省和上海市发行地方政府柜台债的时间相对于其他省市而言较晚，因此其流动性也较弱，在柜台市场上的活跃程度表现不如首批试点发行地方柜台债的省市。但就总体而言，各试点省市地方政府债券柜台市场发行的综合流动性较强，在柜台市场上的成交较为活跃。

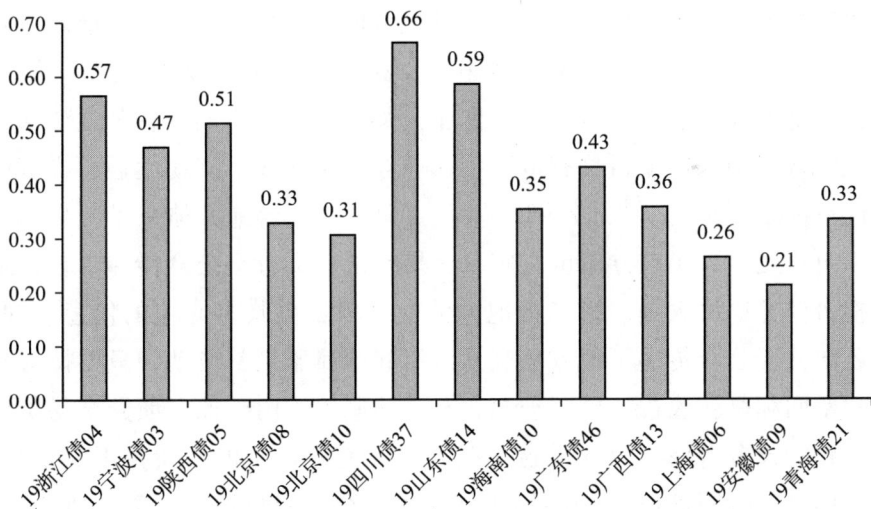

图 4 - 13　2019 年试点省市地方政府柜台债流动性指标

资料来源：根据中央国债登记结算有限责任公司数据整理。

五、市场反应的舆情分析

此次地方柜台债券试点发行的前期，不仅在营业网点进行了推广，还在报纸、网络、电视等媒体投放了大量的宣传材料，为地方柜台债券的发行做好了前期宣传铺垫。首批债券发行预告全面地宣传了地方柜台债券的优点，向社会公众传递了地方柜台债安全性高、收益性好、流动性强、便利性佳的优势，有助于引导社会公众的投资关注。在首批地方政府柜台债券的正式发行阶段，各大媒体又及时报道了首批柜台债发行的火爆场景。地方政府银行柜台债券的热销态势，从一个侧面反映了广大个人投资者对其的期待，媒体的及时跟踪报道也进一步地助推了地方政府柜台债券的交易。在首批地方政府柜台债券上市交易之后，曾出现了交易价格跌破票面价格的情况。针对这一情况，各官方媒体及时予以了舆论引导，向广大投资者传递了地方政府债券跌破发行价并不意味着投资价值下降，其交易价格的下降只是暂时波动的信息，并以此稳定了广大个人投资者的心理状态。此外，媒体对地方政府柜台债券的后续报道还增进了个人投资者购买后的投资体验，使其对地方政府柜台债券更有投资信心，形成了良好的发行舆论生态。

根据表4-14对首批地方政府柜台债发行所作的舆情梳理，2019年首批地方政府柜台债券成功发行后，第二批柜台债在6月发行。第二批地方柜台债宣传流程与首批柜台债发行大致相同。6月18日第一财经发布《第二批银行柜台地方债来了，上海开卖，你还会买吗?》，再次向社会公众传递和强化了地方政府柜台债项目具有范围广、债券收益平稳、流动性强，投资门槛低等优点。6月20日，"北青网"发布《第二批柜台地方债来了 最小认购面值为100元 买卖地方债也可赚取交易差价》向社会公众传递了首批地方政府柜台债券销售火爆，第二批地方债支持项目更具多元化的信息。同时，报道还向社会公众传递了地方债交易价格起落属于正常波动，只要持有到期仍可按票面利率获收益的投资理念，有效地避免了由于地方债券交易价格波动而导致的投资者情绪波动风险。在第二批地方政府柜台债券正式发行时，各大媒体又及时跟进报道，6月23日"每日经济新闻"在《第二批34亿元银行柜台地方债销售火爆，有地方半分钟售罄》一文中报道了第二批柜台地方债发行首日出现的投资者抢购场面，再次强调了投资者认购地方债券，只要持有到期即可享受稳定利息收入的投资理念。同时，该文还向投资者传递了债券流动性好的信息，即投资者也可以在需要资金时随时向承办银行卖出或开展债券质押融资[①]，进一步激发了公众投资者的购买热情。6月26日，新浪财经发表《第二批柜台地方债发行共34亿，下一批7~8月进行》一

---

① 张学庆. 地方债热销突显国债紧俏 [J]. 理财周刊, 2019 (11): 42-44.

文，对第二批地方政府银行柜台债的火爆发售予以报道，以第二批地方政府柜台债券发行的优秀表现为后续债券的发行进行了预热性的报道，进而形成了与地方政府银行柜台债券发行节奏同步的宣传引导舆论闭环。

表 4 - 14　　　　　　　　首批地方政府柜台债发行的舆情梳理

发行预告	3月22日中国银行发布《中国银行地方债柜台业务介绍及首期发行安排》，表明地方柜台债安全性高、收益性好、流动性强、便利性佳的优势。 3月25日，新华社发布《银行柜台开售地方债 普通个人也可以购买了！》表明地方政府债券市场向个人及中小投资者开放和投资地方政府柜台债优势。 3月21日新浪财经《银行柜台即将开售地方债 100块钱也能买》，文中首句"还在银行门口排队抢国债？几天后，还能'趴银行窗口'买地方政府债！"表达地方柜台债能够成为个人投资者另一种选择，且地位相当于国债。 3月21日四川省人民政府网发布《我省开展地方政府债券柜台发行试点 26日起可到银行柜台购地方债》，文中表明此次四川发行地方柜台债信用等级高，发行规模大，资金用途广等优点。 3月19日浙江新闻报道《花100元就可当城市建设的股东 浙江首次开展地方债柜台业务》，文中表明本次债券个人投资的门槛很低，起投金额仅为100元，购买后享受税收优惠政策
发行报道	3月27日央视财经《手慢无！14亿地方债一经发售立马抢空，为啥这么火？》文中表示柜台购债没有中间商赚差价且门槛大幅降低。 3月26第一财经日报《地方债流入寻常百姓家 首批柜台销售遭抢购》表明宁波浙江两地柜台债发行销售火爆，为后续其他省市发债做好宣传。 3月26日宁波晚报《全国首单柜台地方债花开宁波》文中报道，市民一大早排队购买，有市民表示"理财的同时感觉也在为宁波的城市建设作贡献"，该报道表明购买地方政府柜台债券能够给市民带来建设城市的参与感。 4月01日中国金融信息网《北京地方债柜台开售 银行网点场面火爆》表明北京地方债发行具备一定投资吸引力，未来地方柜台债将会是一项长期和持续的业务，投资者仍可持续关注
发行评析	4月19每日经济新闻《曾遭"疯抢"的柜台地方债怎么了？首批债券全部"破面"》文中表示二级市场利率起伏很正常，不能因为地方债跌破发行价就认为没有投资价值。 4月25日新京报《银行柜台地方债开售1个月价格跌破百元》文中表明地方债价格下跌与债市环境有关，对个人投资者影响不大

资料来源：根据媒体报道整理。

由此可见，地方政府银行柜台债发行的舆论宣传引导应注重事前、事中、事后三个阶段的闭环衔接。在发行前期，各大媒体应当开启相关的宣传预热活动，积极地调动和引导社会公众投资者参与认购的投资积极性；在发行期间，应及时跟踪报道债券的发行状况并有针对性地引导社会公众正确认知二级市场债券交易价格波动等问题，注意保护投资者的参与热情，为后续地方柜台债增发做好铺垫；在一轮发行完成之后，还应积极跟进报道地方柜台债券交易以及所募资金投向等相关动态信息，以增强社会公众投资者对地方政府柜台债券的持有信心，增强地方柜台债的投资亲和力，进一步强化社会公众对地方柜台债"银边债券"的形象认知，进而有利于促进后续地方政府银行柜台债券的顺利发行。

第五章

地方政府柜台债与国债
柜台债比较分析

国债是中央政府为了满足其履行职能的资金需要，在有偿原则下，以国家信用募集财政资金而发行的一种政府债券，是中央政府向投资者出具的承诺在一定时期向其支付利息以及到期偿还其本金的债权债务凭证[①]。作为中央政府取得财政资金的一种有偿形式，国债是政府公债的重要组成部分。政府公债具体可以分为国债和地方债。在一个国家之内，中央政府和地方政府均有可能通过信用方式发行公债，作为有偿取得财政资金的途径。凡属于由中央政府发行的公债，即国债，其收入列入中央政府预算管理；凡属于地方政府发行的公债，即地方政府债[②]。其中，国债能够在商业银行柜台发行的主要有凭证式国债、储蓄国债（电子式）和记账式国债。[③] 在上述三种国债之中，记账式国债从发行渠道、产品特点、收益特点以及利率与投资者等方面更接近于地方政府柜台债[④]，因此本书选取记账式国债与地方政府商业银行柜台债予以比较分析，以期借鉴我国发行记账式国债的成熟经验为推进地方政府商业银行柜台债后续发展提供借鉴参考。

---

① 中国人民银行金融消费权益保护局编著. 金融知识普及读本［M］. 北京：中国金融出版社，2014：42.

② 杨志安主编. 财政学［M］. 沈阳：辽宁大学出版社，2015：153.

③ 张海星编著. 公共债务［M］. 沈阳：东北财经大学出版社，2016：83.

④ 张雷宝编著. 公债经济学　理论　政策　实践［M］. 杭州：浙江大学出版社，2018：189.

第一节　地方政府柜台债与记账式国债
发行机制比较分析

一、发行方式比较分析

财政部发布的《2019 年记账式国债招标发行规则》要求，记账式国债通过竞争性招标确定票面利率或发行价格。竞争性招标方式包括单一价格、修正的多重价格招标方式，招标标的为利率或价格。《地方政府债券弹性招标发行业务规程》进一步明确了地方政府债券采用弹性招标方式发行的要求，并且规定采用单一价格招标方式，招标标的为利率或价格。所谓弹性招标制度是指债券发行时，发行人设立计划发行规模，投标结束后，发行人根据承销机构投标情况确定最终发行规模和发行收益率。而竞争式招标则是指招标人邀请几个乃至几十个投标人参加投标，通过多数投标人竞争，选择其中对招标人最有利的投标人达成交易，属于兑卖的方式①。

此次，十二个试点省市试点发行地方政府柜台债，首场招标采用的是单一价格荷兰式招标方式，标的为利率，以全场最高中标利率为本期债券发行票面利率；而柜台市场的发行则采用的是数量招标方式，承销机构按照数量进行投标，柜台市场发行的利率为首场招标中标利率。如图 5-1 所示，记账式国债的招标方式比地方柜台债招标方式更具有多样性，而地方柜台债招标方式相对于记账式国债而言则显得较为单一。

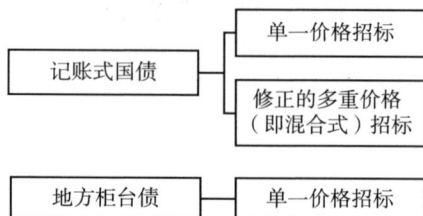

图 5-1　地方柜台债、记账式国债招标方式对比

资料来源：财政部文件。

---

① 王振宇，梁峰编著. 政府财政投融资管理［M］. 沈阳：辽宁大学出版社，2002：59.

二、募集资金投向比较分析

基于财政部《关于做好地方政府专项债券发行工作的意见》要求，地方政府应当通过商业银行柜台市场重点发行专项债券，以便更好地发挥专项债券对稳投资、扩内需、补短板的作用[1]。故此，此次试点发行的地方政府商业银行柜台债全为专项债，其募集资金投向更加具体，各试点省市募集基金用于当地具体项目建设工作。而国债资金一般则投向于国家层面的经济与投资发展、国家教育改革、中西部平衡发展、国家基础设施建设、防灾体系建设、居民福利等领域。同时，国债资金的投向均是经过严格规划实施的，其使用能够更好地促进国家产业结构的发展[2]。除此之外，国债募集资金的投向还有一部分是用于弥补财政支出，减少财政压力，如图 5 - 2 所示。由此可见，地方柜台债募集资金主要投向于发行债券地方政府管辖范围内的具体项目，其资金运用对应了各地区经济社会发展的具体投资建设项目；而记账式国债募集的资金则主要是用于国家宏观调控，以便国家能够统筹推进经济社会发展各个领域的建设，进而提升国民生产生活的整体质量。

地方柜台债募集资金投向	记账式国债募集资金投向
土地储备	经济市场化
棚户区改造	教育改革
收费公路	中西部平衡发展
生态环保	基础建设
基础设置	居民福利

图 5 - 2　地方柜台债、记账式国债募集资金投向比较

三、偿债资金来源比较分析

《地方政府专项债务预算管理办法》规定，地方柜台债专项债务本金通

---

① 财政部. 关于做好地方政府专项债券发行工作的意见 ［EB/OL］. ［2018 - 08 - 14］. http：// gks. mof. gov. cn/guozaiguanli/difangzhengfuzhaiquan/201808/t20180814_2987600. html.

② 衷正. 我国国债发行法律制度研究 ［D］. 兰州商学院，2012：第 15 页.

过对应的政府性基金预算收入、专项收入、发行专项债券等偿还，专项债务利息则通过对应的政府性基金收入、专项收入偿还，不得发行专项债券偿还。地方柜台债的偿债资金来源不仅包括了政府性基金预算收入，此外还可以利用各个省市募集柜台债所投资项目产生的收益予以偿还。如海南省发行运用于收费高速公路项目的地方政府柜台债，其偿债资金除了源于公路车辆通行附加费以外，还有政府性基金预算收入为作为保障。

记账式国债的偿债资金来源为国家正常的财政收入。政府将每年的国债偿还数额作为财政支出的一个项目列入当年支出预算。在预算执行结果有盈余时，则动用盈余来偿付当年到期国债的本息。为保障记账式国债的偿还，国家还设立了偿债基金。偿债基金是财政部为了免除投资者的风险心理和保障国债偿还而专门设立的基金，其目的主要是用于偿清全部或部分债务以及到期或未到期的债券本金。政府预算设置专项基金是记账式国债的偿债资金的重要保障性来源。中央政府每年从财政收入中拨付专款设立基金，专门用于偿还国债。此外，国债偿债资金还可以利用发行借新债还旧债的循环借贷方式，以发行新债券募集的资金作为偿还旧债的资金来源[①]。

如图 5-3 可知，地方政府商业银行柜台债能够以具体项目产生的收益来偿还债务，而记账式国债主要靠国家资金予以偿还；国债设立了偿债基金作为偿债来源的机制性保障，而地方政府商业银行柜台债则主要依靠政府性基金收入作为其偿债保障。

图 5-3 地方柜台债、记账式国债偿债资金来源比较

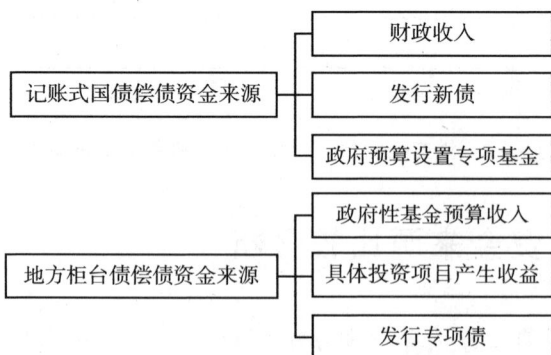

---

① 林权编著. 财政学 [M]. 北京：对外经济贸易大学出版社，2014：195.

四、信用评级情况比较分析

在信用级别上，记账式国债有国家信用作为背书，其安全性极高。国债作为 AAA 级债券，也成为投资者所认知的"金边债券"，故此国债利率也一向被近似于认为是无风险利率。而地方政府柜台债的信用级别则是由地方政府所选定的专业信用评级机构来予以评级认证的。各评级机构就经济实力、财政实力、政府债务状况、政府治理状况等主要观测点对各试点省市政府德信用质量予以分析评估，同时还将对其发行的该批债券予以跟踪评级。就本次试点发行而言，十二个试点省市所发行的地方柜台债，其信用评级均为 AAA 级。

从理论上而言，除国债以外的任何投资理财产品，均不可能做到绝对的投资安全。十二个试点省市发行的地方债评级结果与国债的评级结果相同，在一定程度上表明就专业信用评估机构的视角而言，地方政府柜台债券在可靠程度上与国债基本相当。但是，由于地方政府柜台债券与各试点省市经济社会的整体发展态势紧密相关，就债券评级的精准程度上而言，其评级还是应该基于各省市经济社会发展水平的差异性而有细微的区别，在信用评估指标及其流程的精细化上还应当更加科学细化。唯有如此，其信用评级结果才能够更加符合各省市的实际情况，更具有深层次的说服力和接受度。

第二节　地方政府柜台债与记账式国债
一级发行比较分析

本次十二个试点省市商业银行柜台发行地方政府债券的时间主要集中于 2019 年 4 月至 9 月期间。本书以同期发行的七批记账式国债数据与之相比较分析①，以便对后续地方政府柜台债发行的结构性优化有所启发。

---

① 本书选取的七批记账式国债分别为 19 付息国债 04（190004）、19 付息国债 05（190005）、19 付息国债 06（190006）、19 付息国债 07（190007）、19 付息国债 09（190009）、19 付息国债 11（190011）、19 付息国债 12（190012）。

一、发行类型的比较分析

本次十二个试点省市发行的地方政府柜台债，其发行类型全为专项债，主要包括了土地储备专项债、收费公路专项债、棚改专项债等项目。其中，土地储备专项债、棚户区改造专项债占据了本次地方政府柜台债券发行的绝大部分。国债是整合财政政策和货币政策的一项交互性的政策工具，中央政府发行国债既是为了筹集资金、弥补财政赤字，也是其调节宏观经济的一种重要的调控工具①。作为国债主要类型之一的记账式国债，其运用往往也兼具了多种政策性功能。地方政府债券可分为一般类债券和专项类债券。根据《财政部关于开展通过商业银行柜台市场发行地方政府债券工作的通知》要求，本次地方政府通过商业银行柜台市场重点发行的应为专项债券②。故此，各试点省市依照此政策要求，其发行的地方政府商业银行柜台债均为专项债。

二、发行规模的比较分析

基于对记账式国债与地方柜台债发行规模的比较可知（如表 5 - 1 所示），2019 年 4 ~ 9 月期间，我国记账式国债的发行规模就整体而言，比地方政府商业银行柜台债的发行规模大。记账式国债除首次发行规模大以外，后续还陆续予以了增发，其总体的发行量远远大于地方柜台债。以 2019 年记账式附息（四期）国债（10 附息国债 04）为例，该项债券的初次发行量为 480 亿元，而在后续的 5 ~ 9 月期间，该债券总共进行了五次增发。截至同年 10 月，该债券发行的总规模为 2 824.9 亿元。而地方政府商业银行柜台债首批试点的 6 个省市中，发行量最大的陕西省，其发行规模也就仅为 55 亿元，远远小于记账式国债的发行规模。可以说，记账式国债后续增发是其发行规模体量巨大的原因，地方政府柜台债除首次发行量低于记账式国债外，其后续也没有进行增发，这也是地方政府柜台债在发行规模上远低于记

---

① 裹正. 我国国债发行法律制度研究［D］. 兰州商学院，2012：19.
② 财政部. 关于开展通过商业银行柜台市场发行地方政府债券工作的通知［EB/OL］.［2019 - 02 - 27］. http：// gks. mof. gov. cn/lmcs/zt/zt_zfzqgl/zfgzgl_dfzfzwgl/200012/t20001212_3370325. htm.

账式国债的原因。记账式国债后续的扩容式增发表明，商业银行柜台市场对记账式国债的需求量很大。故此，地方政府柜台债也可以主动适应这种市场需求，结合首次发行的情况，适当开展后续增发，以更好地发挥为地方经济社会发展募集资金的效用。

表 5 –1　　　　　　　　　记账式国债、地方柜台债发行规模比较　　　　　　单位：亿元

债券名称	发行规模	债券名称	发行规模
19 附息国债 04	2 824.90	19 浙江债 04	22
19 附息国债 05	1 527.50	19 宁波债 03	8.4
19 附息国债 06	2 790.90	19 陕西债 05	55
19 附息国债 07	2 371.20	19 北京债	48
19 附息国债 08	746.50	19 四川债 37	59.29
19 附息国债 09	1 368.20	19 山东债 14	23.69
19 附息国债 10	1 479.00	19 海南债 10	8
19 附息国债 11	1 417.40	19 广东债 46	27.62
19 附息国债 12	780.00	19 广西债 13	4

资料来源：中央国债登记结算有限责任公司。

三、发行期限的比较分析

如图 5 –4 所示，本书对 2019 年 4 ~ 9 月，记账式国债与地方政府商业银行柜台债二者的发行期限结构予以比较分析。研究发现，在 2019 年 4 月至 9 月发行的记账式国债中，其发行期限结构丰富、长短配合，涵括了 1 年、2 年、3 年、5 年、7 年、10 年、30 年、50 年，进而形成了一个短、中、长期相结合的多元化国债期限结构。不同阶段发行不同期限的国债能够建立起国债收益率曲线，并以此促使未来记账式国债到期偿还时间的均衡分布，从而可以降低国债的还款压力。目前地方政府专项债发行期限囊括了 1 年、2 年、3 年、5 年、7 年、10 年、15 年、20 年。但是，此次试点发行的地方政府商业银行柜台债，其发行期限均局限于 3 年期和 5 年期，其到期的时间相对集中。由表 5 –2 与图 5 –5 可看出，5 年期的记账式国债其发行量最大，其次为 10 年期的记账式国债，而 50 年期的长期记账式国债其发行量则最

少。此外，1 年期的短期记账式国债与 7 年期的记账式国债其二者的发行数量也较为可观。就本次试点发行的地方政府商业银行柜台债发行量而言，5 年期债券的发行量大大超过了 3 年期的债券（如图 5 - 6 所示）。由此可见，地方政府与财政部都更为倾向于发行中期债券，但就发行期限的品种结构而言，地方政府柜台债的发行期限相对于记账式国债而言显得较为单一，而记账式国债的发行期限结构则更为丰富合理。

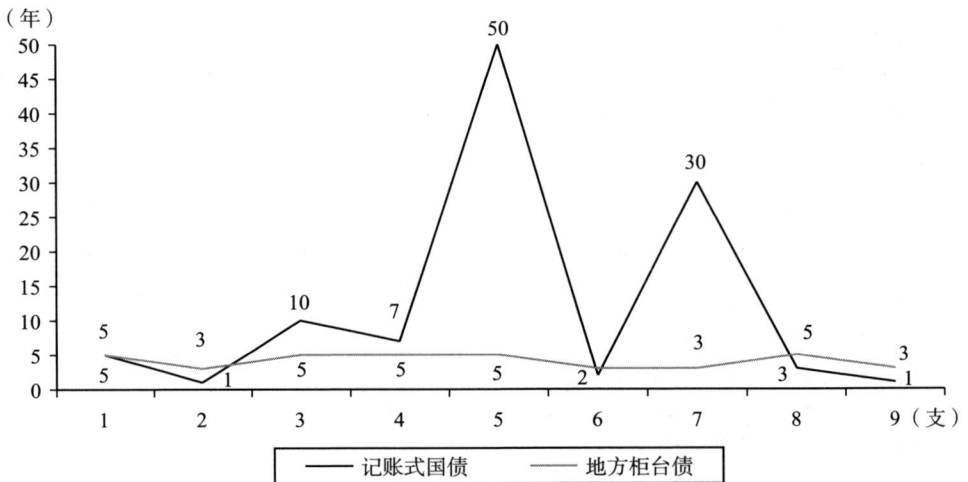

图 5 - 4 记账式国债、地方柜台债发行期限比较

资料来源：中央国债登记结算有限责任公司。

表 5 - 2　　　　　　4 ~ 9 月附息国债各期限类型及其发行量　　　单位：亿元

期限类型	累计发行金额
1 年	2 307.5
2 年	1 368.2
3 年	1 417.4
5 年	2 824.9
7 年	2 371.2
10 年	2 790.9
30 年	1 479.0
50 年	746.5

资料来源：中央国债登记结算有限责任公司。

（亿元）

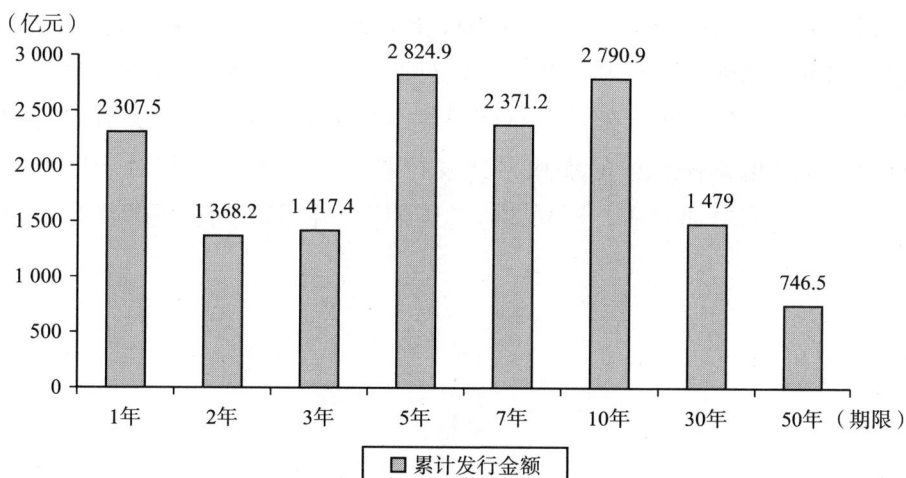

图 5 - 5　4 ~ 9 月附息国债各期限类型及其发行量

资料来源：中央国债登记结算有限责任公司。

（亿元）

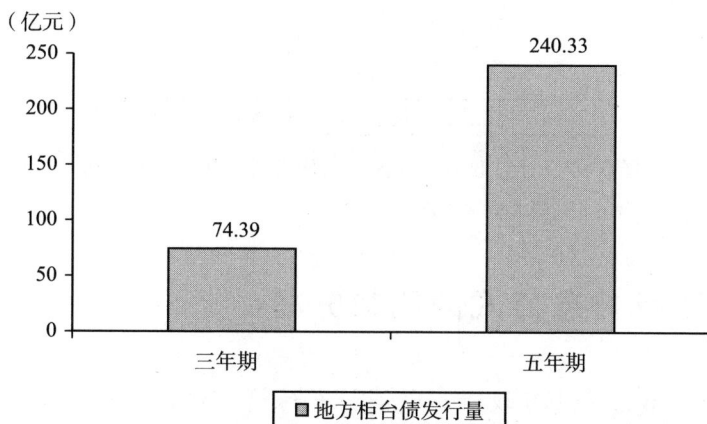

图 5 - 6　地方政府柜台债不同期限发行量比较

资料来源：中央国债登记结算有限责任公司。

四、发行利率的比较分析

本书以 2019 年 4 ~ 9 月发行的七批记账式国债数据与地方政府柜台债数据进行对比，分析两者发行利率情况。如图 5 - 7 所示，记账式国债利率分布差距较大，记账式国债最低利率为 2.46%，该记账式国债债券名称为 19 附息国债 12，此项国债的发行期限为 1 年；记账式国债最高利率为 4%，该记账式国债债券名称为19附息国债08，此项国债的发行期限为50年。记账式国债的发行期限与发行利率相关，发行期限较长的国债其利率较高，短期国债利率较低。地方柜台债的发行期限集中在三年期和五年期，其发行利率也较为集中，地方柜台债的加权平均发行利率为3.28%。相对于地方柜台债而言国债利率更加灵活，不同期限的国债发行利率不同，更能满足投资者的投资需求。

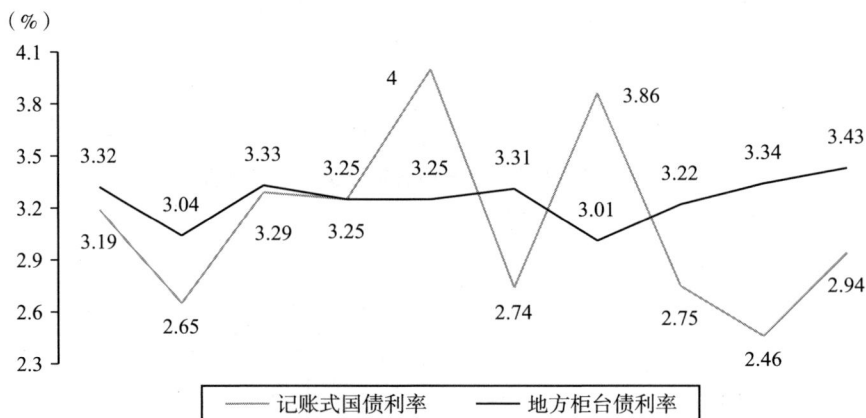

图5-7　地方政府柜台债、记账式国债利率比较分析

资料来源：中央国债登记结算有限责任公司。

五、银行付息方式的比较分析

财政部发布的《地方政府专项债券发行管理暂行办法》第三条明确规定，专项债券采用记账式固定利率附息形式。故此，十二个试点省市本次发行地方政府商业银行柜台债均采用了周期付息的方式，利息每年付一次，最后一期利息随本金一起发放。2019年4~9月期间发行的附息记账式国债中，既包含了1年到期的短期国债、7年到期的中期国债，还包括了30年到期、50年到期的长期国债。其中，期限为30年、50年到期的长期记账式付息国债，二者的利息为每半年支付一次，利息支付与债券发行期限相关。由此可见，地方政府商业银行柜台债由于发行期限单一，其利率水平相对而言较为一致；而记账式国债的发行期限结构更为丰富，其利息支付方式也呈现出多样的特征。

六、发行节奏的比较分析

本书对 2019 年 4～9 月期间发行的七批记账式国债与地方政府商业银行柜台债的发行节奏予以了比较分析。正如表 5-3 和图 5-8 所示，记账式国债和地方政府商业银行柜台债的发行规模差距甚大。在 4 月份财政部初次推出地方政府债券商业银行柜台市场发行时，地方柜台债发行量为 216.38 亿，而同月记账式国债的发行量也仅为 480 亿。4 月份发行的地方政府柜台债规模在其 4～9 月的发行量中数额最大，而记账式国债在 4 月份的发行规模则是在此期间数额最小的。记账式国债与地方政府柜台债在诸多方面有相似之处，因此可以将地方政府柜台债视为记账式国债的良好替代品。故此，4 月份记账式国债的小规模发行为地方政府柜台债的发行腾挪了市场空间，使得其首次发行更为顺利。5 月和 7 月期间，各试点省市没有地方政府柜台债发行，而记账式国债则在这两个月内大实现了大规模发行，不少记账式国债还在此期间进行了大量增发。由于在此阶段没有地方政府柜台债的发行分流认购资金，有效地实现了二者错峰发行，虽然记账式国债大量增发，但仍然受到投资者的青睐。

表 5-3　　　　　　　　4～9 月地方柜台债与记账附息国债发行量比较　　　　　　单位：亿元

国债发行量	4 月	5 月	6 月	7 月	8 月	9 月
地方柜台债发行数量	216.38	0	64.92	0	28.42	5
记账附息国债发行数量	480	1 365.5	2 220.6	2 302	2 498.9	3 153.4

同年 6 月，第二批试点省市的地方政府柜台债推出，但由于第二批地方政府柜台债的发行量与首批相比，其发行规模较小，且由于首批试点发债所获得的市场成功惯性以及由此形成的良好社会舆情反馈，虽然 6 月份的记账式国债仍然保持了大规模的发行，但地方政府柜台债发行仍然市场热度不减，继续受到本地广大投资者青睐。此后的地方政府柜台债发行省市及其规模一度保持在较低水平，8 月、9 月分别仅有安徽省、青海省陆续推出了地方政府柜台债，其发行数量相对较少，远未超过市场投资需求预期，这也使

得投资者对记账式国债仍然保持旺盛的需求。

　　就此期间二者的发行态势而言，记账式国债的整体发行量比地方政府商业银行柜台债大。2019年4月，试点省市首次推出地方政府柜台债，而记账式国债的发行量则在该月相对较少，待首批地方政府柜台债成功发行之后，记账式国债仍然保持着大规模发行的趋势（如5-8图所示）。当同年6月第二批地方债推出时，记账式国债6~7月的发行规模趋势呈现出减缓态势，当第二批地方政府柜台债顺利发行完毕后，记账式国债则又重新恢复到大规模发行的态势。

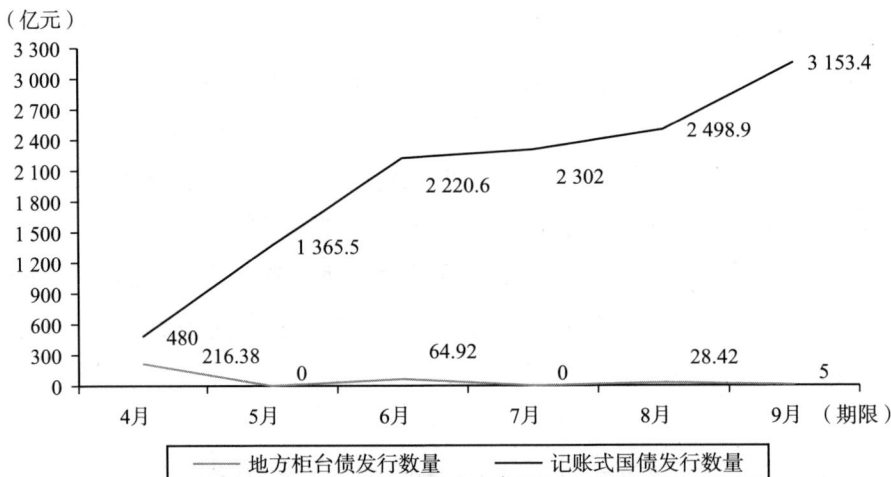

图5-8　2019年4~9月地方柜台债与记账附息国债发行量比较

资料来源：中央国债登记结算有限责任公司。

　　就此期间二者的发行时间间隔而言，地方政府商业银行柜台债与记账式国债发行的时间呈间隔切换状态（如5-9图所示）。地方政府柜台债与记账式国债产品具有多种类似特性，在一定程度上构成了可替代性的竞争关系，但是如果能够在准确地把握市场需求潜量的基础上，将地方政府柜台债的发行时段有意识地避开记账式国债的发行时段，同时在地方政府柜台债发行的时段也有意识地减少记账式国债的发行量，如此合理地协调安排好二者的发行节奏切换，就能在一定程度上避免二者同时大规模发行而产生的替代性竞争负面影响。

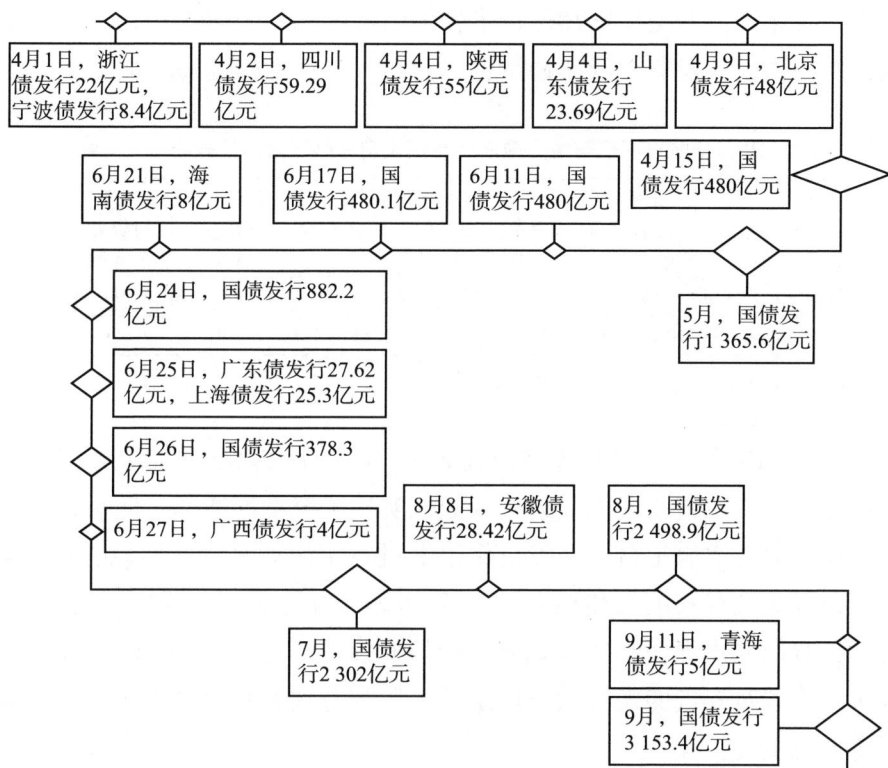

图 5 – 9　地方柜台债与记账式国债发行节奏图

资料来源：中央国债登记结算有限责任公司。

七、交易量的比较分析

基于对 2019 年 4～9 月期间发行的七批记账式国债与同期试点发行的地方政府柜台债在二级市场上的交易量比较可知（如表 5 – 4 所示），就整体上而言，投资者对记账式国债的购买量超过了同期的地方政府柜台债。4 月首批地方政府柜台债的试点发行与记账式国债的缩量发行相互协同，有助于保持商业银行柜台公债发行的供给量总体平衡，避免了二者间替代性竞争的负面影响，为引导投资者将投资关注力转向首次发行的地方政府商业银行柜台债作出了前置化的统筹安排，进而带动了后续投资者对地方政府柜台债的持续投资关注，有助于带动其后续交易活力。这一判断在随后 5 月、6 月的地方政府柜台债发行数据中得到了验证。2019 年 5 月是首批地方政府柜台债发行后在市场上交易的第一个月，由于前期与记账式国债错峰发行的统筹协调安排，故此其市场交易继续保持了较为活跃的态势。同年6月发行的第二批地方柜台债，其投资者的认购量也较之5月有很大幅度的增加。

表5-4　4~10月记账式国债与地方政府柜台债投资者购买量对比分析　　单位：万元

项目	4月 投资者 买入额	5月 投资者 买入额	6月 投资者 买入额	7月 投资者 买入额	8月 投资者 买入额	9月 投资者 买入额	10月 投资者 买入额
记账式国债投资者购买量	671.79	3 288.50	12 455.00	26 773.63	119 476.15	7 596.08	17 078.47
地方柜台债投资者购买量	10 628.88	4 975.85	11 185.62	11 703.75	12 698.47	7 448.06	6 586.90

资料来源：中央国债登记结算有限责任公司。

如图5-10所示，记账式国债在2019年8月大幅度增加了发行量，以至于该月投资者对记账式国债的买入数额实现了突发性增长。此后，由于记账式国债和地方政府柜台债在发行供给上进行了协调平衡，所以在此后的9月，投资者对记账式国债和地方政府柜台债的购买量基本持平。由此可见，在投资者对记账式国债和地方政府柜台债的投资认购需求都比较旺盛的情况下，从供给端对二者的发行量予以统筹协调与合理控制，对于实现其顺利发行显得尤为重要。

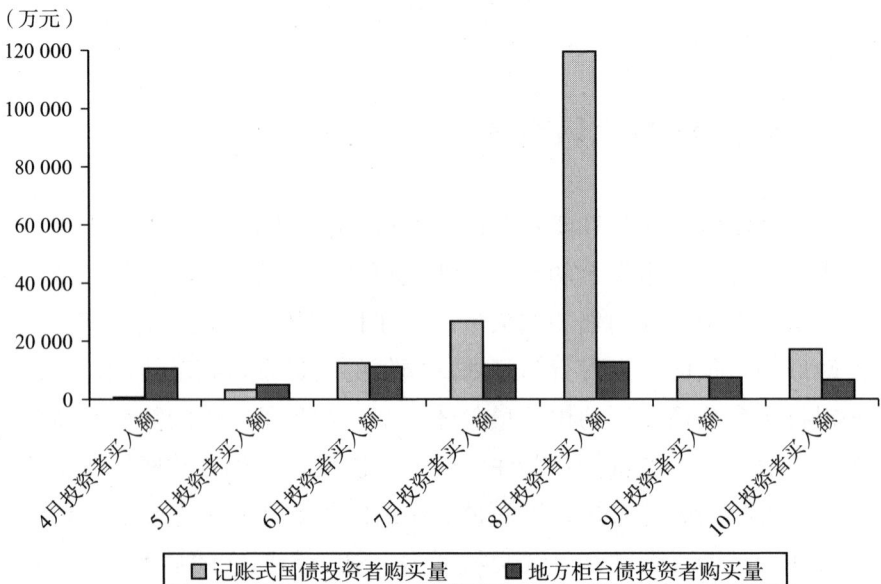

图5-10　记账式国债、地方政府柜台债购买量比较分析表

资料来源：中央国债登记结算有限责任公司。

八、价格变动比较分析

就记账式国债与同期地方政府柜台债的市场买入价格变动趋势而言，本书基于二者在 2019 年 4~9 月的相关数据予以了纵向的比较。由表 5-5 可知，地方政府柜台债在首次发行后曾出现了短暂的跌破面值现象，但到最后其买入价又恢复了上涨。相比而言，同期记账式国债的价格则表现为相对稳定的状态。记账式国债发行之后，其交易买入价基本上都处于其票面价格之上，唯有后期发行的 19 付息国债 12、19 付息国债 13 曾出现了买入价格低于面值的现象，但 19 付息国债 12 在短暂跌破面值后又在次月实现了价格修复，其买入价格也随之上涨到 100.11 元（如表 5-6 所示）。就总体而言，记账式国债与地方政府柜台债券在市场上的买入价格变化差异并不太大，记账式国债和地方政府柜台债分别作为有国家信用和地方政府信用背书的公券，二者相对于其他债券而言，其信用度更高、可靠性更强，对于投资者（尤其是低风险投资者）而言都属于具有较大投资价值和吸引力的债券产品。

表 5-5　　　　　　　　十二个试点省市地方柜台债买入价变动　　　　　　　单位：元

省市	4 月 1 日	4 月 30 日	5 月 31 日	6 月 28 日	7 月 31 日	8 月 30 日	9 月 27 日	10 月 31 日
浙江	99.67	99.04	99.92	100.67	101.24	101.87	102.22	102.31
宁波	100.05	99.72	100.10	100.52	101.01	101.44	101.68	101.92
陕西		99.02	99.91	100.67	101.24	101.78	102.22	102.29
北京		98.58	99.58	100.28	100.86	101.47	101.83	101.89
四川			99.91	100.61	101.19	101.81	102.17	102.25
山东			99.97	100.39	100.87	101.28	101.55	101.78
海南				100.21	100.71	101.14	101.49	101.71
广东				99.94	100.43	101.11	101.41	101.33
广西				100.74	101.21	101.64	102.01	102.23
上海				100.19	100.69	101.12	101.48	101.68
安徽						100.97	101.24	101.08
青海							100.85	101.00

资料来源：中央国债登记结算有限责任公司。

表 5 – 6 　　　　　　　　　记账式国债买入价格变动 　　　　　　　　单位：元

债券简称	4 月 30 日	5 月 31 日	6 月 28 日	7 月 31 日	8 月 30 日	9 月 27 日	10 月 31 日
19 附息国债 04	100.10	101.07	101.28	101.83	102.45	102.50	102.26
19 附息国债 05		100.04	100.29	100.58	100.76	101.00	101.18
19 附息国债 06		100.20	100.66	101.63	103.07	102.45	101.30
19 附息国债 07			100.11	100.90	101.85	101.58	101.05
19 附息国债 11					100.13	100.40	100.30
19 附息国债 12						99.97	100.11
19 附息国债 13							99.30

资料来源：中央国债登记结算有限责任公司。

第三节　地方政府债券与记账式国债投资者结构比较分析

一、投资主体结构比较分析

在我国公债市场的投资主体结构中，国债、地方政府债券的投资主体主要是大中型商业银行等金融机构[1]。机构投资者作为理性的市场参与主体，已经成为公债市场上的主流认购者。随着我国债券市场的逐步发展完善，债券市场参与主体的类型也逐渐增多，地方政府债券的投资者也逐步呈现出多元化、多层级的结构性特征。2019 年 3 月，财政部发布《关于开展通过商业银行柜台市场发行地方政府债券工作的通知》，启动了地方政府债券商业银行柜台市场的试点发行[2]，这使得原有地方政府债券的投资主体结构有望得以拓展优化。通过商业银行柜台发行将地方政府债券的投资者主体由原来的商业银行、证券公司、保险公司等机构，拓展到了个人投资者与中小投资

---

① 娄飞鹏著. 去杠杆研究 [M]. 北京：中国金融出版社，2018.06：210.
② 财政部. 关于开展通过商业银行柜台市场发行地方政府债券工作的通知 [EB/OL]. [2019 – 02 – 27]. http：//gks. mof. gov. cn/lmcs/zt/zt_zfzqgl/zfgzgl_dfzfzwgl/200012/t20001212_3370325. htm.

机构。由图 5 - 11 可知，多元化、多层级的投资主体结构无疑会加大地方政府债券发行环节中各投资方博弈的激烈程度，进而促进地方政府债券市场化定价机制日臻完善，这对于提升地方政府债券的流动性具有非常重要的作用①。

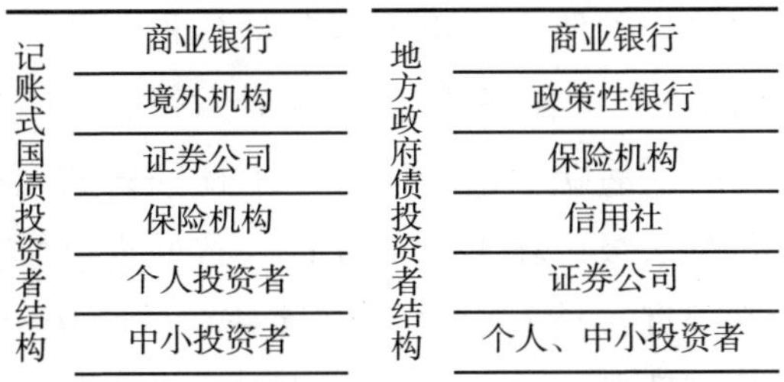

记账式国债投资者结构		地方政府债投资者结构	
	商业银行		商业银行
	境外机构		政策性银行
	证券公司		保险机构
	保险机构		信用社
	个人投资者		证券公司
	中小投资者		个人、中小投资者

图 5 - 11　记账式国债与地方政府债投资者结构比较

二、投资主体购买量比较分析

就此前的地方政府债券发行机制而言，地方政府债券的商业银行持有量占比相对于记账式国债商业银行持有量占而言更高。而地方政府债券过度集中于商业银行，则降低了地方政府债券在不同金融机构间的换手率，限制了其流通范围，进而降低了其市场流动性，致使地方政府债券的系统性金融风险有所增加②。同时，地方政府债券在交易所、柜台市场与自贸区的投资者购买量较少，而同类型投资者的记账式国债柜台购买量却占到了其发行量的 12.84%。相对于记账式国债柜台市场成熟的发行状态而言，地方政府债券柜台市场的发行规模仍然较小，发行机制尚不成熟。故此，地方政府应当尝试着构建一系列指标，通过相对系统化的指标体系来全面反映地方政府现有的债务状况以及未来债务的到期情况，以基于财政状况的阶段性差异有针对性地设置差异化的应对措施，这对于进一步优化地方政府债券发行机制，增加其商业银行柜台发行量占比，促进其柜台市场买卖交易，进而提升其流动性有着至关重要的作用。

①　景宏军，毛晖，尹启华，温宁，袁铁芽，尹情. 地方债券发行改革：走向规范化市场化 ［J］. 财政监督，2018（13）：33 - 43.
②　韩健，许启凡. 我国地方政府债券市场的完善路径 ［J］. 学习与实践，2019（2）：20 - 28.

第四节　我国地方政府柜台债试点发行中存在的问题

目前，虽然我国的地方政府债券已经逐步得到了投资者，特别是广大社会公众的广泛认可，但与国债、政策债等其他券种相比，仍然面临着投资者结构单一、期限结构单一、收益率较低、债券发行和运行机制不完善、税收利率政策不完备、交易不活跃等诸多问题。上述问题的存在，在一定程度上抑制了地方政府债券在二级市场上的流动性，致使现已发行的地方政府债券绝大部分是由商业银行直接持有到期。这种长期单纯依靠承销商自己持有、包销的发行模式，显而易见，与地方政府发债常态化的趋势是不相匹配的，严重影响了地方政府债券发行的可持续性。因此，如何提升地方政府债券的流动性问题显得更加迫在眉睫，已经成为深化我国地方政府债券发行体制改革，推动地方政府发债融资高质量发展所亟待破解的重大理论问题和实践难题①。基于前述比较分析，就目前我国地方政府债券商业银行柜台债券发行而言，主要存在以下问题。

一、地方政府柜台债的应用领域相对狭窄

地方政府债券主要分为一般债券和专项债券。根据《财政部关于开展通过商业银行柜台市场发行地方政府债券工作的通知》规定，地方政府应当通过商业银行柜台市场重点发行专项债券②。故此，十二个试点省市本次通过商业银行柜台发行的债券均为专项债，没有一般债券。据统计，本次十二个试点省市所发行的地方政府商业银行柜台债大部分都是投向于棚户区改造和土地储备项目，投资项目对象的选择相当集中。2019 年 6 月，中共中央办公厅、国务院办公厅印发的《关于做好地方政府专项债券发行及项目配套融资工作的通知》，进一步明确了地方政府专项债投向的项目领域，将其资金投向聚焦于推进棚户区改造、自然灾害防治体系建设、铁路、国家高速公路、

---

① 安国俊著.探路中国金融改革再出发［M］.北京：中国金融出版社，2017：315.
② 林小昭.100 元也能投资房地产：浙江首发棚改专项债券［N］.第一财经日报，2019 - 03 - 19（A02）.

水利工程、乡村振兴、生态环保、城镇基础设施、农业农村基础设施等方面的重大项目建设。因此，地方政府柜台债在后续的发行和投向规划中，还应当进一步拓展其资金投向的领域，以便于更好地发挥地方政府债券募资对于促进地方重大项目建设的重要积极作用。

二、地方政府柜台债券的发行种类相对单一

储蓄式国债与记账式国债在商业银行柜台市场上有其不同的交易特性。储蓄式国债由个人投资者购买持有，但不能上市流通，投资者对其买入取得到期收益；而记账式国债在商业银行柜台市场发行后则能够买卖流通，投资者除持有到期获得收益外，还能够通过买入卖出赚取差价。就发行后的买卖流通而言，地方政府柜台债与记账式国债具有相同的特性，投资者在买入后均能够上市流通。不同的投资者其买卖债券获取收益的需求可能会有差异，呈现出多元化的投资获利动机。储蓄式国债无法买卖，但其能够带来比记账式国债较高的利息收益，这种差异化的投资获利特性，使其二者能够更好地满足国债投资者差异化的投资获利需求。而目前我国的地方政府柜台债与国债相比，其发行品种形式较为单一，没有类似于储蓄式国债形式的地方政府储蓄债券，这势必降低了地方政府债券投资者对债券品种结构的可选择性。尤其是低风险偏好的保守型投资者，其投资购买心理容易受到债券价格波动的影响，因此更加倾向于选择价格波动性小且持有到期即可获利的债券。故此，在后续的发行规划设计中，应当根据投资者多样化的投资需求适当增加地方政府柜台债券的品种结构。

三、地方政府柜台债券的期限与利率有待结构性优化

我国地方政府债券的期限包括了 1 年、2 年、3 年、5 年、7 年、10 年、15 年、20 年期共八大类型。然而，在本次试点发行中，地方政府柜台债券的期限结构则以 3 年期和 5 年期的中期债券为主，短期债券和长期债券偏少。与记账式国债相比，我国地方政府柜台债券的期限结构也相对较短。目前，我国的国债期限共有八个类型，最短为 1 年，而最长的则是 50 年。不同类型的投资者对债券投资存在差异化的期限需求，例如基金公司、银行理

财就偏好于期限较短的短期债券，而保险公司则偏好于长达几十年的长期债券。我国地方政府柜台债的发行与各省市具体的公益性、基础设施项目的投资运营期存在高度的关联性，故此其期限结构在长度拓展上就表现出相对较短的特点。而这种期限结构长度限制在一定程度上又使得地方政府柜台债的发行利率缺乏多样性的基础，以至于大多数地方政府柜台债的利率接近，难以灵活地满足不同偏好投资者或者统一投资者多样化配置证券资产的需求，不利于增强地方政府柜台债券交易的活跃度和激发其二级市场的流动性。

四、地方政府柜台债的信息披露机制有待健全落实

财政部发布的《关于做好 2018 年地方政府债券发行工作的意见》明确要求，地方政府发行专项债券，应当重点披露本地区及使用债券资金相关的地方政府性基金预算收入、专项债务风险等财政经济信息，以及债券规模、利率、期限、具体使用项目、偿债计划等债券信息①，并且鼓励各地结合项目实际情况，不断地丰富专项债券尤其是项目收益专项债券的信息披露内容。因此，各试点省市发行地方政府柜台债时，不仅应当披露其基本信息，同时还应该对于地方政府柜台债相关的其他信息予以披露，如试点省市在商业银行柜台市场上的各银行分销量等。披露商业银行分销量能够让投资者准确地了解地方政府柜台债在商业银行柜台市场上的数量情况，进而提升地方政府债券在商业银行柜台市场上发行的透明化程度，以此进一步增强投资者对地方政府柜台债的投资信心。

五、地方政府柜台债信用评级机制有待改革完善

在本次地方政府商业银行柜台债的试点发行中，各个省市为债券发行所选择的债券评级机构不尽相同，选择不同的信用评级机构是否对于地方政府债券的评级结果具有差异性的影响，目前尚未有相关的实证研究对此予以关注。财政部《关于做好 2018 年地方政府债券发行工作的意见》要求，中国

---

① 关于印发《辽宁省政府债券公开发行兑付办法》和《辽宁省政府债券招标发行规则》的通知 [J]. 辽宁省人民政府公报，2019（14）：16 – 32.

国债协会应当研究制定地方政府债券信用评级自律规范，建立地方政府债券信用评级业务评价体系，强化对地方政府债券信用评级机构的行业自律。作为降低债券风险重要手段的债券信用评级机制是专业评估机构根据债券风险程度的大小，将债券的信用级别评定为十个等级，其中最高的是 AAA 级，最低的是 D 级。不同等级的债券反映了不同的项目收益风险，进而有与之相对应的利率可供投资者选择。美国市政债中的一般责任债其信用评级分为四个等级，信用级别越低，其债券利率越高，反之则越小①。经过长时期的探索完善，美国市政债目前已构建起较为成熟的信用评级体系。美国市政债的信用评级机构在信用评级方面，主要考量了发行人的总体债务结构、发行人预算政策稳健性能力、发行人包括有关税收情况和地方预算对特定收入依赖程度的财政收入状况、发行人所在地经济社会发展的整体情况、地方政府风险预警指标体系与财政监测计划以及对地方政府是否处于财政紧急状况予以及时判断等具体因素②。由于目前我国地方政府柜台债尚处于试点发行阶段，地方政府债券的信用评级机制尚处于探索起步时期，相应的信用评级体系及其机制尚不完善，地方政府债券评级的实质性意义还有待进一步加强。虽然经专业评估机构评价，各试点省市发债主体的信用评级结果均为 AAA 级，但其信用评级结果却未能客观全面地反映各省市地方政府在财政实力或投资项目收益风险之间的差异性，其信用评级缺乏精细化的结果呈现，以致不能够充分发挥其对地方政府债券风险前置性的积极防范引导效用。故此，各省市应当进一步推进地方政府债券信用评级的精细化和全面化，采取先国内、后国际的评级机构升级路径，进一步增强信用评级的中立性和公信力，尽可能地减少信息不对称而带来的财务成本波动。③

---

①　张磊，杨金梅. 美国市政债券的发展经验及其借鉴 [J]. 武汉金融，2010 (1)：34 - 37.
②　安国俊著，探路中国金融改革再出发 [M]. 北京：中国金融出版社，2017：385.
③　韩健，许启凡. 我国地方政府债券市场的完善路径 [J]. 学习与实践，2019 (2)：20 - 28.

第六章

我国地方政府债券流动性
及其与国债的比较分析

　　债券的流动性是综合反映投资者所持有的债券其变现速度及变现价值稳定性的重要指标。倘若债券变现速度快，且其变现价值不会因此受损，则可以判定该债券的流动性好；反之，倘若其变现速度慢，或因加速变现而须承担额外的价值损失，则可以认为该债券的流动性差。由于地方政府债券的投资价值主要取决于其流动性、收益率和安全性等要素，故此，从某种程度上而言，流动性的好坏决定了其内在的投资价值，直接影响到地方政府债券承销机构的积极性与投资者信心[①]。正如中央国债登记结算有限责任公司副总经理柳柏树先生所言"提高二级市场流动性将是地方政府债市场发展的长期努力方向"[②]。不同类型的债券，其流动性是具有差异的。一般而言，中央政府发行国债其流动性要优于地方政府债券[③]。为了进一步加强对我国地方政府债券流动性的研究，本书基于 2016～2018 年我国地方政府债券发行的相关数据，在结构性地刻画我国地方政府债券市场状况的基础上，基于定性与定量整合研究的视角探索构建了地方政府债券流动性评价体系，并据此将其流动性与国债、与美国市政债相比较，以期通过比较分析研究进一步厘清妨碍我国地方政府债券流动性提升的因素，并试图通过比较分析研究对提升地方政府债券的流动性有所启发。

[①] 聂祖荣主编，长江证券 2001 年研究年报，新华出版社，2002：418.
[②] 中国银监会宣传部编，调研中国银行业　银监会系统领导干部调研报告集（上）.2016，中国金融出版社，2017：393.
[③] 于广敏著，企业财务管理与资本运营研究，东北师范大学出版社，2016：67.

第一节　我国地方政府债券市场状况分析

一、地方政府债券一级发行概况

（一）发行期限：延续5年和7年期为主风格，期限品种更为丰富

如图 6-1 所示，目前地方政府债券的发行期限基本上延续了 2017 年地方政府债券的期限特征，以 5 年和 7 年期限为主，其次则为 3 年期和 10 年期，1 年期和 2 年期品种的发行量均占比很小。3 年期、5 年期、7 年期、10 年期的地方政府债券其占比大体上为 1.5∶4∶3∶1.5。2018 年前三季度发行的加权平均期限为 6.16 年，略高于 2017 年同期 6.09 年。

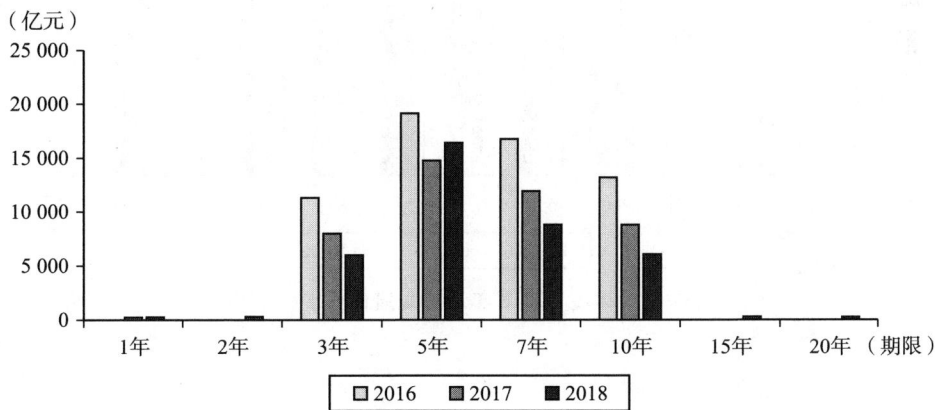

（亿元）

图 6-1　一级发行规模

资料来源：Wind 数据库。

2018 年 5 月，财政部《关于做好 2018 年地方政府债券发行工作的意见》对丰富地方政府债券期限结构做了要求。在此政策驱动下，一般债券和普通专项债券随即均增加了 15 年期和 20 年期，其中一般债券还增加了 2 年

期债券。如天津市就于同 6 月发行了天津债 2 年期品种，此后又于 8 月发行了 15 年和 20 年超长期限品种。

（二）发行节奏：供给高峰在第三季度，月均超 7 900 亿元

就发行节奏而言，2018 年地方政府债券发行起始时间与 2017 年一致，均是 2 月起跑、第二季度加速（如图 6 - 2 所示）。2018 年由于各省市的"两会"召开普遍较晚等诸多因素，其上半年发行量仅为全年计划量的三成左右，发行节奏明显靠后，第三季度是其地方政府债券发行供给的高峰期，月均发行规模在 7 961. 57 亿元左右。

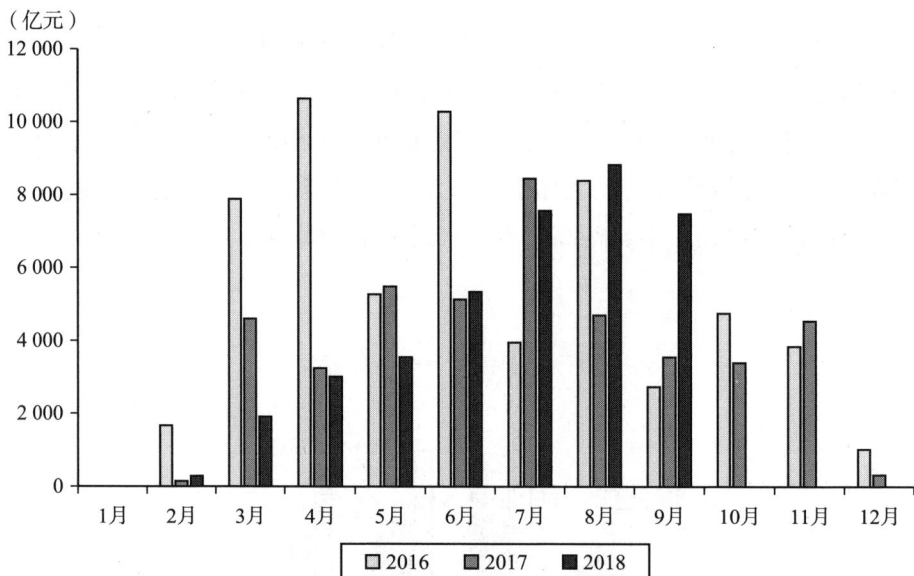

图 6 - 2 2016 ~ 2018 年地方政府债券发行节奏

资料来源：Wind 数据库。

（三）各省发行量：发行量较大省份为江苏、广东、山东

从各省发行量来看，2018 年前三季度发行量较大的省份主要为江苏、广东、山东，单省发行量均超 2 000 亿，连续三年位居前十（如图 6 - 3 所示）。其他单省发行规模超过 1 000 亿的，主要集中在华东（安徽、浙江、江西）、华北（河北、内蒙古、山西）地区以及西部地区（陕西、四川、贵州、云南），与近年发行量靠前省份分布规律大体一致。而发行量较少的省

份主要为直辖市（北京、上海、重庆、天津）、自治区（青海、宁夏）和计划单列市（深圳、厦门、宁波、大连）。

（亿元）

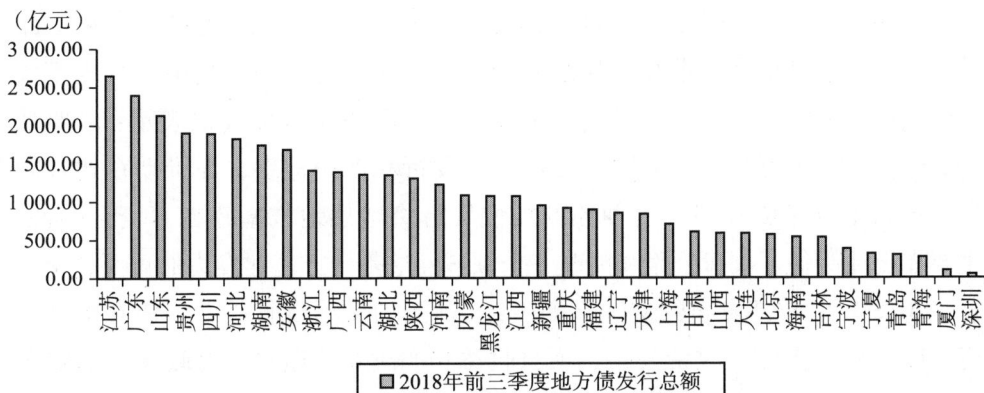

图6-3 2018年前三季度地方政府债券发行规模

资料来源：Wind 数据库。

（四）发行方式：仍以公开发行为主，定向占比有所下降

从发行方式看，2018 年上半年公开发行 33 852.62 亿元，定向发行 4 141.21 亿元，大部分省份仍以公开发行方式为主（如图6-4 所示）；从发行省份看，共有13 个省份全部采用公开发行方式（河南、内蒙古、江苏、江西、山东等），而定向债发行量占比为20% 左右，较 2017 年同期下降了5%。

（亿元）

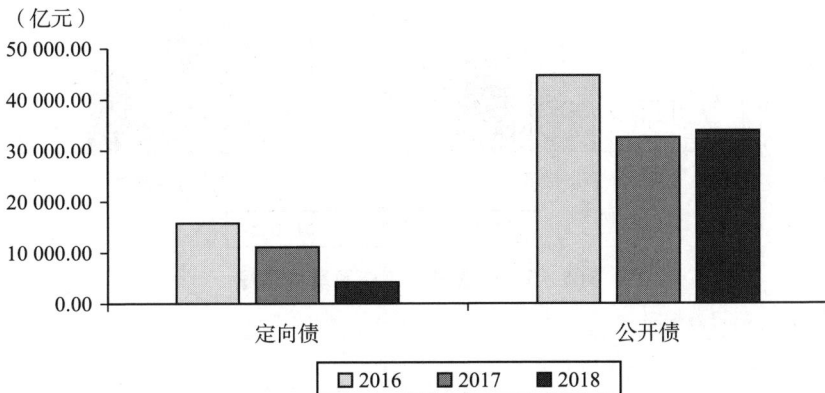

图6-4 一级发行规模及发行方式

资料来源：Wind 数据库。

（五）还款来源：以一般债发行为主，占比约四分之三

从还款来源看，一般债券主要以一般公共预算收入还本付息，而专项债券则以单项政府性基金或专项收入为偿债来源。目前专项债主要有4个品种，分别是土地储备、收费公路、轨道交通、棚改专项债，其中发行规模较大的为土储专项债。2018年7月23日召开的国务院常务会议表示："要加快2018年1.35万亿元地方政府专项债券发行和使用进度，在推动在建基础设施项目上早见成效。"① 专项债的加快发行将增加地方基建自筹资金来源，主要在土地储备、收费公路和棚改三个领域，这是地方基建发力的重要方向。

2018年财政部发布的文件又提出："适当加大项目收益专项债券集合发行力度，对于土储、收费公路、项目收益和棚改专项债券，财政部均规定既可以对应单一项目发行，也可以对应同一地区多个项目集合发行。"②

（六）资金用途：新增债与置换债持平

从资金用途来看，2018年前三季度地方政府债券发行新增债20 113亿元，置换债17 881亿元（如图6-5所示），其中新增债占比约52%，置换债占比

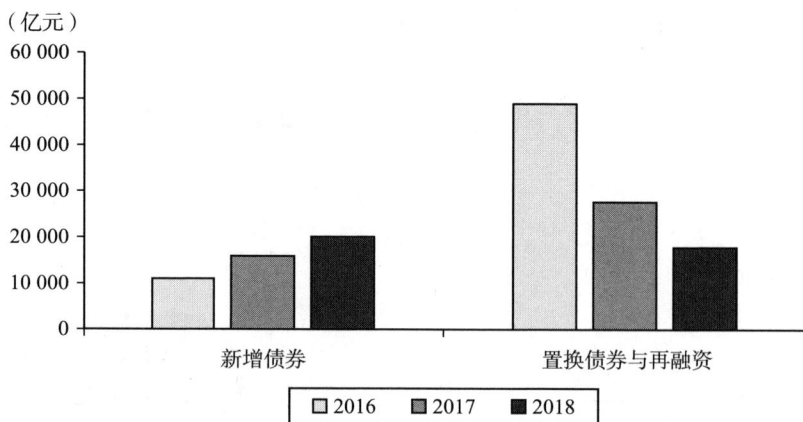

图6-5 一级发行规模及募集用途

资料来源：Wind数据库。

---

① 中国政府网. 李克强主持召开国务院常务会议 部署更好发挥财政金融政策作用等［EB/OL］.［2018-07-23］. http：//www. gov. cn/premier/2018-07/23/content_5308588. html.

② 财政部. 关于做好2018年地方政府债券发行工作的意见［EB/OL］.［2018-05-4］. http：//gks. mof. cn/guozaiguanli/difangzhengfuzhaiquan/201805/t20180508_2887731. html.

约48%，与去年64%的置换占比相差较大，究其原因，按照中央规定，要求地方3年内将非政府债券形式存在的存量债务置换工作时点将到，各地置换债券发行将接近尾声。

二、地方政府债券一级发行利差分析

地方政府债券是准利率债。一方面，其具有政府信用，有隐性"刚兑"信仰的存在①，被纳入 SLF、MLF 抵押品范畴；另一方面，又兼具了信用利差性质，几乎所有公开发行的地方政府债券都是 AAA 级。就信用评级层面而言，信用评级结果对各省市经济基础和信用风险水平的区分度并不明显。现有评级结果并未精细化地区分各省市信用资质和流动性溢价的差异性，故此在很大概率上也会催生地方政府债券收益率利差分化②。

（一）发行利差（按期限）：较去年略有走阔，期限越长利差越大

2018 年地方政府债券发行利差总体较 2017 年有所走阔，从 2017 年同期的 18bp 左右走阔至目前的 23bp 左右。从分期限来看，2018 年前三季度大体符合期限越长利差越大的规律，仅 3 年期和 5 年期的利率低于国债，2018 年前三季度 1、2、3、5、7、10 年期发行利差分别为 26bp、31bp、−7bp、−14bp、32bp 和 37bp。

（二）发行利差（按发行方式）：定向发行仍高于公开发行，但差距缩小

从发行方式来看，地方政府债券分为公开发行和定向发行。2018 年前三季度，定向债的平均利差约 27bp，而公开发行的平均利差较低约 6bp（如图 6－6 所示）。一方面是因为定向债不能在二级市场交易，需要流动性补偿；另外一方面也意味着，银行的定价主动权更高了一些。定向债发行利差

---

① 吴红兴，韩玉嘉，郑哲. 我国债券市场脆弱性监测体系构建与实证检验［J］. 金融监管研究，2018（6）：31−47.
② 以下利差数据计算方式：取地方政府债券平均发行利率相对于相同待偿期记账式国债收益率平均值的利差。

高于公开债，但两个利差之间有缩小趋势，2016 年、2017 年和 2018 年三季度，定向利差分别比公开利差高 27bp、6bp、20bp，定向债溢价水平逐渐收窄。

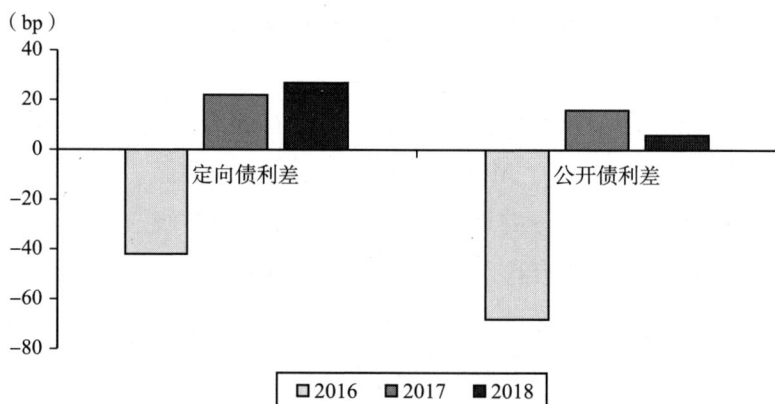

图 6-6 一级发行利差（按发行方式）

资料来源：Wind 数据库。

（三）发行利差（按省份）：地区利差分化情况较去年变化不大

地区利差的分化，是地方政府债务置换后，地方政府隐性刚兑的"表外"债务逐渐回归表内，财政状况和债务负担更加明晰，加速了市场对地方政府信用资质的评估和定价。2018 年前三季度各省份发行利差分化情况与 2017 年差异不明显，地方政府债券平均发行利差最高的是四川、深圳、江西、内蒙古、贵州、青海、吉林、黑龙江、广西等省市，其中大部分省市分布在西部和东北地区，与国债利差在 20bp 以上（如图 6-7 所示）；其他省份中广西、河北、云南、海南也属于利差较高地区，高于全国平均值。2018年前三季度利差最低省份是厦门、重庆、上海、北京，大部分属于直辖市。总体而言，地区利差差异较 2017 年变化不大。

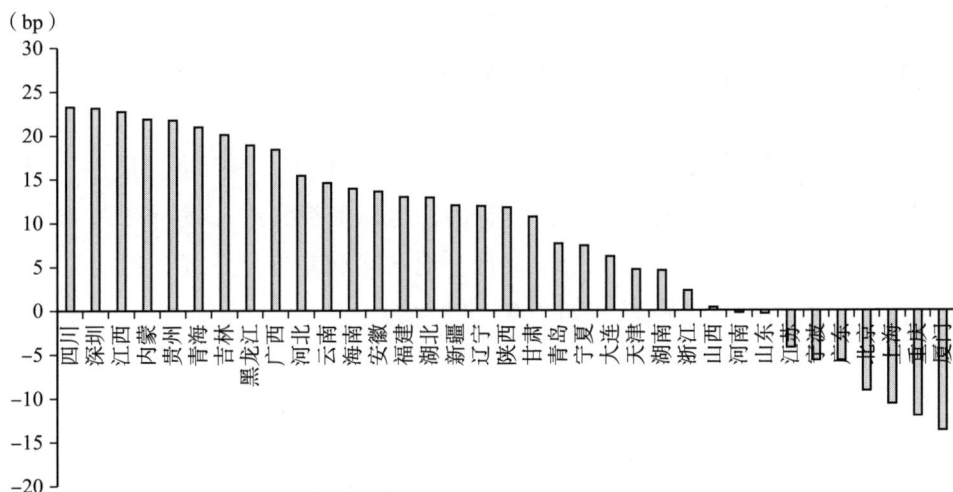

图6-7 一级发行利差（按省份）

资料来源：Wind 数据库。

三、地方政府债券二级交易情况分析

目前，我国地方政府债券的交易量就总体趋势而言呈逐步上升趋势，但在2017年却曾经出现了交易量骤降的情况，仅为8 432.8亿元，直至2018年前三季度方才有所回暖（如图6-8所示）。从2014年至2018年前三季度的交易量变化可以分析看出，自2014年起地方政府债券的二级市场流动性开始逐步有所提高，虽然2017年出现了偶发性的回落，但其流动性未来稳步提升的发展大趋势仍然不变。

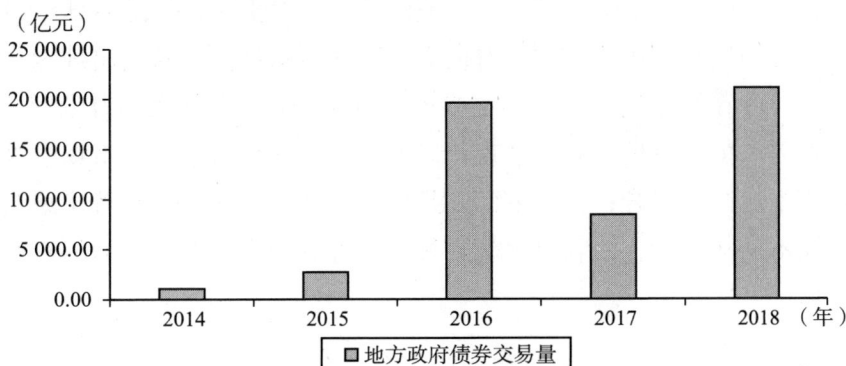

图6-8 2014~2018年地方政府债券交易量

资料来源：Wind 数据库。

四、地方政府债券市场状况总结

2018 年前三季度，地方政府债券一级发行延续了 2017 年的风格，以 5 年和 7 年期为主，公开发行居多，资金用途也以置换为主；发行利差总体走阔，定向发行利差上浮且高于公开发行，地区间利差分化延续，但与完全市场化定价相比仍有较大距离（如图 6 – 9 所示）。

（%）

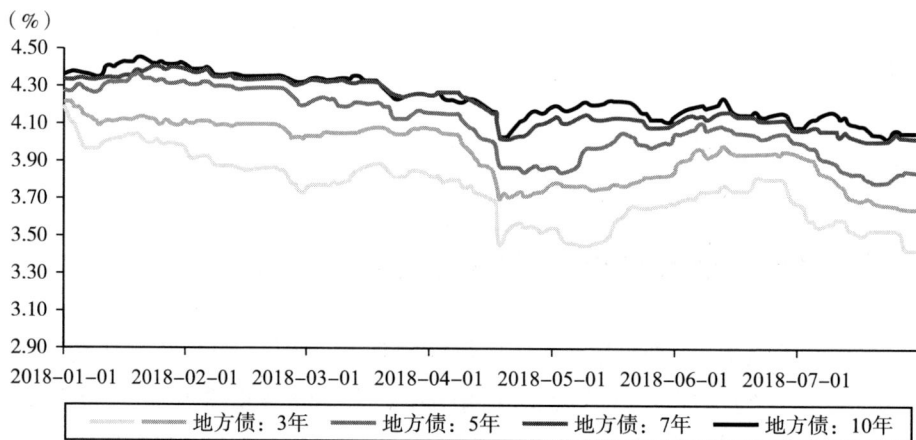

图 6 – 9 地方政府债券绝对收益率

资料来源：Wind 数据库。

就比价关系而言，我国的地方政府债券在考虑税收、资本占用调整等因素后，较之于国债、金债等其他利率债的品种相对更优，但随着地方政府债券发行节奏的逐渐加快，地方政府债券收益率与国债利差开始出现走阔趋势（如图 6 – 10 所示）。这也反映出在银行负债端压力不断加大的背景下，地方债的配置需求持续呈现出疲弱的现状。一方面是央行通过公开市场投放资金的加权成本逐渐被抬升；另一方面则是供给节奏逐渐加快，其对比绝对收益率水平在不断地下行，而利差走阔则显示配置盘为主力的需求面临着明显的尴尬处境。

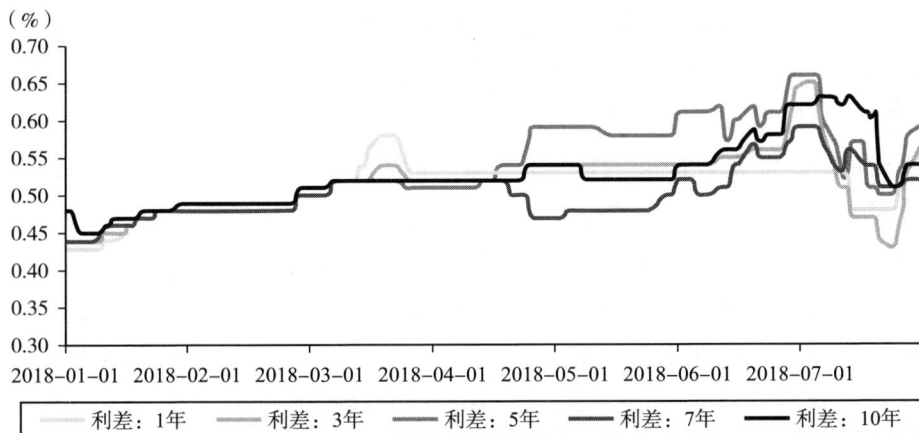

图 6 - 10　地方政府债券与国债利差

资料来源：Wind 数据库。

第二节　地方政府债券的流动性解构

一、地方政府债券流动性的理论解析

处于地方政府债券发行供给侧的发行者信用与其需求侧的市场容量等因素决定了债券的价格。由于债券的流动性与其内在价值呈正向关系[①]，因此地方政府债券的流动性必然会对其价格产生重要的影响。安国俊博士就将流动性视为"证券市场效率的基础和金融市场的生命线"，强调"证券市场的核心问题是市场效率问题，衡量一个市场是否有效的指标通常有四个：流动性、稳定性、透明度、交易成本"[②]。由此可见，流动性对于债券市场及其发展而言具有举足轻重的重要作用。

流动性是一个具有多维度、情境性的复杂概念，很难明确界定。故此，学术界时至今日尚未对其形成一个统一的定义，已有的相关定义只是描述和强调了评价流动性的多维属性表征而已，且这些流动性的表征属性之间还存在相互的冲突，以至于施瓦茨（Schwartz，1993）甚至认为不存在一个"无

[①]　张元萍主编，投资学　第 2 版，中国金融出版社 ［M］. 2013：103.
[②]　安国俊. 政府债券市场流动性研究 ［J］. 证券市场导报，2017（1）：66 - 72.

异议的、可操作的流动性定义"①。根据国际清算银行（Bank of International Settlement，BIS）1999 年对"流动性的市场"定义可知，流动性是指市场参与者能够迅速进行大额交易，且不会导致资产价格发生显著波动的特性；施瓦茨则认为，流动性广义上是个人在现行供求条件下，能以合理的价格迅速达成交易的能力②；李普曼与麦考尔（Lippman and Mccall，1986）则指出，若某资产能以预期的价格迅速出售，则该资产具有流动性；马西姆卜与菲里普（Massimb and Phelp，1994）将流动性概括为"为进入市场的订单提供立即执行交易的一种市场能力和执行小额市价委托单时不会导致市场价格大幅变化的能力"。国内学者罗文钦基于前人对流动性概念的研究，将证券市场中的流动性内涵定义为证券资产与现金之间的相互转化能力③。

综合上述学者的观点，本书认为流动性可以被解释为，债券市场上的投资者根据自身投资需求、宏观经济环境以及市场供给状况，以合理的价格迅速执行资产交易的能力，其内涵表征可以从交易速度、交易价差、交易活跃程度和交易对价格的影响等方面来予以描述④：

（一） 交易速度

地方政府债券的发行人和投资者在交易市场上发行或购买债券，其发行与购买债券的交易速度具体反映在达成交易所需要的时间这一指标上。时间越短，则说明该债券在此市场上的流动性越高。

（二） 交易价差

在报价驱动的交易制度下，交易价差主要反映在债券报价的买卖价差上。价差越小，则在该市场上债券的流动性越高。

（三） 交易活跃程度

交易活跃程度反映了地方政府债券在交易市场上的单笔或总计成交数量

---

① Schwartz, Robert A, 1993, Reshaping the equity Markets: A Guide for the 1990s, Business One Ir-win. Ⅱ - linois.

② Schwartz, Anna. Financial Stability and the Federal Safety Net in W. S. Haraf and G. E. Kushmeider (eds) [R]. Restructuring Banking and Financial Services in America. Washington: American Engerprise Institute for Public Policy research, 1998.

③ 罗文钦，股票市场流动性的制度约束与风险管理研究 [M]. 四川大学出版社，2018：10.

④ 朱世武，许凯. 银行间债券市场流动性研究 [J]. 统计研究，2004 (11)：41 - 46.

及成交金额。交易越活跃，则该市场上债券的流动性就越高。

（四）交易对价格的影响

地方政府债券的价格相对较为稳定。一般而言，大额交易不会对其价格产生过大的影响，即不会产生"规模效应"。因此，交易对价格的影响越小，则说明该市场上债券流动性越强。

二、地方政府债券流动性评价的系统化方法

（一）流动性的定量评价

较高的流动性极大地提高了市场效率，是市场得以"生存发展的动脉血液"。目前，比较有代表性的流动性定量评价观点，是通过宽度（Width）、深度（Depth）、弹性（Elastic）和即时性（Immediacy）四个维度来测量市场的流动性（Harris，1990）[1]。

1. 宽度

流动性的宽度是指地方政府债券的交易价差，它反映了债券交易价格与市场中间价格二者之间的差距程度。价差越小，则地方政府债券的流动性就越高；反之，则越低。

2. 深度

流动性的深度反映了地方政府债券交易的活跃度，它是通过成交量、交易笔数以及报价商所报出的买卖证券的数量即报价规模（Quote size）来测度的。交易的活跃度越高，则表明地方政府债券市场的流动性越强；反之，则越弱。

3. 弹性

流动性的弹性主要是反映地方政府债券的单位交易量对其价格变化的影响程度。当市场价格相对稳定时，地方政府债券的大额交易不会引起其价格产生较大幅度的波动，其交易价格会很快就会回归至真实的价值。地方政府债券的价格越稳定，则说明其市场的流动性就越强；反之，则越弱。

---

[1]　刘海龙，张丽芳编著，证券市场流动性与投资者交易策略［M］. 上海交通大学出版社，2009：17.

4. 即时性

流动性的即时性是指地方政府债券交易的速度，其具体表现为债券发行人与投资者达成交易所需要的时间长短。如果双方交易的时间越短，则说明地方政府债券市场的流动性越强；反之，则越弱。[①]

受限于我国地方政府债券发行数据的披露，本书借鉴张瑞晶（2018）的做法，主要从交易量（Trade Volume）和换手率（Turnover Rate）[②] 两个维度来对地方政府债券的流动性状况予以分析。其中，交易量和换手率指标越大，则地方政府债券的市场深度就越大，投资者就可以交易更多的债券，债券此时所表现出来的流动性也就越强。

（二）流动性的定性评价

珀森德（Avinash D. Persaud）在阐述其流动性黑洞理论时曾指出，当金融市场在产品趋同、市场交易结构不合理时，如果没有相对积极的政策，二级市场很容易出现流动性枯竭的问题[③]。据此，本书在吸纳和整合流动性的定性研究相关结论基础之上，基于产品结构[④]、市场参与者[⑤]、债券发行机制[⑥]、交易运行机制[⑦]和配套政策[⑧]五个维度试图探索构建地方政府债券流动性的定性评价理论框架。

1. 产品结构

（1）产品类别。

地方政府债券类型以及相关衍生产品的丰富性和完善性，将在很大程度上影响投资者的证券资产组合，进而影响其投资热情及其可持续性，最终影响二级市场地方政府债券的流动性。

---

① 张瑞晶. 我国地方政府债券流动性问题研究 [J]. 甘肃金融，2018（9）：17 – 21.
② 交易量（Trade Volume）是指一段时期内金融产品交易的总量，反映金融产品交易规模的大小；换手率（Turnover Rate）是指在一定时间内市场中证券转手买卖的频率，换手率＝某一段时期内成交额/发行总额×100%。
③ Avinash D. Persuad 主编. 流动性黑洞——理解、量化与管理金融流动性风险 [M]. 姜建清译，中国金融出版社，2007：5 – 10.
④ 吴晓求著. 中国金融监管改革：现实动因与理论逻辑 [M]. 中国金融出版社，2018：123.
⑤ 彭惠，杨文著. 上海证券交易所的流动性研究 [M]. 湖南科学技术出版社，2010：23.
⑥ 吴晓灵. 中国金融政策报告 2018 [M]. 中国金融出版社，2018：87.
⑦ 吴清主编；黄红元，张冬科，阙波副主编. 上海证券交易所研究报告 [M]. 2016. 博士后专辑，上海人民出版社，2016：147.
⑧ 朴明根等著. 青岛市基础设施项目投融资模式与风险管理研究 [M]. 哈尔滨地图出版社，2007：158.

（2）产品期限。

地方政府债券的期限结构与公益性、基础设施项目的投资回收期越匹配，就越能够给予投资者以信心和安全感，使其能够更加灵活地满足不同偏好投资者的证券资产配置需求[①]，进而提高了地方政府债券交易的活跃程度，促进其二级市场流动性的增强。

（3）产品价格。

市场利率和债券供求是决定债券价格水平的基本因素。就地方政府债券的利率生成机制而言，财政部印发的《地方政府专项债券发行管理暂行办法》明确规定："地方政府债券发行利率采用记账式固定利率附息形式"[②]。然其定价利率较低，势必滞缓地方政府债券利率生成市场化的进程。由此可见，地方政府债券发行定价的市场化水平也是影响地方政府债券流动性的重要因素。

2. 市场参与者

投资者结构以及投资者在二级市场上的交易意愿是影响地方政府债券流动性的重要因素之一。当商业银行在发行市场上占据主导地位时，发行市场投资者的结构就会相对比较单一。在投资者结构单一的债券发行市场上，商业银行对债券的偏好趋同，以至于银行间的地方政府债券交易就会偏少，这势必会导致地方政府债券市场的流动性不足。由此可见，倘若二级市场上地方政府债券参与者的交易意愿不强，则势必导致地方政府债券的交易不活跃，致使其流动性只能维持在较低的水平上。

3. 债券发行机制

作为债券市场的第一道门槛，债券发行机制是推进地方政府债券市场化改革的关键，也是有效防范债券风险的核心[③]。地方政府债券的发行机制是否健全完善，会影响到债券供给端的发行规模及发行质量等要素，这势必会引起需求侧的债券投资者其证券资产配置和投资需求的结构性变化，进而通过投资者行为最终影响地方政府债券的流动性[④]。

---

① 周智，周春喜，刘德载. 地方政府债券流动性问题的思考［J］. 浙江金融，2017（8）：25－30.

② 财政部. 财政部关于印发《地方政府专项债券发行管理暂行办法》的通知［EB/OL］．［2016－09－09］. http：//ah. mof. cn/cslm/zcfg/200012/t20001212_3328766. html.

③ 杨农主编. 中国债券市场发展报告［M］. 2011，中国金融出版社，2012：35.

④ 赵全厚，孙家希，李济博. 地方政府债券发行机制的国际比较［J］. 经济研究参考，2017（70）：35－45.

4. 交易运行机制

地方政府债券市场是指以地方政府债券为交易对象而形成的供求关系及其机制的总和。其存在不仅仅只是地方政府债券的交易场所，还涵盖了一切由于地方政府债券交易所产生的关系。其中，最主要的就是地方政府债券的供求关系及其交易运行机制①。一方面，地方政府债券交易运行机制的缺陷会增加其市场运作成本，进而降低市场运作效率，不利于地方政府债券的大规模交易②，进而也会影响到其流动性。另一方面，地方政府债券的信用评级和信息披露机制，是确保地方政府债券市场有效运行的重要手段。完善的信用评级机制有助于增强投资者交易信心，有效的信息披露机制能够更好地为交易各方搭建信息沟通桥梁，进而从整体上增强投资者参与地方政府债券投资交易的积极性，促进地方政府债券在二级市场上流动性的提升。

5. 配套政策

由于目前我国债券市场的发展还相对不够完善，地方政府债券也尚处于发展起步阶段。因此，从推动地方政府债券市场高质量发展的角度而言，健全完善与地方政府债券发展相适应的诸如地方政府债券市场化发行制度及其发行与定价机制等相关配套政策体系，就显得尤为重要了③。在试点地方政府债券商业银行柜台发行之前，地方政府债券的投资者主要是以银行为主的金融机构，因此现行的地方政府债券配套政策主要是针对持债到期的情况而并非上市交易④。故此，这些配套政策在整体上不利于地方政府债券流动性的提升。同样地，目前的我国地方政府债券担保政策和做市商制度的缺失同样制约了其流动性提升。

三、地方政府债券流动性评价体系的构建

本书基于上述对地方政府债券流动性的理论解构及其定性与定量分析的整合性思考，结合珀森德（Avinash D. Persaud）的流动性黑洞理论，对我国地方政府债券流动性的评价体系予以了探索性构建（如图 6 – 11 所示）。

---

① 李艳芳，刘瑛著. 金融市场　第 2 版 ［M］. 东北财经大学出版社，2011：2.
② 张瑞晶. 我国地方政府债券流动性问题研究 ［J］. 甘肃金融，2018（9）：17 – 21.
③ 安国俊著. 探路：中国金融改革再出发 ［M］. 中国金融出版社，2017：311.
④ 汪慧. 我国地方政府债流动性问题探析 ［J］. 福建论坛（人文社会科学版），2016（8）：40 –
45.

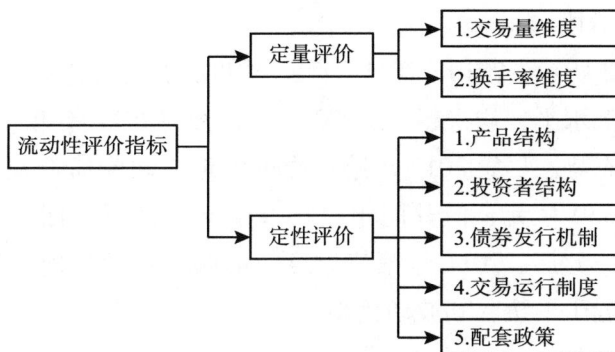

图 6 - 11　地方政府债券流动性评价体系

第三节　地方政府债券与国债流动性评价的比较分析

一、定量分析

（一）交易量维度

我国地方政府债券市场的交易方式主要有现券买卖、回购交易，其交易量可分为现券交易量和回购交易量。其中，地方政府债券现券交易量，即其现券交易活跃程度是衡量地方政府债券市场流动性的主要指标，它取决于现货债券在市场买卖交易的情况；地方政府债券的回购交易是其派生市场中一种重要的形式，它向投资者提供了一种新的融资、融券方式，进而提高了地方政府债券市场的流动性。故此，其活跃程度即地方政府债券回购交易量也应纳入评价地方政府债券市场流动性指标的体系之中。

1. 我国地方政府债券的现券交易量

就交易规模而言，根据中央结算公司公布的数据，2009 ~ 2017 年地方政府债现券累计交易金额 51 251.51 亿元，年交易金额从 1 124.68 亿元增至 8 410.6 亿元。2018 年，我国地方政府债券的现券交易量迅速增长，截至 2018 年第三季度，现券交易量累计已达到 21 052.12 亿元。现券交易量变化呈非平稳态势，经历了激增、锐减、恢复三个阶段：

（1）激增阶段。

如图 6 - 12 所示，2010 ~ 2011 年第二季度，我国地方政府债券的现券交易量维持在较低水平，均未超过 2 000 亿元，直到 2011 年第三季度、第四季度才出现激增态势。尽管 2012 年第一季度的地方政府债券现券交易量快速下滑，仅为 37. 30 亿元，但其同年第二季度又迅速得以回升，最高上升至 3 390. 30 亿元。此后，2011 年第三季度、第四季度我国地方政府债券的现券交易量则趋近于平缓，其波动较小。

（2）锐减阶段。

从 2013 年第一季度开始到 2015 年第三季度，我国地方政府债券的现券交易量持续处于低水平状态，尽管在 2014 年第三季度曾出现过相对波峰，但就总体而言，在此期间的现券交易量仍然很低，几乎接近于 0。直到 2015 年全面启动地方政府债券发行，我国的地方政府债券发债规模才进入了快速扩张阶段。

（3）恢复阶段。

2015 年第四季度，我国地方政府债券的现券交易量开始明显回升。一年之后，2016 年第四季度出现一个波峰，其现券交易量超过了 8 000 亿元，但这种增长趋势并未延续多久，2017 年第一季度其现券交易量又快速下滑。直到 2018 年，我国地方政府债券的现券交易量才得以迅速回升，在同年第三季度达到了 14 885. 10 亿元（如图 6 - 12 所示）。但就目前公开的地方政府债券现券交易数据而言，其现券交易量并未随其发行量的增加而出现相应的增长，这从一个侧面上说明，目前我国地方政府债券的流动性还相对较弱。

就细分市场而言，我国地方政府债券的现券交易在不同市场存在着分布失衡的问题。中央结算公司相关数据显示，一直以来我国地方政府债券的现券交易主要都集中于银行间债券市场，而交易所市场的现券交易则极少，其占比还达不到 1%。由此可见，在试点商业银行柜台发行之前，银行间债券市场还是我国地方政府债券最主要的发行场所，是其现券交易的主要平台。

2. 我国地方政府债券的回购交易量

我国地方政府债券的回购交易主要是在银行间市场开展，分为质押式回购和买断式回购。据中央结算公司数据显示，我国地方政府债券在 2010 年、2011 年的回购交易量几乎接近 0，维持在极低的水平状态；直到 2012 年才

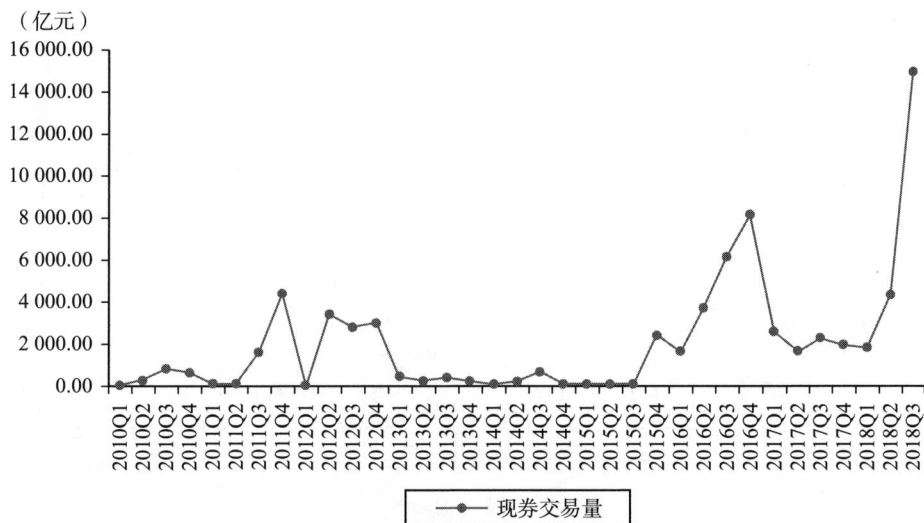

图 6 - 12　2010 ~ 2018 年第三季度我国地方政府债券的现券交易量

资料来源：根据中央国债登记结算有限责任公司数据整理。

出现相对较小的波峰，随后又有所下降，直到同年第三季度起，我国地方政府债券的回购交易量才出现稳步上升趋势。随着地方政府债券自发自还模式的全面推开，地方政府债券的回购交易量开始大幅度增长，2015 ~ 2018 年，我国地方政府债券的回购交易量一直是在 4 万亿元上下波动。截至 2018 年第三季度，我国地方政府债券回购交易量达到了其发行以来的最高峰值，一度超过了 5 万亿元（如图 6 - 13 所示）。这也反映了地方政府债券的回购交易量与其发行增加量之间有着明显的正向相关关系。

3. 我国地方政府债券交易量与国债交易量比较

自 2014 年，我国地方政府债券试点自发自还模式以来，全国地方政府债券的发行规模逐渐扩大（如表 6 - 1 所示）。2014 年，全国地方政府债券发行共计 4 000 亿元；2015 年地方政府债券发行规模高速增长，共发行 38 350. 62 亿元；截至 2016 年，全年地方政府债券的发行量高达 60 458. 40 亿元，较 2015 年同比增长 57. 65%。在经历了 2016 年的置换高峰期后，2017 年全国地方政府债券的发行规模降至 43 580. 94 亿元，同比减少 27. 92%。截至 2018 年底，我国当年地方债券发行的总额达到了 37 993. 83 亿元。

（亿元）

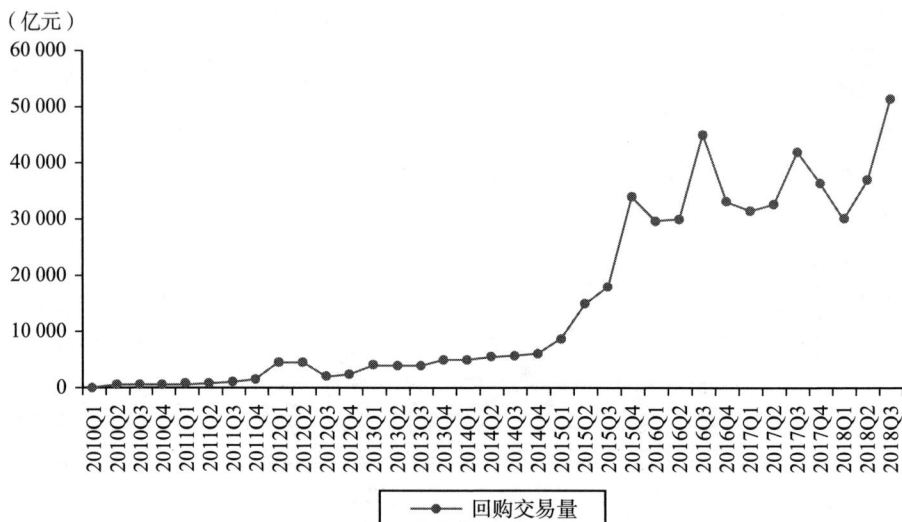

图 6 – 13　2010～2018 年第三季度我国地方政府债券的回购交易量

资料来源：根据中央国债登记结算有限责任公司数据整理。

表 6 – 1　　　　　　　2009～2018 年前三季度地方政府债券发行总额　　　　　单位：亿元

年份	地方政府债券发行总额
2009	2 000. 00
2010	2 000. 00
2011	2 000. 00
2012	2 500. 00
2013	3 500. 00
2014	4 000. 00
2015	38 350. 62
2016	60 458. 40
2017	43 580. 94
2018	37 993. 83①

资料来源：Wind 数据库。

虽然我国的地方政府债券交易量随着其发行规模的扩张而有所增长，但

---

① 此处为截至 2018 年前三季度，当年我国地方政府债券发行的总额数。

就整体交易量而言，与国债相比仍处于较低水平（如图 6 - 14 所示）。据中央结算公司相关数据显示，从 2015 年开始，我国地方政府债券的发行量已逐渐赶超了国债（如表 6 - 2、图 6 - 15 所示），但其债券交易量却仍然处于较低水平（如表 6 - 3、图 6 - 16 所示）。2016 年，我国国债发行规模仅为 30 657. 69 亿元，而地方政府债券的发行规模就达到了 60 458. 40 亿元，是国债的 1. 97 倍。然而，同期全年的地方政府债券交易量则低至 19 598. 26 亿元，仅为国债交易量的 15. 87%。2017 年我国地方政府债券的发行规模相比上一年而言有所缩减，但国债规模继续扩大，从而缩小了二者在发行规模上的差距。但是，2017 年全年，地方政府债券的交易额仍远低于国债，仅为国债交易额的 6. 6%。这也从另一个侧面表明，未来地方政府债券流动性的提升仍有较大空间。

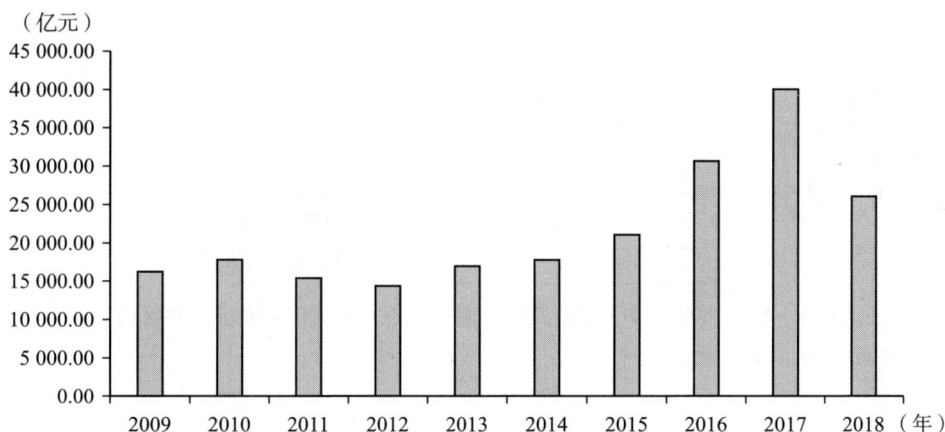

图 6 - 14　2009 ~ 2018 年前三季度国债发行总额

资料来源：Wind 数据库。

表 6 - 2　　　　　　2009 ~ 2018 年前三季度国债与地方政府债券发行总额对比　　　单位：亿元

年份	国债发行总额	地方政府债券发行总额
2009	16 229. 21	2 000. 00
2010	17 778. 17	2 000. 00
2011	15 397. 90	2 000. 00
2012	14 362. 26	2 500. 00

续表

年份	国债发行总额	地方政府债券发行总额
2013	16 944.01	3 500.00
2014	17 747.32	4 000.00
2015	21 075.38	38 350.62
2016	30 657.69	60 458.40
2017	40 041.79	43 580.94
2018	26 060.77	37 993.83

资料来源：Wind 数据库。

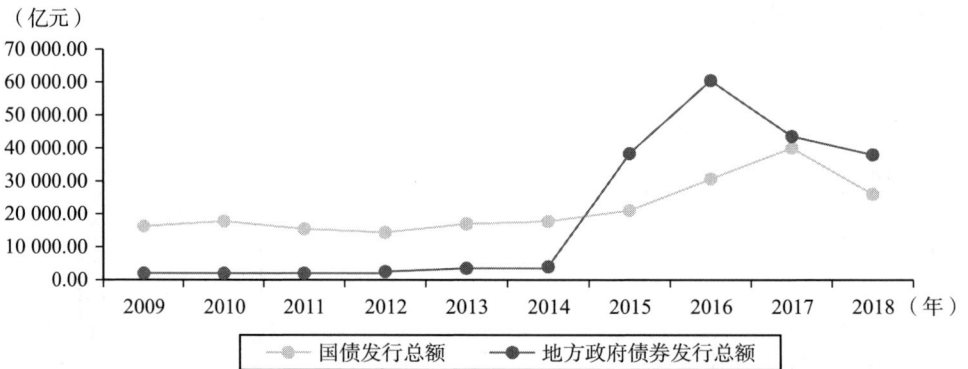

图 6 – 15　2009～2018 年前三季度国债与地方政府债券发行总额对比

资料来源：Wind 数据库。

表 6 – 3　　　　　2014～2018 年前三季度国债与地方政府债交割量对比　　　单位：亿元

年份	国债交割量	地方政府债券交割量
2014	57 291.91	1 063.50
2015	94 625.35	2 697.86
2016	123 463.01	19 598.26
2017	130 711.73	8 432.80
2018	126 730.48	21 060.62

资料来源：根据中央国债登记结算有限责任公司数据整理。

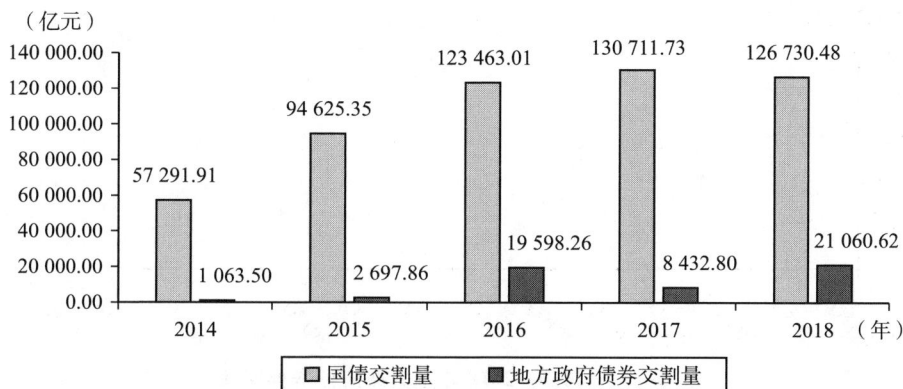

图 6 - 16　2014 ~ 2018 年前三季度国债与地方政府债券交割量对比

资料来源：Wind 数据库。

（二）换手率维度

交易量反映了地方政府债在交易市场上的成交数量，但考虑到交易量不能反映债券交易市场现有的存量，因此本书又将以地方政府债券的换手率来反映其存量规模。所谓换手率是指债券成交额与债券流通市值的比值，其充分考虑了存量规模的因素，能够更好地反映地方政府债券在二级市场的流动性。一般而言，换手率与地方政府债券在二级市场上流动性成正向变动关系，换手率越高则意味着该债券在二级市场上的成交越活跃、流动性越好①。

图 6 - 17 反映了 2015 年第二季度至 2018 年第三季度我国地方政府债券的季换手率走势。就季度换手率而言，我国地方政府债券的换手率在 2016年第一季度达到峰值 31.62%，此后迅速回落，呈倒 V 型。2015 ~ 2018 年第三季度，地方政府债券季度换手率均远低于国债季度换手率（如表 6 - 4、图 6 - 18 所示）。

---

① 汪慧. 我国地方政府债流动性问题探析 [J]. 福建论坛（人文社会科学版），2016（8）：40 -45.

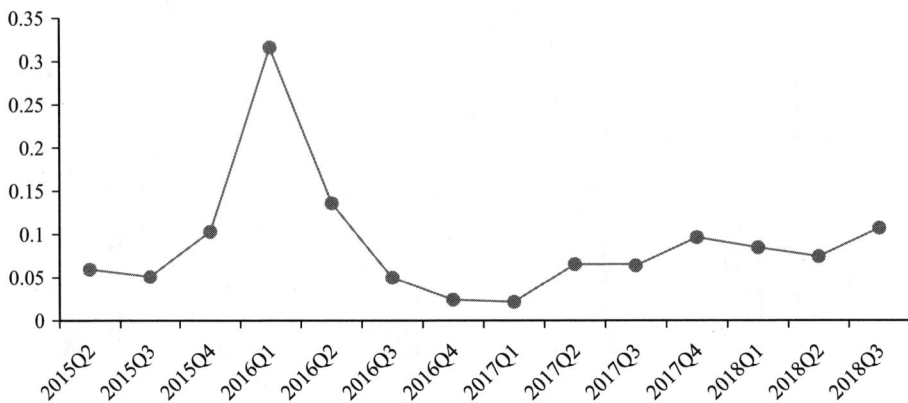

图 6 - 17   2015 ~ 2018 年地方政府债券换手率

资料来源：Wind 数据库。

表 6 - 4   **2015 ~ 2018 年债券季度换手率比较**

时间	地方政府债券	国债
2015Q2	0.0594	2.0925
2015Q3	0.0508	1.8102
2015Q4	0.1029	1.8733
2016Q1	0.3162	2.3148
2016Q2	0.1358	2.0948
2016Q3	0.0499	1.7117
2016Q4	0.0241	1.1663
2017Q1	0.0216	1.4847
2017Q2	0.0654	2.2763
2017Q3	0.0638	1.9523
2017Q4	0.0963	1.3274
2018Q1	0.0846	1.3020
2018Q2	0.0744	1.1131
2018Q3	0.1071	0.7571

资料来源：Wind 数据库。

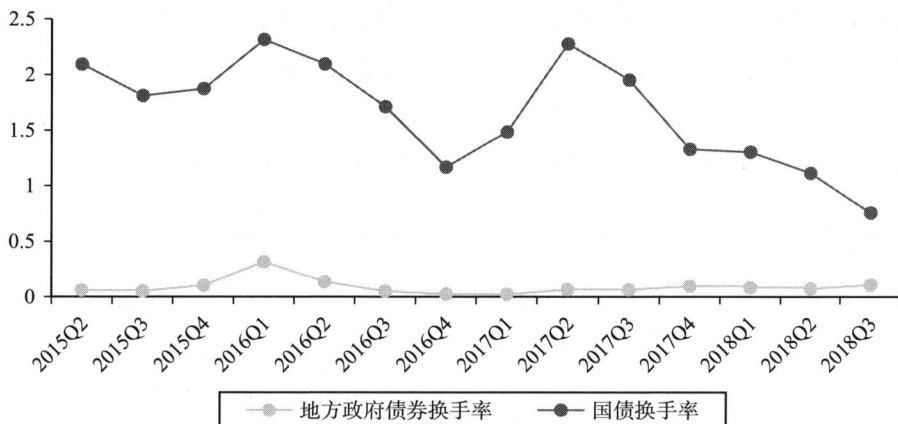

图 6 - 18　2015 ~ 2018 年地方政府债券与国债换手率对比

资料来源：Wind 数据库。

综上所述，结合以上两类反映地方政府债券流动性的定量指标，并将其与国债发行现状相比较，有助于我们在进一步厘清我国地方政府债券流动性现状的同时，借鉴吸纳国债流动性提升的成熟经验。基于交易量的指标分析，我国地方政府债券的交易主要集中在银行间债券市场，且地方政府债券现券交易量经历了激增、锐减、恢复三个阶段。基于换手率的指标分析，我国国债换手率明显高于地方政府债券换手率。就总体而言，尽管某些季度时段的地方政府债券流动性较高，但就总体而言其流动性仍然保持在较低的水平。从地方政府债券与国债的交易量和季度换手率的比较分析可知，尽管我国地方政府债券的发行规模近几年来快速扩大，但其交易量与换手率却进一步弱化，这说明地方政府债券市场流动性仍有较大的提升空间。

二、定性分析

（一）地方政府债券与国债产品结构比较

1. 产品类别

我国地方政府债券通常按照资金的用途和偿还资金的来源分为一般债券和专项债券（如表 6 - 5 所示）。据财政部公开数据显示，我国 2016 年发行的专项债券占地方政府债券发行总额的 41.44%，2017 年、2018 年则分别占

45.80%、46.42%。就趋势而言，专项债券的发行占比在稳步提升，并将逐渐达到一般债券发行的相同规模水平（如图6-19所示）。

表6-5   2015~2018年前三季度地方政府债券中一般债券和专项债券发行量

单位：亿元

年份	一般债券	专项债券
2015	28 606.90	9 743.70
2016	35 495.16	25 118.56
2017	23 619.00	19 962.00
2018	20 356.00	17 638.00

资料来源：根据中央国债登记结算有限责任公司数据整理。

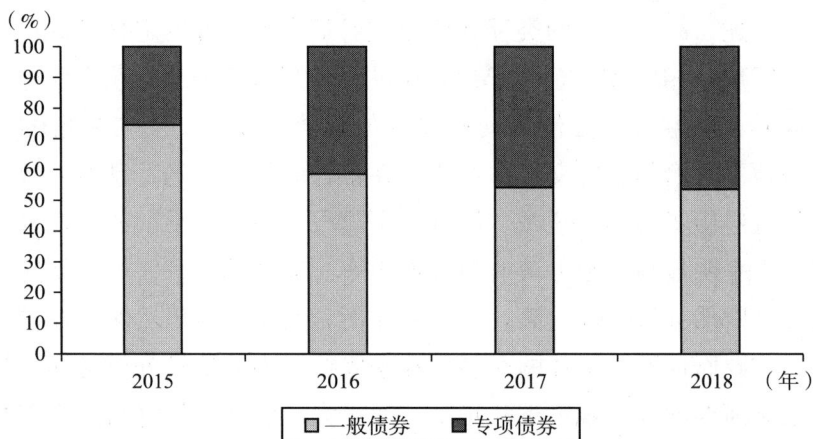

图6-19   2015~2018年前三季度地方政府债券中一般债券和专项债券占比

资料来源：Wind数据库。

2. 发行方式

我国的地方政府债券分为公开招标发行的公开债和定向承销发行的定向债（如表6-6所示）。2017年，我国以公开发行的地方政府债券32 470.90亿元，占比75%；以定向承销方式发行的地方政府债券11 110.04亿元，占比26%。截至2018年第三季度，我国当年公开发行的地方政府债券为33 852.62亿元，占比89%；定向承销方式发行的地方政府债券为4 141.21亿元，占比11%（如图6-20所示）。由此可见，就目前而言，大部分地方政府债券都采用了以公开发行为主的发行方式。

表 6 - 6　2009 ~ 2018 年第三季度地方政府债券中定向债与公开债发行量　　单位：亿元

年份	定向债	公开债
2009	0.00	2 000.00
2010	0.00	2 000.00
2011	0.00	2 000.00
2012	0.00	2 500.00
2013	0.00	3 500.00
2014	0.00	4 000.00
2015	0.00	38 350.62
2016	15 783.74	44 674.66
2017	11 110.04	32 470.90
2018	4 141.21	33 852.62

资料来源：Wind 数据库。

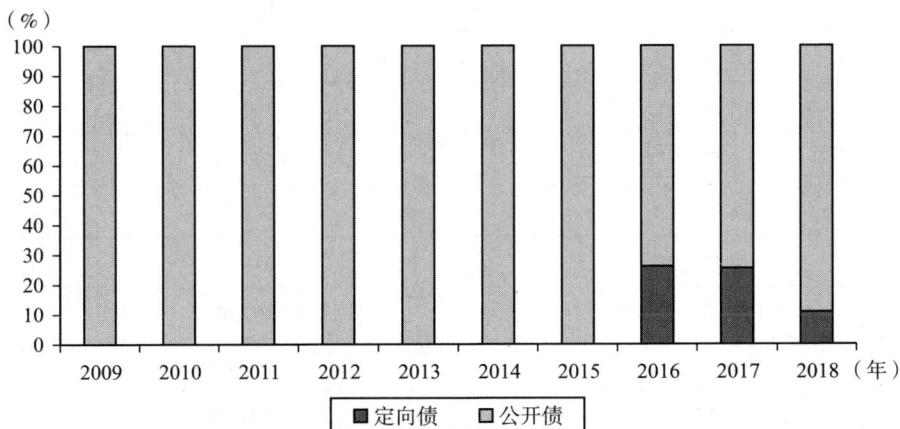

图 6 - 20　2009 ~ 2018 年前三季度地方政府债券中定向债与公开债占比

资料来源：Wind 数据库。

3. 发行期限

根据《地方政府一般债券发行管理暂行办法》《地方政府专项债券发行

管理暂行办法》的规定，一般债券的期限为 1 年、3 年、5 年、7 年和 10 年，专项债券的期限为 1 年、2 年、3 年、5 年、7 年和 10 年。然而，本书统计分析的结果显示，大部分的地方政府债券仅涵盖了 3 年、5 年、7 年和 10 年四个期限品种，而 1 年期、2 年期的地方政府债券则极其少见（如表 6 - 7、图 6 - 21 所示），仅在 2015 年安徽省曾发行了 1 年期的地方政府债券。本书认为，由于 1 年期和 2 年期的债券品种需要滚动发行，因此各地方政府并不倾向于发行期限过短的债券品种。故此，财政部在《关于做好 2018 年地方政府债券发行工作的意见》中进一步强调要"合理设置地方政府债券期限结构"，规定"公开发行的地方政府一般债券增加 2 年、15 年、20 年期限，公开发行的地方政府普通专项债券增加 15 年、20 年期限"[①]，并要求各地应当根据项目资金状况、市场需求等因素合理安排债券期限结构。由此可见，2018 年地方政府债券发行的新政策要求，进一步完善了地方政府债券的期限结构。但截至 2018 年前三季度，大部分地方政府债券的期限仍集中于 3 年、5 年、7 年和 10 年（如图 6 - 22 所示）。

表 6 - 7　　　　　**2009 ~ 2018 年前三季度地方政府债券各期限累计发行量**　　　单位：亿元

期限类型	累计发行金额
1 年期	227.97
2 年期	309.79
3 年期	39 676.71
5 年期	68 921.05
7 年期	49 437.40
10 年期	37 560.88
15 年期	140.00
20 年期	110.00

资料来源：Wind 数据库。

---

① 财政部.《关于做好 2018 年地方政府债券发行工作的意见》[EB/OL].[2018 - 05 - 04]. http://gks. mof. gov. cn/guozaiguanli/difangzhengfuzhaiquan/201805/t20180508_2887731. html.

（亿元）

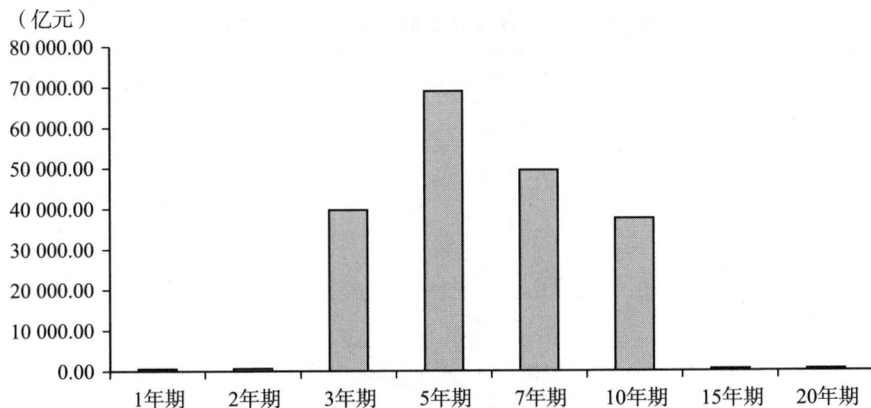

图 6-21　2009~2018 年前三季度地方政府债券各期限累计发行量

资料来源：Wind 数据库。

（%）

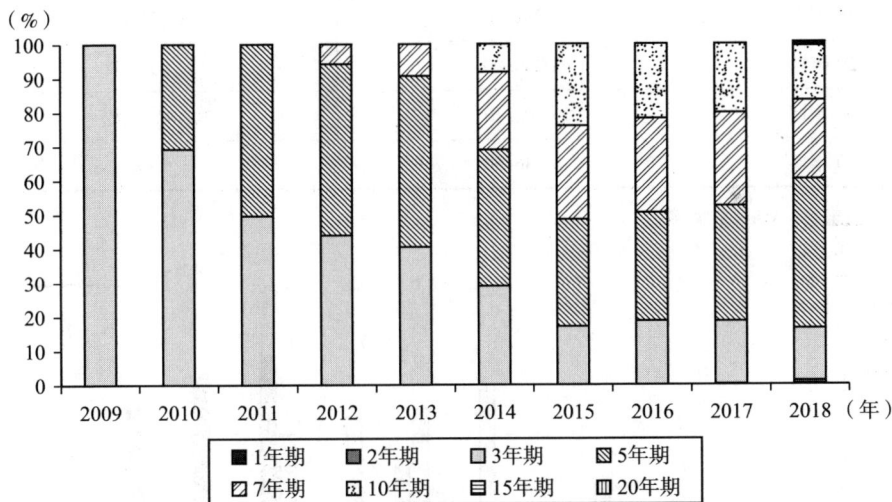

图 6-22　2009~2018 年前三季度地方政府债券各期限发行量占比

资料来源：Wind 数据库。

由表 6-8、图 6-23 所示的国债与地方政府债券各期限累计发行情况的对比数据中可以显见，相对于地方政府债券而言，国债的期限种类更加丰富，债券的发行期限甚至还包括了一季度、半年期、三季度的超短期债券以及 30 年期、50 年期的超长期债券。国债通过合理分散设置期限结构，既能够更好地满足债券市场和不同投资者的投资需求，又能在一定程度上有效地规避债务集中兑付风险，还有助于提升其自身的流动性（如图 6-24 所示）。

表6-8　　　　　　　　　国债与地方政府债券各期限累计发行量对比　　　　　　单位：亿元

期限类型	国债累计发行金额	地方政府债券累计发行金额
一季度	19 213.10	—
半年期	8 731.80	—
三季度	3 532.50	—
1 年期	22 589.05	24 107.20
2 年期	6 876.60	10 133.00
3 年期	37 377.88	3 532.50
5 年期	34 502.66	25 611.35
7 年期	33 231.20	8 045.40
10 年期	30 691.10	42 514.57
15 年期	280.00	39 821.86
20 年期	3 740.00	36 937.50
30 年期	10 792.10	—
50 年期	4 736.50	—

资料来源：Wind 数据库。

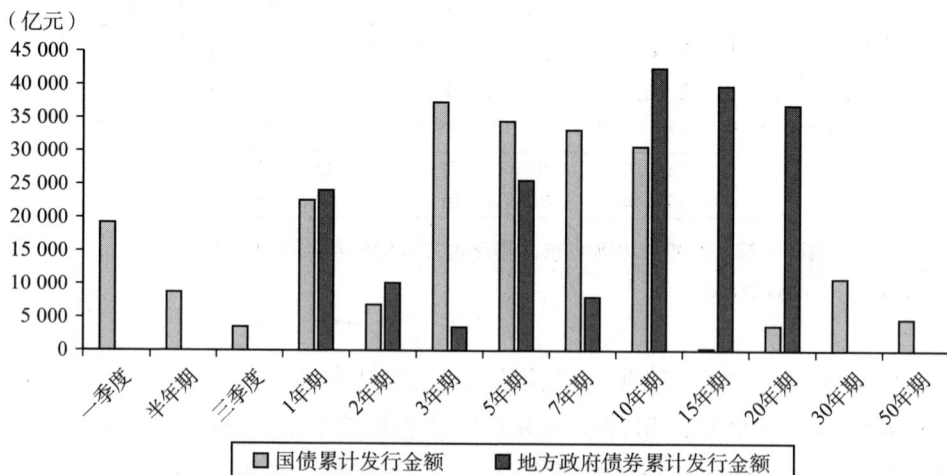

图6-23　国债与地方政府债券各期限累计发行量对比

资料来源：Wind 数据库。

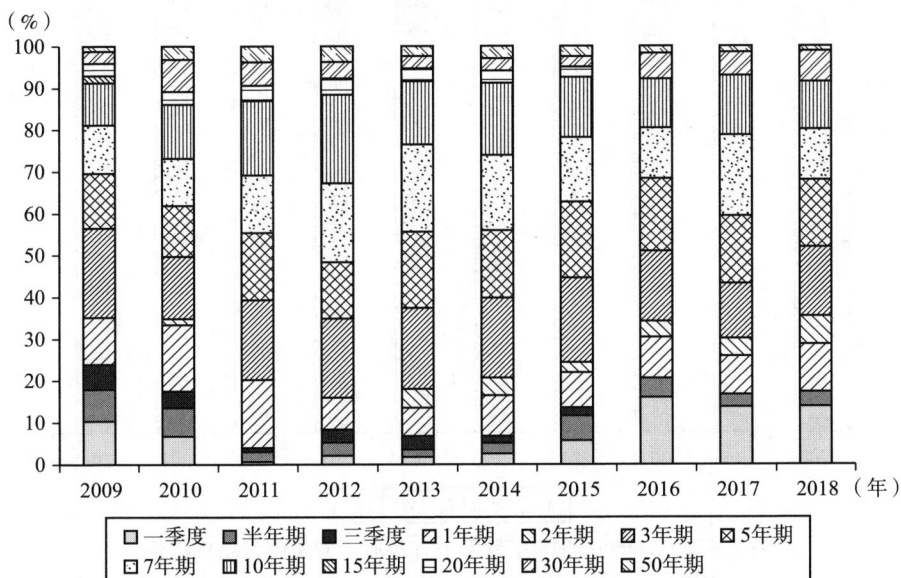

图 6 - 24 2009 ~ 2018 年前三季度国债各期限发行量占比

资料来源：Wind 数据库。

（二）地方政府债券与国债投资者结构比较

机构投资者作为债券市场上专业、理性的参与主体，已成为国债市场的主流投资者。与国债投资者的结构相比较，在试点商业银行柜台发行之前，地方政府债券的投资者主要为各大商业银行，而其他的投资者则占比极低（如图 6 - 25 所示）。因此，投资者多元化必将成为推动我国地方政府债券未来发展所不可忽视的一大问题。财政部发布的《关于做好 2018 年地方政府债券发行工作的意见》，也就推进地方债券投资主体的多元化提出了政策性倡导。首次提出鼓励商业银行、证券公司、保险公司等各类机构投资者与个人投资者参与地方债券投资。这种投资主体多元化的发展无疑会增加地方债券发行环节各方博弈的激烈程度，进而倒逼债地方政府债券市场化定价机制日臻完善，从根本上促进地方债券流动性的提升。

(%)

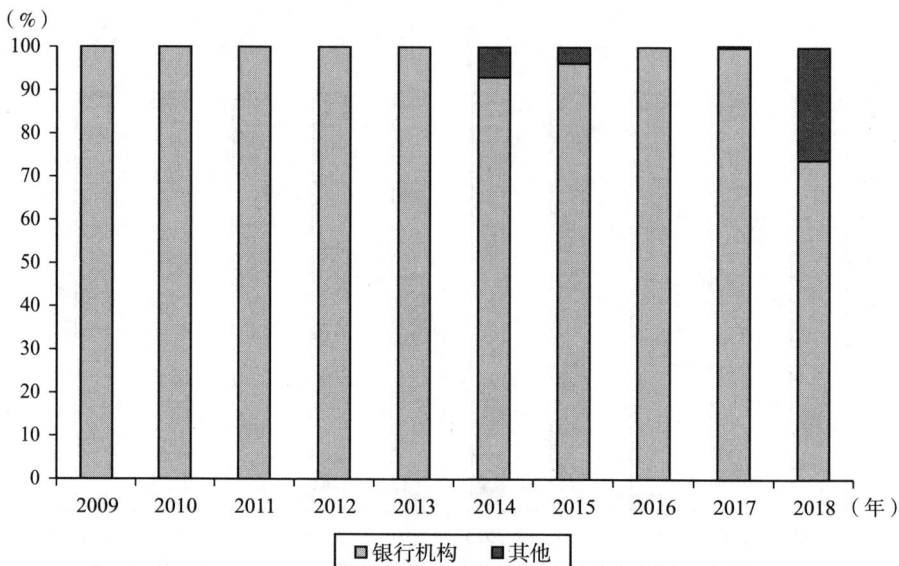

图 6 - 25　2009 ~ 2018 年我国地方政府债券投资者结构比例

资料来源：Wind 数据库。

（三）地方政府债券与国债发行机制比较

1. 债券发行机制

就国债而言，尽管我国储蓄式国债已经形成了一套相对完整的发行机制①，但随着债券市场的不断发展以及债券投资者多元化投资需求的日趋强烈，传统债券发行机制也存在着五个方面的主要问题：一是发行品种和渠道单一，认购手续烦琐；二是定价机制呆板，流动性较弱；三是承销网点城乡分布不均，现行额度分配方式制约农村销售；四是发行成本较高，监管依据和手段不足；五是市场化运作程度较低，创新能力不足②。

目前，地方政府债券分为一般与专项、定向与公开、新增与置换等多种发行方式，相关政策对每一种期限债券的全年占比有限制，这就容易导致单只债券的发行规模较小，不利于债券投资者的资产配置和投资需求，从而制约了其流动性提升。此外，我国地方政府债券在发行机制方面还存在与国债类似的缺漏与短板，如发行品种和渠道单一、定价机制呆板、发行成本较

---

① 廖乾. 完善我国储蓄国债发行机制的思考 [J]. 财会研究，2017 (2)：22 - 26.

② 孟蓼筠，袁彦娟，宋文芳，马莉娜. 多元视角下我国地方政府债券市场问题研究 [J]. 区域金融研究，2018 (7)：25 - 28.

高、市场化运作程度较低等①。

2. 利率形成机制

就国债而言，目前我国的储蓄式国债还尚未实现完全市场化，利率也是采用单一固定利率。当市场利率上升时，采用固定利率的储蓄式国债其利率并不会随之而发生变化，投资者也会"损失"因利率差而带来的额外收益②，这也势必会影响债券流动性。

根据相关规定，我国地方政府债券的一般债券和专项债券均需使用记账式固定利率的付息形式。目前，我国一般采用的是以国债利率为基准确定地方政府债券的发行利率（如表6-9、图6-26所示）。从形式上来看，地方政府债券的利率是基于投资者报价而形成的，体现了市场化利率形成的基本特征。但从实际上来看，我国地方政府债券并未真正建立市场化的利率生成机制，或者说其利率形成的市场化程度还不够高。

表6-9	2009~2018年地方政府债券平均发行利率	单位：%
年份	定向债平均发行利率	公开债平均发行利率
2009	—	1.83
2010	—	2.74
2011	—	3.56
2012	—	3.20
2013	—	4.04
2014	—	4.08
2015	—	3.42
2016	3.10	2.83
2017	4.01	3.95
2018	4.09	3.89

资料来源：Wind数据库。

---

① 许安拓，刘绪硕. 多元视角下我国地方政府债券研究 [J]. 地方财政研究，2018（1）：71-81.
② 廖乾. 完善我国储蓄国债发行机制的思考 [J]. 财会研究，2017（2）：22-26.

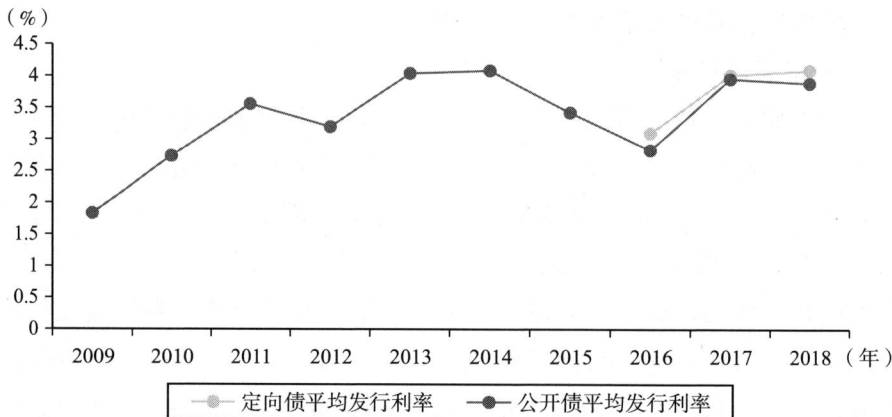

图 6 – 26   2009 ~ 2018 年平均发行利率走势

资料来源：Wind 数据库。

地方政府债券利率的非市场化具体表现在两个方面：一是地方政府债券利率主要是基于国债利率而形成，就整体上而言，我国地方政府债券的利率偏低，且不同省市发行的地方政府债券其利率差异较小，不能充分反映不同地方政府在财政实力、当地经济发展潜力以及偿债能力等方面的差异程度①。如此一来，必然使得地方政府债券的利率不能充分体现其市场价值，势必会降低其对追求更大收益性的其他投资者的吸引力，进而抑制了地方政府债券市场的活跃度，致使债券的流动性不高。二是在地方政府债券试点发行过程中，承销商为了谋求地方政府债券承销所附带的政府资源配置"溢出"效用，也可能会不惜牺牲地方政府债券收益而以低于成本的价格投标，导致其实际发行利率低于承销商的真实需求。受此典型非市场因素的影响，地方政府债券的发行往往会产生与市场相背离的状况，而这种背离则会进一步影响其在二级市场上的交易流动。

（四）地方政府债券与国债交易运行机制比较

1. 市场交易机制

就国债而言，我国的凭证式国债其购买渠道仅限于承销机构营业网点柜台销售，支付方式也仅限于现金和储蓄存款扣划。虽然储蓄国债（电子式）

---

① 周智，周春喜，刘德戟. 地方政府债券流动性问题的思考 [J]. 浙江金融，2017 (8)：25 – 30.

相对灵活，其购买渠道已由柜台放宽至网上银行，但投资者不论选择何种购买渠道，均需事先持有个人身份证到相应的承销团银行网点，以借记卡或存折开立个人国债账户。同时，还需将同一承销团成员指定的一个人民币个人银行结算账户作为资金清算账户。此外，选择网上银行购买，还需开通网上银行理财功能，其认购手续相对较为烦琐①。

就地方政府债券而言，在试点商业银行柜台发行之前，我国地方政府债券最主要的交易市场是银行间债券市场，其交易机制是以询价制为主，以做市商制度为辅。然而，由于银行间债券市场做市商数量偏少，且多数集中于银行业，同时，做市商在交易方式上可利用的避险机制极为有限，做空机制极不具备，这就势必导致其市场交易机制的不健全。交易机制的缺陷增加了地方政府债券市场运行的成本，降低了市场运作的效率，不利于地方政府债券的大规模交易，进而也会影响到地方政府债券的流动性。

2. 债券评级机制

债券资信评级是确保债券市场有效运行的重要手段。然而，我国目前地方政府债券的评级机制尚不完善，其债券评级的实质性不强、精细化程度不高。就投资者对国债和地方政府债券信用的心理评级而言，国债的信用评级应当普遍高于地方政府债券。但就目前对地方政府债券的资信评级来看，各地发债主体的信用评级结果均为 AAA 级，未能很好地体现其与国债信用评级的区分度、未能反映不同发行主体在信用资质上的差异化特性，故此其评级结果对地方政府债券利率形成的影响微乎其微。如此的债券信用评级结果不仅不能客观真实地反映各省市作为发行主体在财政实力或投资项目收益风险等方面的差异②，同时也不能够真正地发挥信用评级对地方政府举债融资行为应有的约束性作用和前置化债务风险控制效能。

3. 债券信息披露

此外，我国地方政府债券交易不活跃还跟政府信息披露机制的不健全相关。虽然《中华人民共和国预算法》规定："地方政府在发债过程中应定期披露其经济、财政收支、债务规模、举债用途等信息"③，但从实际情况来

---

① 廖乾. 完善我国储蓄国债发行机制的思考 [J]. 财会研究，2017（2）：22 - 26.
② 周智，周春喜，刘德戟. 地方政府债券流动性问题的思考 [J]. 浙江金融，2017（8）：25 - 30.
③ 财政部.《中华人民共和国预算法》[EB/OL].［2015 - 09 - 08］. www. mof. gov. cn/mofhome/ji-andujianchaju/zhengwuxinxi/faguizhidu/201509/t20150908_1452983. html.

看，作为债券发行主体的地方政府对相关信息未予以充分的披露，普遍存在着信息披露不够全面、透明度不足等问题。受制于相关信息不能准确、及时地披露，广大投资者尤其是个人投资者也就无法合理地判断地方政府债券的市场价格是否公允，其投资价值几何。这种客观造成的信息不对称，势必抑制投资者参与地方政府债券认购投资的积极性，进而影响其在二级市场上的流动性。

（五）地方政府债券与国债配套政策比较

由于我国地方政府债券的大规模发行起步相对较晚，与国债相比而言，其相关配套政策尚且不尽完善，本书根据此前对二者相关配套政策的制度性梳理，认为地方政府债券在交易的担保政策、二级市场的税收政策、债券的做市商制度等方面还缺乏系统完善的配套性政策支撑。

第四节　地方政府债券与美国市政债的流动性比较与借鉴

美国是最早发行地方政府债券的国家，也是世界上地方政府债券发行规模最大的国家。经过 200 多年的发展，目前其发行的市政债（municipal bond）几乎是世界上最成熟的地方政府债券[①]。美国的地方政府债券即市政债，其发行始于 1812 年，其首次募集的资金是用于纽约州 1817 年的伊利运河开凿工程。目前，美国的市政债分为以地方政府税收收入作为偿债资金来源的一般责任债券（general obligation bonds）和以特定项目的收入作为偿债资金来源的收益债券（revenue bonds）[②]。其所募资金的用途主要分为一般用途、交通运输、教育、公共事业、公共设施、住房等。经过 2007 年的次贷危机之后，美国新推出了名为"建设美国国债"的市政债券，除投向上述用途之外，还可投资于环境工程、能源、公立医院、法庭等领域。可以说，美国市政债为其经济社会的发展提供了廉价的资本，在其社会生活中发挥了

---

① 上海新金融研究院编. 新金融评论 2013 年第 6 期总第 8 期 [M]. 中国金融出版社，2013：27.
② 黄思明，王璟谛. 国外发达国家地方债经验借鉴 [J]. 经济研究参考，2015（53）：29 - 33.

重要的作用①。在美国市政债的诸多优势特色中，流动性高尤其突出②，其近 10 余年的日均交易量均保持在亿美元及以上的水平③。美国市政债市场的流动性之所以不断增强，这得益于在长期实践中逐渐完善的交易模式、相关配套制度以及计算机系统的普遍应用。因此，本书基于前述构建的地方政府债券流动性评价体系，从定量和定性两方面将美国市政债与我国地方政府债券予以比较分析，以期更好地识别制约我国地方政府债券流动性提升的障碍性因素，为探索我国地方政府债券流动性提升的实现路径，推动我国地方政府债券市场的高质量发展提供实践思路与理论启示。

一、定量分析

美国的市政债券历经两百余年，已形成了相当庞大的规模，现已发展成为仅次于股票市场、国债市场以及企业债市场的美国第四大资本市场，在全球范围内也是规模最大、运行最规范、交易最活跃的地方政府债券市场。2009～2017 年美国市政债的发行规模较为稳定，未出现大幅度的波动，这与美国对市政债的发行规模进行了严格的管控有关（如图 6 - 27 所示）。2018 年，美国市政债券的交易规模达 4 500 亿美元，收益债券的交易规模达 1 671.28 亿美元，在市政债券中的占比为 68%。

2009 年，我国首次正式允许地方政府发行债券，此后地方政府债券的发行规模逐步缓慢增长。直到 2015 年，我国地方政府债券的年发行规模才首次超过 1 万亿元，由 2009 年最初的 2 000 亿元增至 2015 年的 38 350.62 万亿元。截至 2018 年第三季度，当年累计发行地方政府债券 37 993.83 亿元（如图 6 - 28 所示），其中一般债券发行规模为 20 356 亿元，占其总额的 52%。但值得注意的是，自 2015 年起，虽然我国发行的地方政府债券中，一般债券的发行规模均略高于专项债券，但是专项债券的发行规模占比也在逐年增加。目前，一般债券与专项债券双方的发行规模占比接近于均衡状态（如图 6 - 29 所示）。

① 安国俊著. 探路：中国金融改革再出发［M］. 中国金融出版社，2017：293.
② 何小锋主编. 资本：债券融资［M］. 中国发展出版社，2012：67.
③ 王周伟主编. 金融管理研究　第 6 辑［M］. 上海交通大学出版社，2016：182.

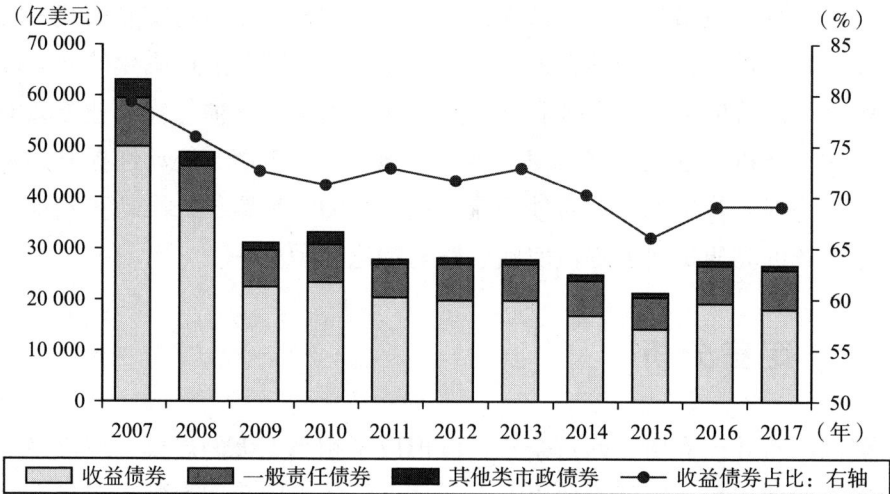

图 6 – 27　2007～2017 年美国市政债券交易规模

资料来源：Wind 数据库。

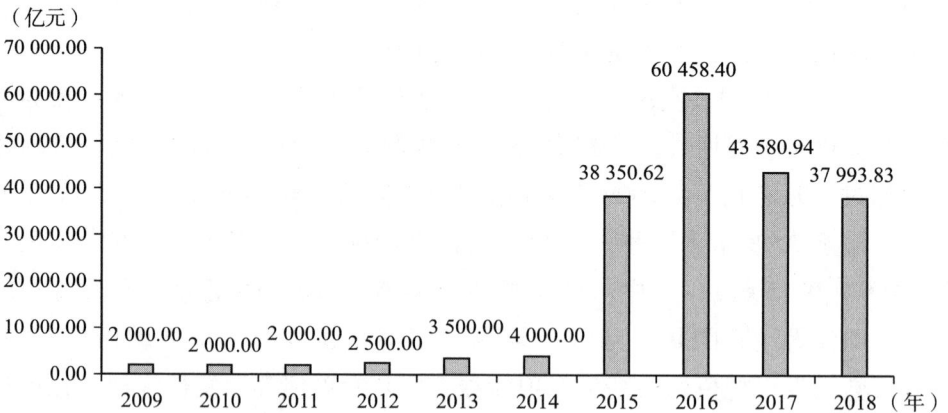

图 6 – 28　2009～2018 年我国地方政府债券发行规模

资料来源：根据中央国债登记结算有限责任公司数据整理。

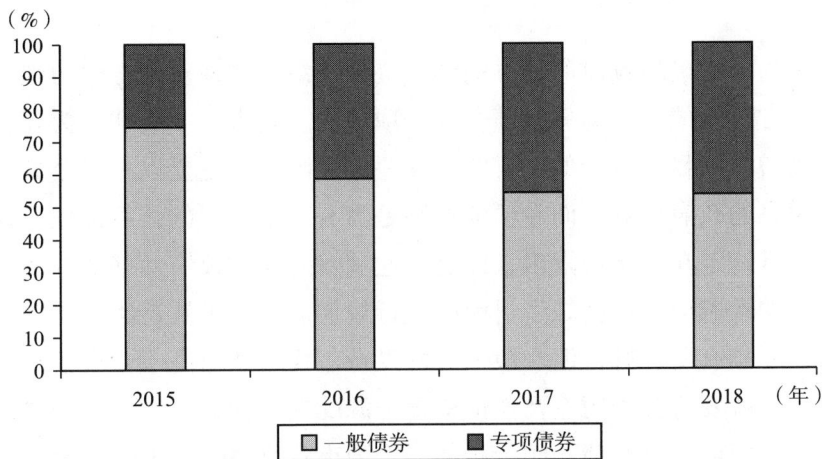

图 6 - 29 2015 ~ 2018 年第三季度地方政府债券中一般债券和专项债券占比

资料来源：根据中央国债登记结算有限责任公司数据整理。

二、定性分析

（一）中美地方政府债券产品结构比较

1. 产品类别比较

美国市政债券是由其州、地方政府及其下设机构和特别行政区发行，主要可分为一般责任债券和收益债券两类。其中，一般责任债券是以发行机构的全部声誉和信用为担保，并以政府财政税收为支持的债券；而收益债券则是与特定的项目或特定的税收相联系，且其还本付息源于特定项目收入的债券[①]。另外，在其发展过程中还出现过双重保证债券（Double Barreled Bond）、特种债券、市政衍生证券等其他类型的市政债券[②]。但就总体而言，美国更倾向于通过发行收益债券融资[③]，其所发行的大部分收益债券都是用于为政府所有的公用事业、准公用事业以及学校、医院的建设而筹集

---

① 中国人民银行国库局，中国金融学会国库专业委员会编. 中央银行经理国库理论与实践 2012 下［M］. 中国金融出版社，2012：571.

② 王文卓，郑蕾，管宇晶. 美国加强地方政府债券流动性的做法及对我国的启示［J］. 金融纵横，2016（5）：48 - 54.

③ 彭长江主编. 地方市政债法律制度研究，湖南师范大学出版社，2018：53.

资金①。

我国为了明确地方政府债券的偿债资金来源，方便对地方政府债务的管理，将地方政府债券分为一般债券和专项债券。其中，一般债券为建设没有收益的公益性项目而发行的，且约定在一定期限内，主要以一般公共预算收入还本付息的政府债券；而专项债券则是为有一定收益的公益性项目建设而发行的，且约定在一定期限内，以公益性项目对应的政府性基金或专项收入还本付息的政府债券。就二者目前的发行规模而言，虽然近年来专项债券的发行占比逐年有所提升，但一般债券的发行占比仍然略高于专项债券。

因此，就发行募资用途及偿债资金来源的专属性而言，我国地方政府专项债券与美国市政收益债券颇为相似。美国市政收益债券由州和地方政府及其授权机构发行且以投资项目收益作为偿债资金来源②；而我国地方政府专项债券也是为建设有一定收益的公益性项目或多个项目集合而募资发行，其偿债资金来源也是公益性项目对应的政府性基金或专项收入。但就发行占比而言，与美国市政收益债券相比，我国地方政府专项债券的相对发行占比仍显偏低。

2. 产品期限比较

美国市政债券的发行期限结构主要分为四大类型，即短期（1 年及以下）、中期（1～5 年）、长期（5～10 年）、超长期（10 年以上）。这四种发行期限类型基本能够满足各类偏好债券投资者的证券品种配置和投资需求③。但就总体而言，美国发行市政债券主要是以超长期债券为主（如图 6 - 30 所示）。自 1996 年以来，美国市政债的平均发行期限均保持在 15 年以上，在 2008 年超过了 20 年。截至 2017 年，美国市政债的平均发行期限为 17.5 年。

就我国地方政府债券发行期限的结构性分布而言，在 2014 年以前，我国地方政府债券的发行期限以中期为主；但 2014 年以后，发行期限开始萌发了逐渐向长期转型的发展苗头，10 年期的地方政府债券有所增加，但所占比重较低，2015 年后基本保持在 20% 左右（如图 6 - 31 所示）。《财政部关于做好 2018 年地方政府债券发行工作的意见》，对完善我国地方政府债券的

---

① 苑梅著. 地方政府融资缺口与新型城市化融资（PPP）[M]. 大连：东北财经大学出版社，2017：46.

② 施海韬，魏超然. 美国市政收益债券的实践及经验借鉴 [J]. 金融纵横，2018 (6)：89-96.

③ 王文卓，郑蕾，管宇晶. 美国加强地方政府债券流动性的做法及对我国的启示 [J]. 金融纵横，2016 (5)：48-54.

（年）

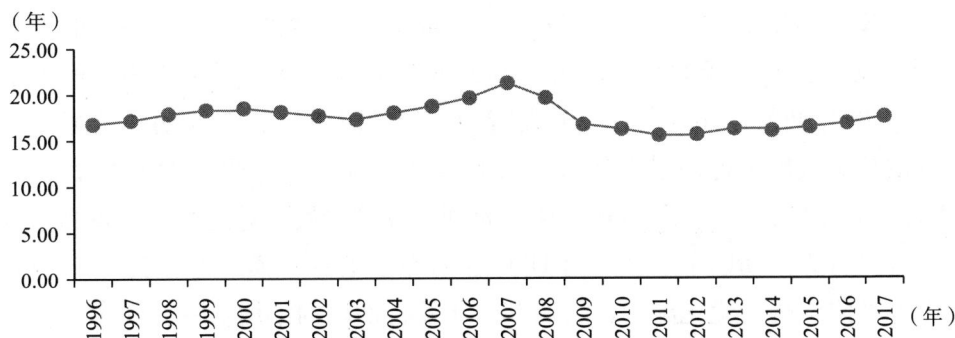

图 6 – 30   1996 ~ 2017 年美国市政债平均发行期限

资料来源：Wind 数据库。

（%）

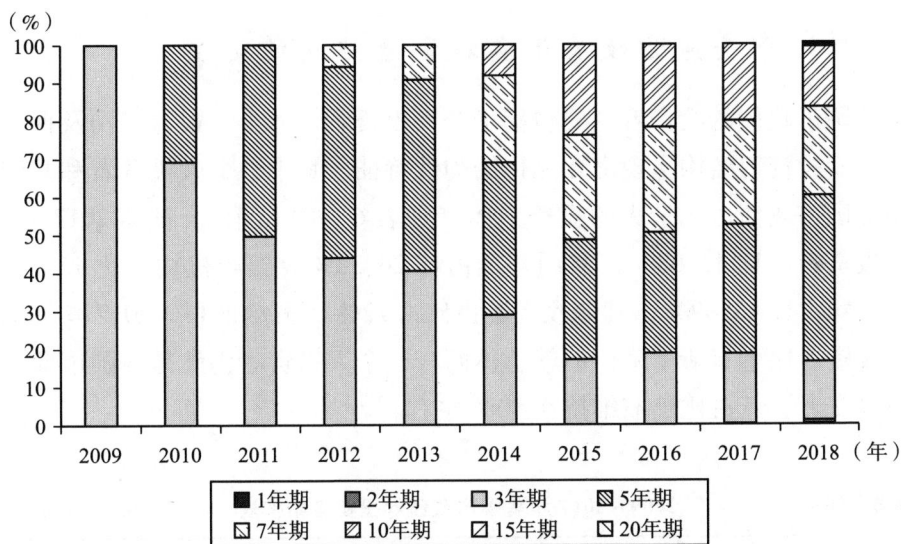

| 1年期 | 2年期 | 3年期 | 5年期 |
| 7年期 | 10年期 | 15年期 | 20年期 |

图 6 – 31   2009 ~ 2018 年第三季度地方政府债券各期限发行量占比

资料来源：Wind 数据库。

发行期限结构作了要求，在我国地方政府一般债券发行的期限结构中增加了
2 年、15 年、20 年期限，并进一步规定"公开发行的 7 年期以下（不含 7
年期）一般债券，每个期限品种发行规模不再设定发行比例上限；公开发
行的 7 年期以上（含 7 年期）债券发行总规模不得超过全年公开发行一般
债券总规模的 60%；公开发行的 10 年期以上（不含 10 年期）一般债券发

行总规模，不得超过全年公开发行 2 年期以下（含 2 年期）一般债券规模"①；对于公开发行的普通专项债券，该意见也在其期限结构中，增加了 15 年、20 年期限，并规定"公开发行的 7 年期以上（含 7 年期）普通专项债券发行总规模不得超过全年公开发行普通专项债券总规模的 60%；公开发行的 10 年期以上（不含 10 年期）普通专项债券发行总规模，不得超过全年公开发行 2 年期以下（含 2 年期）普通专项债券规模。"② 上述对地方政府债券期限结构的优化配置以及对其当年发行期限的结构性占比限定，虽然在一定程度上拓展了我国地方政府债券发行期限的长度、丰富了其结构，对于保持其结构性平衡发挥了重要作用，但是与美国市政债的平均发行期限相比，我国地方政府债券的发行期限仍然相对偏向中期，缺乏足够的期限弹性。

（二）中美地方政府债券投资者结构的比较

美国市政债的投资者主要包括了个人投资者、基金、银行机构及保险公司等，其投资者结构呈现出多元化结构性特征。其中，个人投资者和共同基金是美国市政债占比最大的投资主体（如表 6 – 10 所示）。截至 2017 年末，个人投资者占比 42.08%，共同基金占比 24.33%，银行机构占比 15.58%，保险公司占比 13.89%，其他投资者占比 4.12%。虽然 2011~2017 年期间的个人投资者比重有所下降，但就总体而言，个人投资者仍然是美国市政债的主要投资者，其占比仍旧维持在 50% 左右。

表 6 – 10　　　　　　　2009~2017 年美国市政债券投资者结构表　　　　单位：%

年份	个人	共同基金	银行机构	保险公司	其他
2009	51.76	25.68	6.84	12.25	3.47
2010	52.37	24.33	7.51	12.20	3.60
2011	50.27	24.78	8.54	12.90	3.51
2012	46.72	26.81	10.18	12.88	3.41
2013	48.13	23.92	11.58	12.93	3.44
2014	45.08	25.17	12.55	13.68	3.52
2015	43.88	24.85	13.61	14.01	3.65

---

①② 财政部. 关于做好 2018 年地方政府债券发行工作的意见 ［Z］, 2018.

续表

年份	个人	共同基金	银行机构	保险公司	其他
2016	44.20	23.27	14.95	13.89	3.70
2017	42.08	24.33	15.58	13.89	4.12

资料来源：Wind 数据库。

在未试点商业银行柜台发行之前，我国地方政府债券最主要的投资者则是中国农业银行股份有限公司、中国建设银行股份有限公司、中国工商银行股份有限公司等各大银行金融机构。在 2014 年以前，我国地方政府债券的投资者几乎全部为银行机构，其占比为100%；直到 2014 年以后，诸如政策性银行、证券公司、基金、保险公司等其他投资者所持有的地方政府债券比例才开始逐步增加，但就整体而言，其参与地方政府债券发行的比例还处于很低的水平，且投资较为分散（如表6-11所示）。截至 2017 年末，我国地方政府债券投资者中，银行机构占99.89%，其他投资者仅占0.11%。2018年，地方债的其他投资者占比虽增至了26.10%，但其主要承销力量仍旧是银行。

表6-11　　　　2009～2018 年我国地方政府债券投资者结构比例表　　　　单位：%

年份	银行机构	其他
2009	100.00	0
2010	100.00	0
2011	100.00	0
2012	100.00	0
2013	100.00	0
2014	93.02	6.98
2015	96.30	3.70
2016	100.00	0
2017	99.89	0.11
2018	73.90	26.10

资料来源：Wind 数据库。

若将中美2009～2017年地方政府债券的投资者结构予以比较分析（如图6-32所示），则可以发现，2009～2017年美国市政债的主要投资者一直是个人投资者，且投资主体呈现出明显的多元化特征。但与此同时，我国地方政府债券的投资者结构则非常单一，主要是银行机构。甚至于银行机构在2009～2013年我国的地方政府债券投资者结构中，其占比近似于100%，远远超过了美国市政债券中银行机构投资者所占比例。这一趋势虽然在2014年、2015年随着银行机构投资占比略有下降而有所缓解，但是银行机构投资地方政府债券占比偏高的结构性特征仍然未能取得根本性的改变。

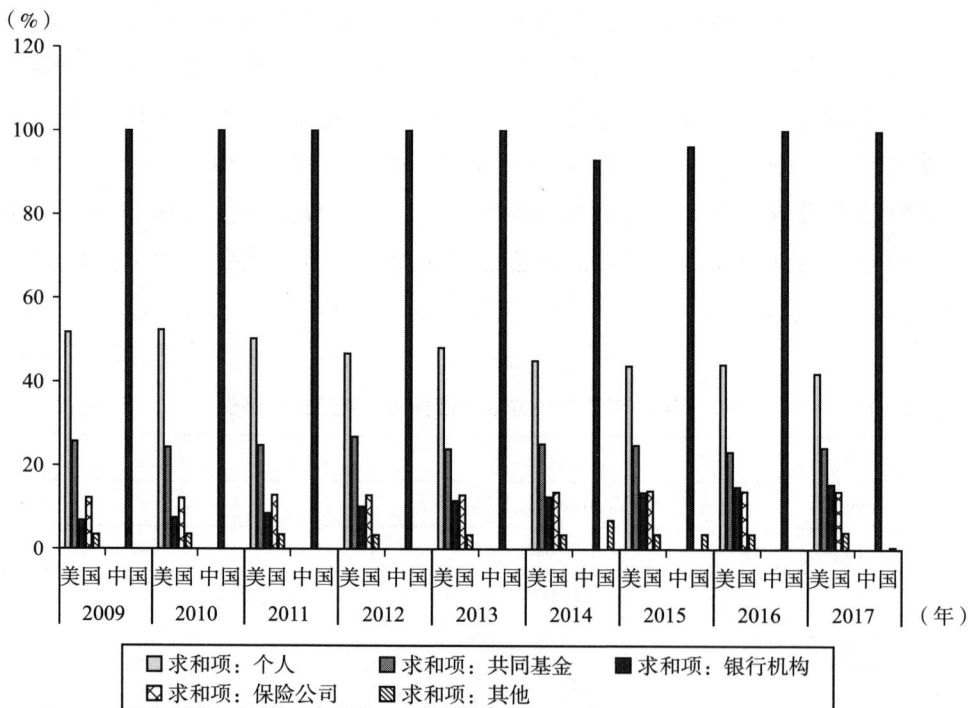

图6-32 2009～2017年中美地方政府债券投资者结构对比

资料来源：Wind 数据库。

（三）中美地方政府债券发行机制比较

为了严格限制市政债的发行规模及用途，防止各地方政府过度发债融资或不当举债融资，美国从政府财务管理、公众监督、市场约束机制三个层面对地方政府发债行为予以了严格的约束。美国各州宪法或法令除对地方政府的一般债券设定了举债上限的额度限制外，还同时以负债率、债务率、资产负债率、人均债务率、偿债率等指标对其举债规模予以适当限制①。通过额度限制和指标控制，美国有效地控制了各州市政债券的发行规模。同时，美国法律还规定，市政债的发债收入只能用于资本支出，不能用于弥补财政赤字，以此进一步降低市政债的违约风险。

信用增进与保险制度是美国市政债发行机制的一大优点②。目前，美国市政债券保险的购买有两种基本类型：一是在一级市场由发行人购买以降低发行利率；二是在二级市场债券经纪交易上购买降低收益率③。美国的市政债券保险自 20 世纪 70 年代以来发展极为迅速。近年来，美国新发行的长期市政债券中购买了市政债券保险的份额就占到了 50% 左右。市政债券保险制度在有效降低发行人发行成本以及投资者搜寻成本的同时，对市政债券的信用予以增进。此外，通过债券保险公司，这是在美国市政债发行中的一种常见方式。例如，位于市政债券保险协会（MBIA）旗下的国家公共融资担保公司（NPFGC）就承担了相当大比例的市政债信用增级业务④。

同时，债券保险商通常也会使用各种再保险工具来降低市政债券的投资风险⑤。除了采用证券保险的信用增进手段外，美国市政债还采用了银行担保、偿债保障金等其他各种方式来提升其市政债的信用等级⑥。在其债券发行之后，作为发行主体的地方政府在加强本级地方政府债务管理的同时，自觉接受惠誉评级、穆迪投资服务和标准普尔三家评级公司的定期评级，并将评级结果公布于众⑦，通过第三方专业化、透明化的信用评估机制来保持自身较高的信用度。值得一提的是，美国市政债的信用评级体系中，对短期和长期市政债、收益债券和一般责任债券的评级采用了差异化的标准。此外，各地方政府还相当注重相关信息的披露，逐渐形成了由自律组织和相关部门共同组成的多层次市场监管体系，及时披露与其发行市政债相关的信用评级、债券保险、风险处理等信息，进而形成了一套相对较为成熟的市政债发

---

① 中国法学会编. 中国法学会部级课题成果要报汇编 2016 年 民商经济法与知识产权法卷［M］. 中国法制出版社，2017：209.

② 安国俊著. 探路：中国金融改革再出发［M］. 中国金融出版社，2017：299.

③ 何小锋主编. 资本：债券融资［M］. 中国发展出版社，2012：67.

④ 安国俊. 市政债券是地方政府融资市场化的路径选择［J］. 中国金融，2011（11）：56－57.

⑤ 安国俊著. 探路：中国金融改革再出发［M］. 中国金融出版社，2017：323.

⑥ 陶诚主编. 金融改革发展研究与探索［M］. 中国金融出版社，2018：166.

⑦ 马相东. 对美国市政债务风险控制经验的借鉴［J］. 国际金融，2014（10）：76－80.

行机制。

与美国市政债较为成熟的相关发行机制相比，我国地方政府债券的发行机制还存在相对的短板和缺漏（如表 6－12 所示）。首先，就债务规模的合理控制而言，我国目前尚未形成较为完备的控制标准体系。从地方政府债券的信用评级来看，其评级结果缺乏区分度，实质性约束意义不大。近年来，各地发债主体的信用评级结果均为 AAA 级，如此完全一致的信用评级结果，很难全面客观地反映各地政府的财政实力或投资项目收益风险之间的差异性水平[1]。因此，信用评级结果对地方政府债券利率的确定基本上没有实质性的影响，同时也无法真正发挥信用评级对降低地方政府债券风险的积极作用。由此可见，我国地方政府债券的信用评级制度还有待进一步完善。其次，在地方政府债券的保险增信方面，目前我国尚未出台地方政府债券保险增信的相关制度，也还没有专门的保险公司等中介机构为其提供保险增信业务服务，地方政府债券主要是以当地政府税收能力来作为其还本付息的担保。最后，就地方政府债券的相关信息披露方面，虽然《中华人民共和国预算法》规定，地方政府在发债过程中应定期披露其经济发展、财政收支、债务规模、举债用途等信息。但从实际执行的情况来看，由于缺乏更为详细的规范化信息披露指引，各地方政府并未能够做到对涉债相关信息的充分、全面、及时的披露，普遍存在信息披露透明度不足等问题。

表 6－12　　　　　　　　　　中美地方政府债券发行机制对比表

项目	我国地方政府债券	美国市政债券
发行规模	目前尚未制定地方政府债务控制标准	（1）对负债率、债务率或资产负债率有着专门的规定； （2）从规模上控制市政债券的发行
资金用途	一般用于交通、通信、住宅、教育、医院和污水处理系统等地方性公共设施的建设	美国规定发债收入只能用于资本支出，不能用来弥补财政赤字
信用评级	信用评级制度的制定和执行不完备	（1）各级政府自觉对本级政府的债务进行严格的监测和管理； （2）自觉接受惠誉、穆迪投资服务和标准普尔三家评级公司的评级，并将评级结果上网，公布于众

---

① 周智，周春喜，刘德戟. 地方政府债券流动性问题的思考 ［J］. 浙江金融，2017（8）：25－30.

项目	我国地方政府债券	美国市政债券
债券担保	以当地政府的税收能力作为还本付息的担保	向保险公司投保
信息披露机制	信息透明度不足	形成信用评级、债券保险、风险处理在内的成熟运行体系
债券监督	债券市场监督力度不够	形成了多层次市场监管体系

（四）中美地方政府债券交易运行机制比较

债券的发行方式会对其交易运行产生一定影响。美国市政债券的发行方式分为公开发行和私募两类。其中，公开发行的债券主要有竞价承销方式和协议承销方式，竞标承销仅占 20% 左右，而协议承销则占到了美国市政债发行量的 80% 左右[①]。竞价承销方式体现了市场竞争机制的内在要求，推动了市政债券发行的市场化尤其是其利率市场化生产的进程[②]，在一定程度上也有利于市政债二级市场的活跃；协议承销方式的承销商在获知具备资格的情况下，会对市政债予以规划以更好地满足投资者和发行人的要求。由于美国大多数的州有规定，要求一般责任债券应以竞价投标方式销售，而对收益债券则没有如此规定。这是由于，一般责任债券是用纳税人的钱去支付投资银行的费用和偿还债务的，因此发行人有义务在投资银行的竞价承销中寻找最佳报价即成本最低的报价。故而，以公开竞标方式发行的主要是一般责任债券，而收益债券则主要是以协议承销方式发行。同时，美国市政债券的二级市场交易也非常活跃。市政债券二级市场是以经销商为中介的场外交易市场（OTC）为主，主要由交易商以"做市"方式（in a Principal capacity）执行客户交易。债券交易多在证券交易所外进行，并设有专门的诸如如布隆伯格、MarketAccess、Tradeweb 等交易平台，以促进市政债的流动。

与美国市政债的交易运行机制相比较而言，目前我国地方政府债券的发行方式为承销和代销，进一步具体细分为一般与专项、定向与公开、新增与置换等多种发行类型。但与美国市政债交易市场机制不同的是，我国地方政

---

① 张育军主编．上海证券交易所研究中心研究报告［M］．上海人民出版社，2009：159.

② 栾华著．投资银行理论与实务［M］．立信会计出版社，2006：220.

府债券最主要的交易市场是银行间债券市场，其交易机制以询价制为主，而以做市商制度为辅。目前，我国银行间地方政府债券市场做市商数量偏少，主要集中于银行业，且做市商在交易方式上可利用的避险机制有限，做空机制也极不完备，由此会导致我国地方政府债券的市场交易机制运行不畅。从目前我国地方政府债券市场的交易情况来看，持有债券的商业银行缺乏出售债券的意愿和动力，二级市场的地方政府债券流动性普遍不强。此外，在试点商业银行柜台发行之前，我国地方政府债券的主要交易场所是证券交易所。除此之外，在我国的资本市场体系中并没有设置其他专门的地方政府债券投资交易平台（如表6-13所示）。

表6-13　　　　　　　　　　中美发行地方政府债券对比表

项目	我国地方政府债券	美国市政债券
发行方式	承销和代销	公开发行及私募
二级市场	无	以经销商为中介的场外交易市场（OTC）为主
交易场所	主要是证券交易所，无专门的交易平台	债券交易多在证券交易所外进行，并设有专门的交易平台

（五）中美地方政府债券配套政策比较分析

美国市政债券的付息方式主要包括了固定利率、浮动利率和零息利率等类型，相对而言较灵活且具有多样性[①]。自1996年以来，其利率以固定利率为主，浮动利率为辅。截至2017年末，采用固定利率、浮动利率、零息利率的市政债券，其全年的交易额占比分别为94%、5%、1%（如图6-33所示）。

在某些情况下市政债的收益比美国国债高，这也是美国市政债的特点之一（如图6-34所示）。美国市政债券在其满足税法和税务局规定的特定条件后，债券投资者可享有免缴联邦所得税的待遇。免税条款对投资者类型和投资项目都予以明确规定。就免税条款针对的投资者类型而言，主要适用于个人投资者和市政债券基金，而央行、企业和外国居民等则不享有该

---

① 王文卓，郑蕾，管宇晶. 美国加强地方政府债券流动性的做法及对我国的启示［J］. 金融纵横，2016（5）：48-54.

项优惠①；就免税条款针对的投资项目而言，当资金投向税法规定的非公共
服务项目时，市政债券的利息将计入应税收入，即美国市政债券实行的是差
异化的税收减免政策。

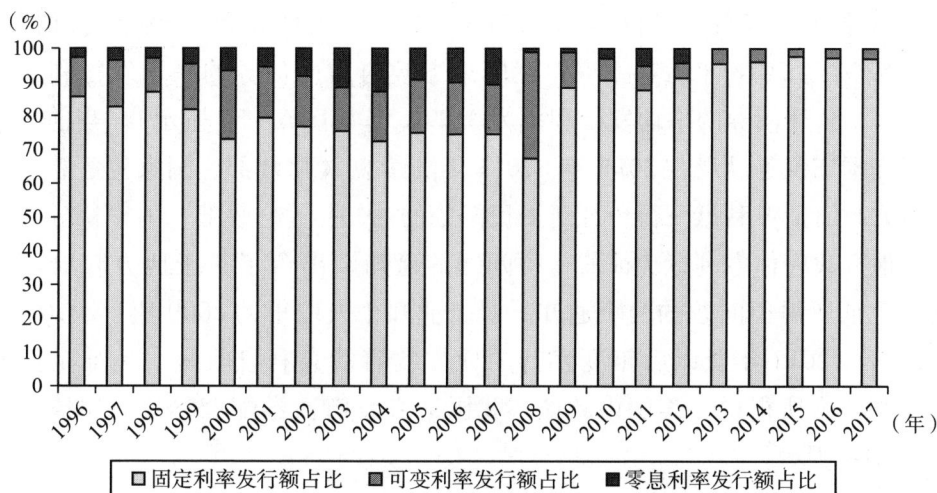

图 6 - 33　1996 ~ 2017 年美国市政债不同利率发行总额占比

资料来源：Wind 数据库。

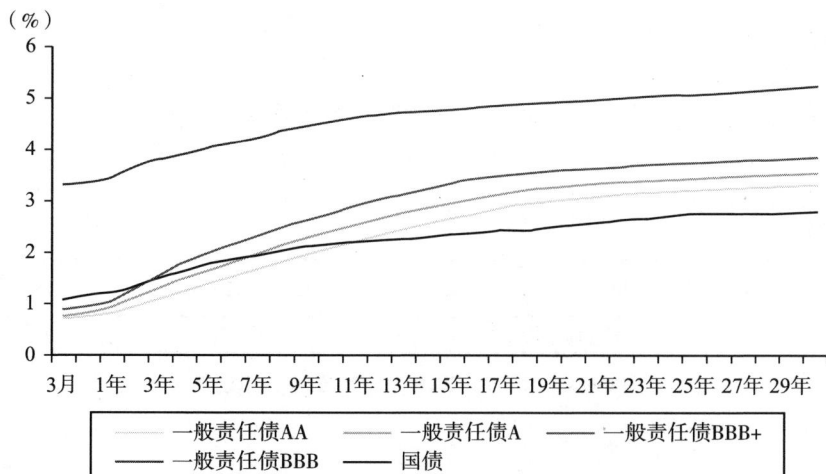

图 6 - 34　美国市政债券与国债利率

资料来源：网易财经。

---

① 邹晓梅. 美国市政债券发展实践：现状、特征及启示 [J]. 全球化，2018（2）：88 - 99.

　　由于目前我国地方政府债券发行利率的市场化程度尚处于较低水平，地方政府债券的发行利率与国债较为接近。因此，对于投资者而言，难以获得债券投资的利差，在一定程度上降低了其投资意愿与投资信心。截至 2018 年末，我国地方政府债券剩余平均年限为 4.4 年，其中一般债券为 4.4 年、专项债券为 4.6 年；平均利率为 3.51%，其中一般债券为 3.5%、专项债券为 3.52%[1]。2018 年前三季度，我国地方政府定向债券的平均发行利率为 4.09%，公开债券的平均发行利率为 3.89%（如图 6 - 35 所示）。当前，财政部和国家税务总局在 2011 年、2013 年陆续以《财政部、国家税务总局关于地方政府债券利息所得免征所得税问题的通知》《财政部、国家税务总局关于地方政府债券利息免征所得税问题的通知》出台了关于地方政府债券利息免征所得税问题的两个通知，对企业和个人取得的 2009 年、2010 年、2011 年、2012 年及以后年度发行的地方政府债券利息收入，免征企业所得税和个人所得税。美国市政债与我国地方政府债券配套政策对比情况如表 6 - 14 所示。

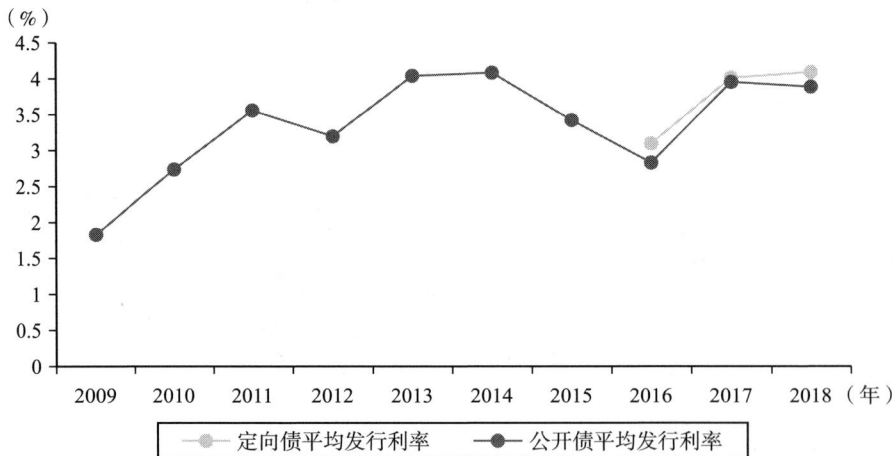

图 6 - 35　2009～2018 年平均发行利率走势

资料来源：Wind 数据库。

---

① 中国财政科学研究院降低融资成本课题组，赵全厚，龙小燕. 地方政府债券融资成本稳中有降，统筹投资防控风险尚需多措并举 [J]. 财政科学，2019（10）：91 - 99.

表 6 – 14　　　　　　　中美地方政府债券发行政策对比表

项目	我国地方政府债券	美国市政债券
利率政策	固定利率，地方政府债券发行利率和国债较为接近	固定利率、浮动利率、零利率，发行利率一般比国债高
税收政策	免征企业所得税和个人所得税	差异化的税收减免政策

三、比较借鉴

基于上述比较分析研究，可以发现：由于美国的市政债发行起步较早，加之其资本债券市场发展的成熟度较高，因此其地方政府债券的管理运行机制相对比较完善，市场流动渠道畅通，市场交易相对活跃，尤其是二级市场的流动性较好，在总体上优于我国地方政府债券目前的流动性水平。因此，我国应立足目前地方政府债券发行的现状、聚焦于其未来高质量发展的需要，在参考借鉴美国等发达国家地方政府债券流动性优势及其内在治理机制的同时，通过实施推动市场参与主体多元化、优化地方政府债券评级和发行机制、健全地方政府债券的市场交易运行制度、完善地方政府债券的配套政策制度等"组合拳"措施，破除我国地方政府债券的流动性障碍，促进其流动性稳步提升。

第五节　制约我国地方政府债券流动性提升的障碍分析

一、地方政府债券的产品结构性障碍

（一）地方政府债券期限结构单一

我国地方政府债券的期限包括 1、2、3、5、7、10、15、20 年期共 8 个种类，而地方政府债券的期限则以 3～7 年的中期期限为主，短期债券和长期债券偏少，已发行债券的平均期限为 6.1 年。相对而言，美国的市政债券期限结构较为丰富且期限延展性强，其债券期限从 3 个月到 30 年均有涉及，主要则是以超长期债券为主，平均期限为 17.5 年。而我国国债其期限结构也共有 13 个种类，最短一个季度、最长 50 年，与之相比，我国地方政府债券的期限结构也明显较少，难以满足不同类型投资者对证券投资产品配置和债券投资的不同期限需求①，例如基金公司、银行理财就偏好期限为几个月的短期债券，而保险公司则偏好长达几十年的长期债券。因此，我国地方政府债券这种期限种类不够丰富且相对偏中期化的结构性特征，在一定程度上抑制了地方政府债券交易的活跃度，对其二级市场的流动性产生了负面影响。

（二）缺乏地方政府债券衍生品

我国地方政府债券主要包括一般债券和专项债券，而美国地方政府发行的市政债券则分一般责任债券和收益债券，其中以收益债券为主②。基于前述比较分析，我国专项债券类似于美国收益债券，但我国专项债券的发行规模却小于一般债券。除此之外，美国市政债在其发展过程中还衍生出其他的地方政府债券品种，包括双重保证债券、特种债券、市政衍生证券等。相对而言，我国地方政府债券缺乏市场化的衍生产品，以至于地方政府债券的发行类型较为单一，难以满足投资者多元化的投资组合配置要求，进而不利于激发投资者的认购流通热情，从而对地方政府债券二级市场的流动性产生不利影响。

二、地方政府债券市场投资者结构性障碍

美国市政债最主要的投资者为个人和共同基金，大约占据了其 70% 的市场份额，而商业银行仅占 10% 左右。但反观我国的地方政府债券市场，在试点商业银行柜台发行之前，其最主要的投资者则是各大商业银行，而其他的投资者所占比重较低。这种商业银行在债券发行市场上占据主导地位，导致了投资者结构的单一化。由于商业银行对地方政府债券的投资偏好趋

---

① 周智，周春喜，刘德戟. 地方政府债券流动性问题的思考 [J]. 浙江金融，2017 (8): 25 - 30.
② 宋伟健，霍志辉. 美国市政债券市场发展情况及对我国地方债的借鉴意义 [J]. 中国财政，2015 (21): 64 - 65.

同，以至于银行间的地方政府债券交易偏少，从而又对地方政府债券市场的流动性产生了抑制效应。

此外，在试点商业银行柜台发行之前，我国地方政府债券发行市场上，除商业银行之外的其他机构投资者，其参与地方政府债券投资的意愿普遍不高。其主要原因在于其他机构投资者的战略定位和追求利益的目标与商业银行不同，相对而言，他们更愿意投资盈利性更强的证券产品。而由于我国地方政府债券发行中的收益性债券较少，加之地方政府债券的利率总体上偏低，因此在有其他投资机会替代的情况下，这些机构投资者往往会选择投向能够带来更多利润回报的项目，从而进一步加剧了地方政府债券投资者结构单一化的问题，不利于其流动性的提升。

三、地方政府债券发行的机制性障碍

（一）地方政府债券的评级机制不完善

债券的信用评级是防控债券风险的重要手段。根据债券风险程度的大小，债券的信用级别一般分为 10 个等级，最高是 AAA 级，最低是 D 级。不同信用等级的债券反映了不同项目的收益风险，进而对应不同的利率以供投资者选择。美国市政债中的一般责任债券分为 4 个等级，信用级别越低的债券利率越高，反之则越低。但从目前我国地方政府债券的信用评级结果来看，近年来各地发债主体的信用评级完全没有相对区分度，均为 AAA 级。由于信用评级的结果不足以客观全面地反映各地政府的财政实力或投资项目收益风险之间的差异性，因此地方政府债券信用评级结果与其利率确定之间缺乏应有的关联性①，更不能发挥好债券信用评级对防控地方政府债券风险、控制其过度或不合理举债融资的积极作用。由此可见，我国地方政府债券的信用评级体系及其执行机制还有待进一步健全完善。

（二）地方政府债券的担保政策不完备

我国地方政府债券的发行人是省级政府或计划单列市，其资金筹集能力

---

① 周智，周春喜，刘德载. 地方政府债券流动性问题的思考［J］. 浙江金融，2017（8）：25 - 30.

较强，违约风险也相对较小，但这也并不等于没有发生违约风险的可能性。倘若因为自然灾害或意外事故，或者发生系统性经济风险，地方政府的偿债能力也将因此下降，在极端的情况下甚至也可能会产生债券违约风险。同时，我国地方政府债券还缺乏相应的担保措施，不能充分应对可能存在的违约风险。在此情况下，中央政府就存在为其隐性兜底的责任。倘若中央政府采取前置化的措施有效地避免这种隐性兜底责任，那么我国地方政府债券发行就有必要考虑应探索建立类似于美国市政债券银行担保的相应机制。

（三）地方政府债券的信息披露不充分

债券市场需要建立一套有效的信息披露机制，为交易各方搭建好信息沟通的桥梁。美国市政债以信息披露为核心，形成了多层次的市场监管体系，进而增强了其市场交易的活性。目前我国地方政府债券的交易之所以不活跃，其深层次原因之一则是地方政府债券信息披露机制尚不健全。修订后的《中华人民共和国预算法》虽然规定，"地方政府在发债过程中应定期披露其经济、财政收支、债务规模、举债用途等信息。"① 但就各地方信息披露的实际情况而言，由于该项规定缺乏明晰细化的信息披露指引，因此各地方政府并未能够做到对涉及地方政府债券发行的相关信息予以全面充分的披露，普遍存在信息透明度不足等问题。地方政府债券发行的相关信息未能准确、及时、全面的披露，这随即也给投资者判断地方政府债券的投资价值造成了困难，使其无法确定地方政府债券的市场价格是否公允，是否值得其投资。这种情况所造成的投资者信心或交易行为动力的不足，必然会影响其投资交易的积极性，进而影响到地方政府债券二级市场的流动性。

四、地方政府债券交易的机制性障碍

（一）地方政府债券市场交易机制不健全

在试点商业银行柜台发行之前，我国地方政府债券最主要的交易市场是

---

① 财政部.《中华人民共和国预算法》[EB/OL]. [2015－09－08]. www. mof. gov. cn/mofhome/ji-andujianchaju/zhengwuxinxi/faguizhidu/201509/t20150908_1452983. html.

银行间债券市场，其交易机制以询价制为主，做市商制度为辅。但就总体而言，银行间债券市场做市商数量偏少，且大多集中于银行业，并且做市商在交易方式上可利用的避险机制极为有限，做空机制也极不完备，这种地方政府债券市场交易机制不健全的缺陷，必然会增加其市场运行成本，降低其市场运行效率，不能够为地方政府债券的大规模交易提供有效的机制保障，同时也严重影响到地方政府债券的流动性提升。

（二）二级市场上交易意愿普遍不强

就我国地方政府债券市场的交易情况而言，持有大量地方政府债券的商业银行普遍缺乏出售债券的意愿。一方面，商业银行资产配置有其安全性和盈利性的考虑，地方政府债券这一投资产品在很大程度上能够兼顾其安全性与盈利性投资需要，故此商业银行将地方政府债券作为其资产配置的重要安排，一般而言在投资认购后都不会急于出手，而是倾向于将其持有至到期日。

另一方面，由于目前地方政府债券的发行利率偏低，对二级市场的其他机构投资者吸引力不足。在此情况下，作为债券持有者的商业银行，往往处于谨慎性考虑将其持有至到期日，而不是相机将其出售。但是，倘若商业银行对地方政府债券投资没有相应的盈亏考核问题，持有者就可以对其所持有的地方政府债券进行灵活的处置。就二级市场的投资者而言，基金、证券、保险等机构都是二级债券市场的潜在投资者，但这些机构出于收益性的考虑，通常会倾向于选择收益性较高的投资项目，因而对于收益性不高的地方政府债券其缺乏投资的意愿和动力。这种二级市场上投资参与者的交易意愿不强，必然会导致地方政府债券交易的不活跃，债券的流动性只能维持在很低的水平上。

（三）地方政府债券做市商制度缺乏

美国市政债的二级市场建立了以经销商为中介的场外交易市场，债券交易多在证券交易所外进行，并设有专门的交易平台，从而加快了其市政债的流动性。而目前，我国还没有建立地方政府债券做市商制度。同时，由于我国证券市场尚存诸多不确定性因素，以至于债券的做市商往往要面临更大的市场风险，因此在没有相应政策支持的情况下，做市商参与地方政府债券市场的积极性就必然会大打折扣，这对于地方政府债券的流动性而言也是一种不利的影响。

五、地方政府债券市场配套的政策性障碍

政策性的配套措施是我国地方政府债券市场完善发行机制的重要基础。目前我国地方政府债券市场主要在两个方面存在政策性配套措施的短板。一是税收减免政策单一。虽然《关于地方政府债券利息免征所得税问题的通知》对企业和个人取得的 2012 年及以后年度所发行的地方政府债券利息收入免征企业所得税和个人所得税[1]。但是该税收优惠并不适用于交易市场。当地方政府债券发生交易时，仍需要在交易环节缴税。地方政府债券的换手率越高，其发生的税收成本就会越高，这种交易环节纳税的叠加效用对于地方政府债券市场的流动性也必然会造成负面的影响。加之，目前我国的地方政府债券交易还是以商业银行为主，现行税收政策也进一步强化了商业银行持有到期而非二级市场交易的行为倾向，从而进一步降低了地方政府债券的流动性。二是利率发行政策单一。美国市政债在固定利率的基础上又衍生出了浮动利率、零利率等多元化的利率政策，而目前我国地方政府债券的利率则主要为固定利率，这种单一的固定利率机制使得投资者缺乏债券交易的动力，在一定程度上也阻碍了我国地方政府债券流动性的提升。

---

[1]　财政部. 关于地方政府债券利息免征所得税问题的通知［Z］，2013.

第七章

地方政府债券的发行优化
及其流通性提升

第一节　重庆市首次"自发自还"模式发债及其优化

一、重庆市首次"自发自还"模式发债的实践案例分析

2014 年 8 月 31 日，第十二届全国人民代表大会常务委员会第十次会议表决通过了《中华人民共和国预算法》修正案。修定后的《中华人民共和国预算法》第 35 第 2 款明确中规定，"经国务院批准的省、自治区、直辖市的预算中必需的建设投资的部分资金，可以在国务院确定的限额内，通过发行地方政府债券举借债务的方式筹措。"这对于地方政府债务管理而言无疑是一个标志性转变。2015 年 1 月 1 日，新修定的《中华人民共和国预算法》生效后，除依法经国务院批准发行政府债券外，"地方政府及其所属部门不得以任何方式举借债务。"故此，在 2015 年地方政府债券的发行由最初试点的十个省市扩大至全国范围。重庆市也于同年首次以"自发自还"模式发行地方政府债券。

（一）重庆市首次"自发自还"模式发债的案例概览

2015 年，重庆市政府发行地方政府债券 824 亿元，其中新增性债券 162

亿元,分别纳入一般公共预算 137 亿元、政府性基金预算 25 亿元;置换性债券 622 亿元,分别纳入一般公共预算 519 亿元、政府性基金预算 143 亿元。当年发债募集的 824 亿元资金中,有 709 亿元资金被分配用于各区县,占发债募资的 86%。表 7 - 1 为 2015 年全年重庆市发行地方政府债券发行的结构性数据汇总。

表 7 - 1　　　　　　2015 年重庆市地方政府债券发行的结构性数据汇总　　　单位:亿元

发行时间	发行方式	债券种类	发行规模	期限	金额	发行利率	国债均值	利率差值	上浮比例（%）
6 月 2 日	公开招标	一般债券	265	3	40	2.9	2.9	0	
				5	79	3.26	3.26	0	
				7	80	3.55	3.55	0	
				10	66	3.57	3.57	0	
7 月 14 日	定向承销	专项债券	142.71	3	28.62	3.25	2.83	0.42	15
				5	42.86	3.6	3.13	0.47	15
				7	42.74	3.97	3.45	0.52	15
				10	28.49	3.98	3.46	0.52	15
8 月 4 日	公开招标	一般债券	391.29	3	62.29	2.88	2.86	0.02	
				5	116	3.19	3.17	0.02	
				7	116	3.44	3.42	0.02	
				10	97	3.47	3.45	0.02	
8 月 4 日	公开招标	专项债券	25	5	13	3.19	3.17	0.02	
				10	12	3.47	3.45	0.02	
合计					824				

资料来源:重庆市财政局官网。

(二) 重庆市首次 "自发自还" 模式发债案例的多维分析

1. 发行的规模与结构

2015 年,重庆市政府共发行了 14 支地方政府债券,共计募集资金 824 亿元。按照发行债券的类别划分,其中发行的一般债券有 12 支,其发行规模达 656.3 亿元,占比为 79.65%;发行专项债券有 2 支,其发行规模达 167.71 亿元，占比为 20.35%（见图 7-1）。由此可见，在其当年发行的债券中，一般债券的发行远远超过了专项债券，这与二者不同的性质有很大关联。因为重庆市发行的一般债券是用于支持棚户区改造、铁路、普通公路等重点民生项目建设，其投资刚性较大；而专项债券则是地方政府或者特定机构为有一定收益的公益事业发行的，以特定项目收益为偿债资金来源的债券，是否存在对应的符合规定的特定建设项目投资需求，这是决定专项债券发行的根本依据。同时，我国对专项债券发行也有着严格的规定，如《2015 年地方政府专项债券预算管理办法》就明确规定了其发债限额。重庆市当年发行的 2 支专项债券都应用于支持其轨道交通一号线工程、六号线一期工程、北环线以及铁路渝黔新线、渝怀二线等公共交通项目的建设。

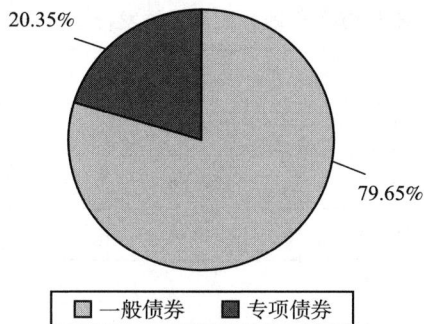

20.35%

79.65%

□一般债券　■专项债券

图 7-1　2015 年重庆市地方政府债券发行种类比例

2. 发行的期限与利率

就债券期限而言，2015 年重庆市共发行了 3 年期、5 年期、7 年期、10 年期四种期限结构的地方政府债券。如表 7-2 和图 7-2 所示，上述四种期限债券发行的数量相对比较均衡。但就其发行规模而言，3 年期债券相对发行最少，仅占发行总规模的 15.89%；其次是 10 年期债券，占发行总规模的 24.70%，而 5 年期和 7 年期的债券其占比接近了六成，分别占发行总规模的 30.44% 和 28.97%。就其债券发行的期限结构来看，重庆市 2015 年地方政府债券发行的 3 年期、5 年期、7 年期、10 年期的期限结构比例分别为 1.5∶3∶3∶2.5。这种期限结构比例从一个侧面反映了当年重庆市地方政府债券发行规划所秉持的"扬长避短靠中间"的稳健性结构特征，债券期限分布比率相对合理。一方面，3 年期的短期债券发行较少，旨在降低短期内重庆市政府的债券还本压力；另一方面，10 年期的长期债券发行较少，这也是考虑到 10 年期债券的利率较高并且时间太长不利于下一届政府统筹规划。因此，其更多地选择了发行 5 年、7 年期的中长期债券，同时在其比例安排上做到了均衡性优化，没有过多地集中到某一时间节点。结合前述对当年重庆市发债结构的情况梳理，由于当年重庆市发债规模中的一般债券近乎八成，且其募集资金主要是应用于没有收益的公益性项目，无法利用项目产生的现金收益作为偿债资金来源，只能依靠一般公共预算收入来予以偿还。如此一来，重庆市当年在地方政府债券发行的期限结构上的比例优化，就可以起到避免债券到期还本时点过于集中的前置化风险管控作用，较为均衡地分摊了未来的偿债压力。

表 7 - 2　　　　　　　　重庆市 2015 年地方政府债券发行期限结构

期限（年）	3	5	7	10
数量（支）	3	4	3	4
金额（亿元）	130.91	250.86	238.74	203.49
比重（%）	15.89	30.44	28.97	24.70

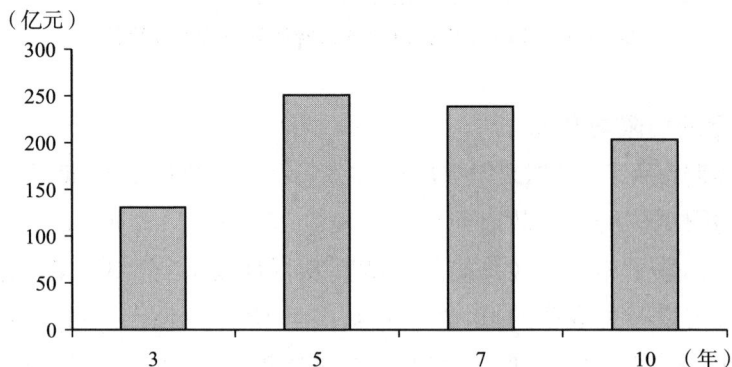

图 7 - 2　重庆市 2015 年地方政府债券发行期限

本书基于学术界对美国地方政府债券利率影响因素的前期研究成果，从税收因素、信用风险和流动性风险三个维度对我国地方政府债券利率予以分析①。就税收因素而言，由于《财政部　国家税务总局关于地方政府债券利息免征所得税问题的通知》文件规定，对企业和个人取得的 2012 年及以后年度发行的地方政府债券利息收入，免征企业所得税和个人所得税②。企业和个人投资者投资我国地方政府债券实际所获得的债券投资利率依照现行税收政策的规定，不会因其需要交纳相应的所得税而受到其影响。因此，目前我国地方政府债券利率设计时可以暂不考虑税后利率对其影响的问题。就信用风险而言，国债发行是以国家信用作为担保，而地方政府债券发行则是以地方政府信用作为担保，就信用风险而言，地方政府债券明显应高于国债。由此可见，只有当地方政府债券的发行利率高于国债的时候才能对投资者有足够的吸引力。就流动性风险而言，目前我国地方政府债券的流动性低于国债。同时，随着我国地方政府债券发行规模的逐步扩大，其市场压力势必会进一步加大，如此一来，地方政府债券潜在的流动性风险也会因此加剧。基于对地方政府债券信用风险与流动性风险的综合考量，地方政府债券的发行利率只有高于国债利率才能达到与投资者风险预期对等的投资收益，同时也只有当地方政府债券与国债之间存在一定合理的利差空间，才能足以激发地方政府债券市场的交易活性，进而促进地方政府债券流动性的提升。

2015 年，重庆市以公开招标方式发行的 10 支地方政府债券，其利率均高于发行前五日相同期限的国债收益率，与地方政府债券发行利率科学设计的理论参照值相符。同年 7 月，重庆市以定向承销方式发行的 4 支地方政府债券，在国债平均收益率的基础上上浮了 42～52bp，平均上浮率为 15%。这是由于在定向承销方式下发行地方政府债券，地方政府是与商业银行一对一进行协商发行，就银行而言，其流动性风险更高，故此其必然要求获得更多的流动性风险补偿。

3. 发行的方式与时机

2015 年，重庆市一共发行了 3 次地方政府债券。其中，2 次以公开招标的方式发行 10 支，其发行规模达 681.3 亿元，占总发行规模的 82.68%；1

①　张雪莹，张雯雯. 地方政府债券利率的影响因素探悉——基于投资者的角度 [J]. 华北金融，2010，(4)：29－32.
②　刘昊，陈工. 地方政府债务规模的决定因素：探求省际差异的来源 [J]. 财政研究，2019 (2)：30－43.

次以定向承销的方式发行债券 4 支，其发行规模为 142.71 亿元，占总发行规模的 17.32%（见图 7 – 3）。参与该次地方政府债券定向承销的银行共有 16 家。其中，作为主承销商的银行有 8 家。虽然重庆市当年仅采取了 1 次以定向承销方式发行地方政府债券且规模较小，但其成功发债却具有非常积极的实践价值。为了推动地方政府债券的发行，财政部、中央人民银行、银监会在 2015 年 5 月印发了《关于 2015 年采用定向承销方式发行地方政府债券有关事宜的通知》，其中首次明确提出"采用定向承销的方式进行地方债的发行①"。同时，这种方式有利于推动地方政府高效、便捷地开展存量债务置换。因此，重庆市初次以定向承销的方式成功实现地方政府债券发行，为其后续进一步拓展发债方式，推进地方政府债券发行方式的改革实践积累了经验，同时也为后续开展定向承销储备了可以长期合作的承销商。

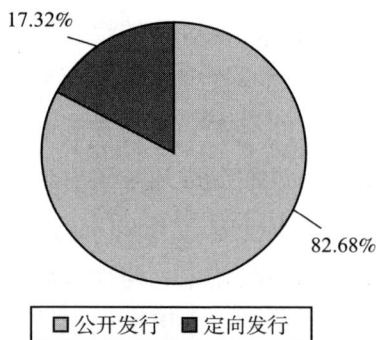

图 7 – 3　2015 年重庆市地方政府债券发行方式比例

此外，重庆市在 2015 年发行地方政府债券的过程中，还充分兼顾了资本市场的变化和投资者的需求，进而选择了合理的时间窗口高效地完成了债券发行。2015 年的国内资本市场，上半年的股市行情不断攀升向好，投资者和资金纷纷涌入股市，但在随即从同年 6 月起至 8 月，伴随着股指暴跌，投资者信心严重受挫，资金纷纷撤出股票市场，进而转投风险较小的债券市场。地方政府债券作为仅次于国债的"银边债券"，其具有"低风险、低成

---

① 采用定向承销方式发行地方债，是指省级政府面向地方政府存量债务中特定债权人，采取簿记建档方式发行地方债，用以置换本地区地方政府相应的存量债务。

本"的特点。故此，当股票市场出现风险震荡尤其是大幅度下跌时，资本市场上的投资者由于近因效应的认知驱使[①]，其避险心理会在短时间内急剧放大，而此时地方政府发行债券则容易成为投资者避险性金融产品的最佳选择。由此可见，重庆市在 2015 年 6 月启动其地方政府债券发行可谓是找准了最佳的发行时机，因此在此后的三个月便快速地完成了全年地方政府债券的发行额度（见表 7 - 3、图 7 - 4）。

表 7 - 3　　　　　　　　　　重庆市 2015 年发行债券时间

发行时间	6 月 2 日	7 月 14 日	8 月 4 日
数量（支）	4	4	6
金额（亿元）	265	142. 71	416. 29
比重（%）	32. 16	17. 32	50. 52

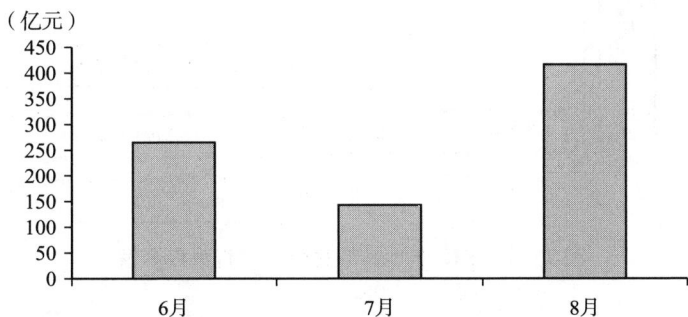

图 7 - 4　重庆市 2015 年地方政府债券发行时间分布

二、重庆市首次"自发自还"模式发债的同期多省市比较分析

截至 2015 年末，除西藏和深圳外，我国共有 30 个省级政府和 4 个计划单列市政府（大连、宁波、青岛、厦门）相继发行了地方政府债券。根据公开的地方政府债券统计数据，我国 2015 年的地方政府债券发行规模占全

[①]　真壁昭夫. 读懂行为经济学：如何避开投资中的心理陷阱 [M]. 苏小楠，程媛译，南方出版社，2016：149.

国债券发行规模的 16.61%，较之 2014 年增加了 13.33 个百分点，进而超越国债成为仅次于同业存单、金融债之后的第三大债券品种。本书以重庆市 2015 年首次以"自发自还"模式发债为例，力求采用横向比较分析方法，从多个维度将其与同期发债的其他省市予以比较研究，通过比较性的刻画，对优化重庆市未来的地方政府债券发行提供启发性思路。

（一）基于发行规模与结构的比较

经全国人大、国务院批准，2015 年财政部下达了 6 000 亿元的新增地方政府债券（见图 7-5）。其中，新增地方政府债券包括了 5 000 亿一般债券和 1 000 亿专项债券；此外，还分三批发行了 3.2 万亿的置换地方债券，用于置换经审计的地方政府应于 2015 年偿还的存量债务。

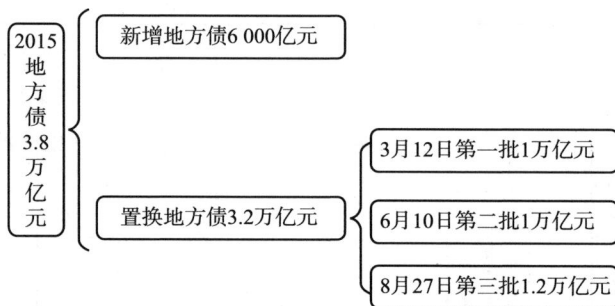

图 7-5　2015 年地方政府债券发行额度分解

据相关统计数据显示，截至 2015 年末，我国 30 个省（区、市）和 4 个计划单列市的地方政府共计发行了地方政府债券 1 035 支，总体发行规模为 38 350.62 亿元。由于其他各省市的经济社会环境与重庆市相比存在不同程度的差异，故其地方政府债券的发行规模等情况也必然有所不同。因此，本书以 2015 年的 GDP 为主要衡量标准（如图 7-6 所示），选取了与重庆经济社会水平发展相当的广西、江西、天津、黑龙江、吉林、云南六省（区、市）进行债券发行规模的比较分析（如图 7-7、图 7-8 所示）。

表 7-4 为重庆市与具有相对可比性的同期地方政府债券发行省市发债规模结构性统计数据。根据图 7-7 所示，除去同期发债规模居于首位和末位的云南省与天津市外，其他 5 省市发债规模的差距相对不大。其中，重庆

市的发债规模处于中偏上水平，其债务率为 62%，低于其他 6 省市，也远低于 2015 年全国平均债务率 86%，总体而言其债务风险较小。

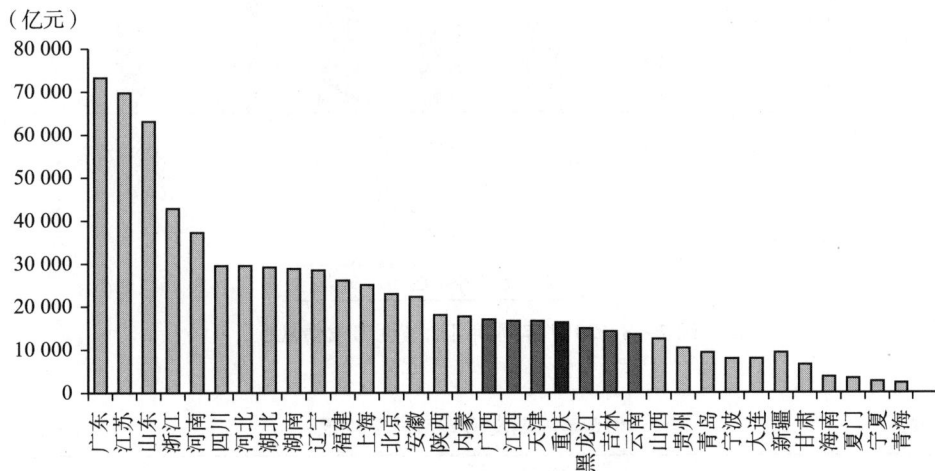

图 7-6　2015 年全国发债省市 GDP 排行

资料来源：国家统计局官网 http：//www. stats. gov. cn/.

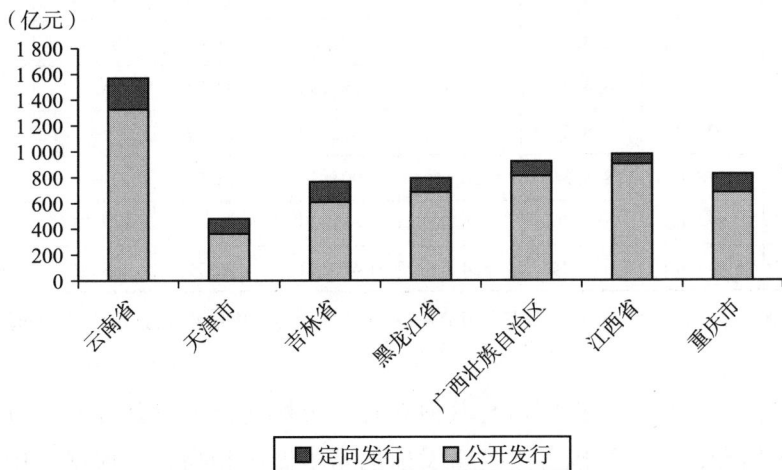

图 7-7　2015 年同期可比省区市发债规模

（亿元）

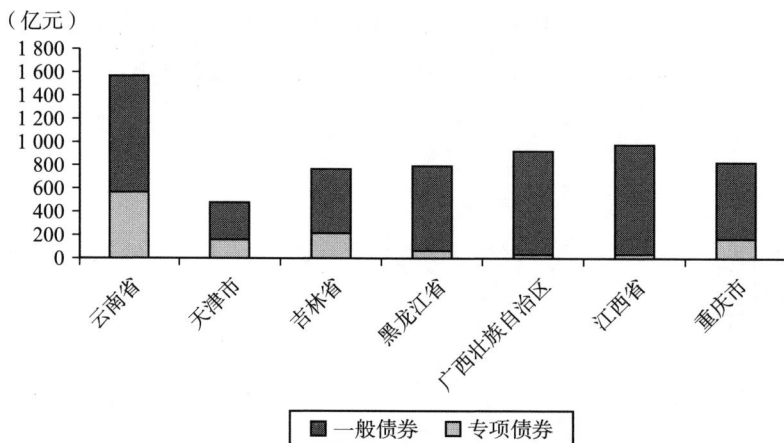

图 7 - 8　2015 年同期可比省区市发债规模

表 7 - 4　　　　　　　　　　2015 年同期发债省市发债规模　　　　　　　　　　单位：亿元

发行省区市	合计	公开发行额度			定向发行额度		
		一般债券	专项债券	合计	一般债券	专项债券	合计
云南	1 567.40	853.50	472.40	1 325.90	147.90	93.60	241.50
天津	565.00	260.46	101.52	361.98	57.88	145.14	203.02
吉林	765.00	473.07	133.97	607.04	76.47	81.49	157.96
黑龙江	792.00	624.24	59.70	683.94	102.74	5.32	108.06
广西	922.00	778.28	32.00	810.28	111.72	—	111.72
江西	978.00	865.36	36.00	901.36	76.64	—	76.64
重庆	824.00	656.29	25.00	681.29	—	142.71	142.71
合计	5 435.40	3 645.84	824.59	4 470.43	496.71	468.26	964.97

资料来源：上海新世纪资信评估服务有限公司：《2015 年地方政府债券发行情况统计分析》。

　　就发债方式而言，重庆市与其他 6 省区市均选择了以公开发行方式发行地方政府债券，这与我国各个省市发债的基本做法相吻合。根据"中国债券信息网"公开资料统计，2015 年我国各省市地方政府债券主要以公开发行为主，共计公开发行地方政府债券 168 支，发行金额合计 30 482.84 亿元，其发行规模占比达到了 79%。这也意味着，在 2015 年我国全年发行的地方政府债券中，约有五分之四采取了公开发行方式，只有不到五分之一采用的定向发行。当然，这也从另一个侧面反映出包括重庆市在内的各省区市在定向发行方式的利用上还不够充分，当然其深层次的原因则是在地方政府债券发行规模扩大的背景下，承销商所面临了的巨大流通压力。

就发债类别而言，重庆市发行一般债券与专项债券的比例接近 4∶1，与其他 6 省市均存在较大差异（如图 7-8 所示）。如发行规模居于首位和末位的云南省、天津市，其一般债券与专项债券的发行比例在 5∶3 左右，而广西与江西省则仅为 27∶1 左右。而当年全国共发行一般债券 650 支，其发行规模高达 28 170.35 亿元；而专项债券同年的发行支数仅为 385 支，发行规模为 10 180.29 亿元，二者发行比例为 3∶1。这种一般债券与专项债券发行占比的差异主要是各省市发债筹资投向的公共建设项目性质及其偿还保障来源的不同产生的。

（二）基于发行期限与利率的比较

在 2015 年，根据同年 3 月、4 月财政部发布的《地方政府一般债券发行管理暂行办法》和《地方政府专项债券发行管理暂行办法》等规定，我国地方政府发行的一般债券的期限结构包含了 1 年、3 年、5 年、7 年和 10 年期 5 个类型，而专项债券的期限结构则包含了 1 年、2 年、3 年、5 年、7 年和 10 年期 6 个类型。

就其发行期限而言，在当年发行的地方政府债券中，主要有 1 年、3 年、5 年、7 年和 10 年 5 个期限类型。其中，1 年期的地方政府债券仅有安徽一省发行，共 2 支；而 3 年、5 年、7 年和 10 年期的地方政府债券则各占 2015 年全年所发债券的 1/4。2015 年重庆市所发行的地方政府债券，其发行期限包括了 3 年、5 年、7 年和 10 年期 4 个类型。其中，3 年期的债券发行量较全国同期发行的平均水平约少了 10 个百分点，5 年期比全国同期发行的平均水平多出 5 个百分点，而 7 年期和 10 年期则与全国同期发行的平均水平大体相当。就发行规模而言，各期限类型的地方政府债券，其发行规模占比与发行数量基本上呈正比。其中，5 年期的债券发行量最多，占总规模的 31.45%；其次是 7 年期，占总规模的 27.51%（见表 7-5）。而重庆市发行的地方政府债券中，5 年期和 7 年期的债券占比分别为 30.44%，28.97%，与全国同期发行的平均水平基本一致。这种在中长期偏好的发行策略，表明各地方政府在债券发行的期限决策上，都倾向于较多发行中长期债券以及少发短期和长期债券，这也是地方政府基于降低短期偿债风险与利率风险动机而做出的共同理性选择。

表 7 – 5　　　　　　　2015 年各期限地方政府债券发行规模及数量统计表

债券期限	债券规模（亿元）	规模占比（%）	债券数量（支）	数量占比（%）
1 年期	12.22	3.18	2	0.18
3 年期	6 532.27	17.03	226	21.46
5 年期	12 061.55	31.45	283	26.87
7 年期	10 553.44	27.51	255	24.21
10 年期	9 191.02	23.96	269	25.54
合计	38 350.62		1 035	

　　当年根据财政部相关文件规定，公开发行和定向置换两种方式的利率区间，其下限均不得低于发行前 1 ~ 5 个工作日相同待偿期的记账式国债收益率，定向置换发行利率最大上浮比例不得超过 30%，而公开发行并则未规定上限。不过，在实际发行的地方政府债券招标文件中，无论公开发行还是定向置换，其发行利率最大上浮比例一般均为 15%；在实际发行过程中，定向置换的地方政府债券其发行利率也存在上浮比例超过 15% 的情况。

　　2015 年的 5 ~ 8 月，得益于地方政府债券发行初期总体规模较小、发行与财政挂钩以及市场流动性充足等因素，再加上同期股市下跌和震荡所引发的避险投资心理，以至于当期机构投资者的认购积极性普遍较高，各省市公开发行的地方政府债券，除湖北省 7 月发行的 7 年期和 10 年期发行利率高于发行前 5 日国债收益率均值 10bp 外，其余债券的发行利率大部分都紧贴发行下限，平均上浮利差仅为 0.2bp。而重庆市同年发行的所有债券均处于这一有利范围内，通过公开招标发行的 10 支债券均与发行前五日相同期限国债收益率均值持平。就定向发行的地方政府债券其发行利率而言，与公开发行的地方政府债券利率水平经历从无到有的巨变过程不同，其发行利率水平上浮比较平稳。除 5 月和 12 月两月未定向发行债券外，其他月份上浮比例基本稳定在 15% 左右，大多高于前五日国债收益率均值 30 ~ 50bp。重庆市在同年 7 月通过定向承销发行的 4 支债券在国债平均收益率的基础上上浮了 42 ~ 52bp，平均上浮率为 15%。

（三）基于发行时机与方式的比较

如表 7 - 6 所示，2015 年全国地方政府债券的发行都始于 5 月，且大都集中在 6 ~ 11 月期间，其中 6 月、7 月、9 月和 11 月这四个月份尤为密集。就发行方式而言，在发行地方政府债券的 8 个月中，每个月度均有公开发行，仅在 6 月、8 月、9 月、10 月、11 月进行了定向发行。重庆市也于同年 6 月、7 月、8 月连续 3 个月完成了全年的发债任务。其中，7 月为定向承销发行，而其余月份均采用公开招标发行（见图 7 - 9）。相对于其他省市而言，重庆市在前半段时间就抓住了有利的发债时机高效地完成了全年发债任务。在发行的时机安排上，一方面，重庆市顺势而为，抓住了国内资本市场突发大幅度波动的时机，选择了在股票市场大幅度下跌和持续性震荡的时间窗口发行地方政府债券，从而对避险资金形成了较强的投资吸引力；另一方面，下半年地方政府债券的持续发行，必然造成市场浮余资金量的减少，投资者的资金能力和投资意愿也会逐步减弱，地方政府债券市场的需求量也会相对饱和。故此，重庆市选择了主动型的靠前发行策略，抢在各省市启动地方政府债券密集发行之前完成发行任务，有效地利用了资本市场供需变化和地方政府债券发行的周期性耦合"优位"。同时，此时段在此期间进行定向承销发行，也有利于缓解承销商的流动性压力。

表 7 - 6 　　　　　　　　　2015 年地方政府债券月度发行统计表　　　　　单位：亿元

月份	发行总额度	公开发行额度			定向发行额度		
		一般债券	专项债券	小合计	一般债券	专项债券	小合计
5 月	1 341.00	1 341.00		1 341.00	—		—
6 月	7 341.64	5 890.11	100.28	5 990.39	910.20	441.05	1 351.25
7 月	5 595.37	3 591.68	624.17	4 215.85	840.01	539.51	1 379.52
8 月	4 803.18	2 007.71	852.08	2 859.79	1 151.49	791.90	1 943.39
9 月	5 437.74	3 566.35	1 216.82	4 783.17	526.56	128.01	654.57
10 月	4 833.11	1 874.59	1 321.28	3 195.87	1 101.63	535.61	1 637.24
11 月	7 637.18	3 685.66	2 553.56	6 239.22	588.58	809.38	1 397.96
12 月	1 361.39	1 094.77	266.62	1 361.39	—	—	—
合计	38 350.61	23 051.87	6 934.81	29 986.68	5 118.47	3 245.46	8 363.93

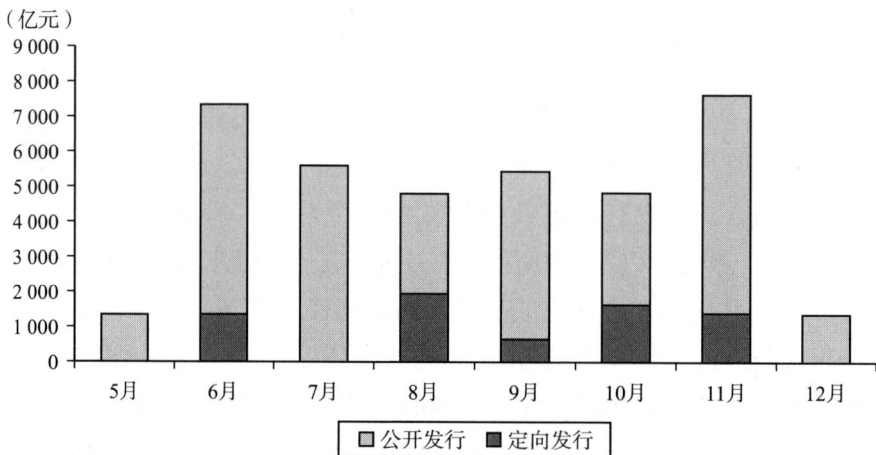

图 7 - 9   2015 年全国地方政府债券月度发行统计

三、重庆市首次"自发自还"模式发债案例的优化思考

（一）重庆市首次"自发自还"发债案例的结构性优化思考

2015 年，重庆市以相关政策规定为依据，高效率地完成了地方政府债券的发行，为重庆市经济社会建设发展提供了有力的财政资金保障。在其当年地方政府债券的发行过程中，其发债规模处于相对比较温和的状态，与经济社会发展水平相近的省市比较而言，其发债规模处于中等偏上水平，并未出现盲目扩张的倾向，其债务率保持了 62% 的相对低位，相对于 86% 的全国各省市平均负债率而言，低了 24 个百分点，距国家负债警戒线 100% 的负债率水平仍有较大的后续发债空间。在债券发行的期限结构上，重庆市当年发行的地方政府债券其期限结构偏向于中长期布局，规划合理，相对稳健，体现了"扬长避短"的风险管控逻辑；在发债的时机上，重庆市高度重视捕捉资本市场的时间窗口和追踪投资者的心理变化规律，积极提前布局，在全国各省市发债密集时段即将来临之际高效快速完成发债任务，进而抢占了地方政府债券市场融资布局的先机；同时，在发债利率的设计兼顾了理论合理性与实际可行性，以适当的融资成本达到了预期的资金募集要求。综上所

述，2015 年重庆市以科学的发债策略、积极的发债行动和稳健的发债方式高效地完成了全年发债任务，进而为其后续发债积累了经验、奠定了基础。基于上述比较分析，本书结合重庆市 2015 年以"自发自还"模式首次发行地方政府债券的实践探索，认为重庆市在后续的地方政府债券发行中仍然要突出发行规模、发行时机与发行利率的优化设计，唯有如此，才能够更好地推动地方政府债券高质量发行，更好地发挥地方政府债券对于地方经济社会发展的积极促进作用。

（二）重庆市首次"自发自还"发债案例的流程性优化思考

加强地方政府债券发行的后续管理，形成闭合环路的地方政府债券流程性管理体系是促进重庆市乃至全国其他省市地方政府债券事业高质量发展的重要管理基础。就"自发自还"模式下的地方政府债券全流程管理而言，其运行至少应当包括债券发行、债券流通和债券偿还三个环节。只有上述三个环节形成了规范高效、运行顺畅的闭合管理环路，才能为地方政府债券事业的高质量发展提供管理体制与运行机制保障。本书基于美国学者 Michael 和 Jame Champy 提出的"流程再造"思想①，以地方政府债券的运行流程为逻辑主线，设计优化全流程的地方政府债券管理策略，探索建立健全地方政府债券良性循环的运行管理机制，以期通过全流程优化为重庆市乃至全国其他省市加强"自发自还"模式下的地方政府债券管理提供决策参考，如图 7 – 10 所示。

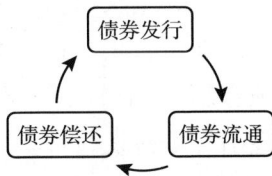

图 7 – 10　地方政府债券发行循环流程

---

① 流程再造（BPR）由美国的 Michael Hammer 和 Jame Champy 提出，在 20 世纪 90 年代达到了全盛的一种管理思想。核心是面向顾客满意度的业务流程，而核心思想是要打破企业按职能设置部门的管理方式，代之以业务流程为中心，重新设计企业管理过程，从整体上确认企业的作业流程，追求全局最优，而不是个别最优。

1. 发行阶段的管理策略优化

在地方政府债券运行的三个基本循环阶段中，政府掌控程度最高的就是地方政府债券的发行阶段。作为债券发行的首要阶段，发行阶段是其后两个阶段成功的基石。因此，政府财政部门应于地方政府债券的发行阶段就做好相应的规范管理准备工作。其中最重要的就是进一步完善信用评级制度和风险预警机制。虽然目前重庆市的发债规模总体较为适度，但是随着地方政府债券发行的迅速扩容，其存量规模也会越来越大，这就势必要求重庆市地方政府在后续的地方政府债券发行中按照中国国债协会发布的《地方政府债券信用评级业务自律规范指引》，进一步健全完善信用评级制度和风险预警机制，确定合理的地方政府债券发行额度，有效控制地方政府的债务风险；同时，在地方政府债券发行的过程中，一定要加强透明化管理，及时依法披露地方政府债券的相关信息，为投资者提供全面客观的投资决策信息参考。

2. 流通阶段的管理策略优化

目前，地方政府债券已成为我国债券市场第一大品种和现阶段我国实施积极财政政策的重要手段，对于促进宏观经济的稳增长和地方政府债务风险防控有着极其重要的意义。截至 2020 年 2 月末，全国地方政府债券存量余额为 223 413 亿元。据财政部发布的数据显示，2020 年前两个月，全国发行的地方政府债券其规模就突破了 1 万亿元，达到了 12 230 亿元①。地方政府债券的流动性问题越发受到学术界的重视。正所谓"流水不腐，户枢不蠹"，如何才能将巨额的债券从政府层面通畅地流入市场则成为目前亟待解决完善的重要课题，这也是地方政府债券运行环节中的关键所在。唯有地方政府债券流通性得到足够的激发，才能更好地发挥地方政府债券对地方经济社会高质量发展的积极作用。因此，重庆市政府必须高度重视地方政府债券流动性的管理问题，积极通过商业银行柜台市场发行、引入做市商制度、鼓励承销发行、建立地方政府债券衍生品市场②、制定差异化的地方政府债券收益率、扩大参与主体、合理引导安排发行节奏、实施地方政府债券保险制度等"组合拳"措施进一步增强地方政府债券的流动性。

3. 偿还阶段的管理策略优化

在"自发自还"的地方政府债券发行模式下，随着各省市地方政府债

---

① 包兴安. 前两个月地方债发行逾 1.2 万亿元［N］. 证券日报，2020-03-04（A02）.
② 魏革军. 地方政府债券柜台交易探析［J］. 中国金融，2019（23）：77-78.

券发行规模的逐年扩容，地方政府债券的偿还压力也随之有所增加。然而，仅仅依靠地方政府自身的力量来偿还债务，其效果并不是最好的。各级地方政府应当充分调动其社会资源，积极探索"政府＋民营企业"的 PPP 模式，引导和调动社会资本运用到基础设施建设项目中。对于 PPP 模式的应用，可以说是重庆市政府的优势之一。此前，重庆市已经较多地应用了 PPP 模式，并且取得了良好的效果。同时，重庆要在推进新时代西部大开发中发挥支撑作用、在推进共建"一带一路"中发挥带动作用、在推进长江经济带绿色发展中发挥示范作用，也必然会随之带来大量的基础设施建设项目，这也使得 PPP 模式有很大的应用空间。因此，重庆市在地方政府债券偿还环节的管理中，应当注重进一步推广 PPP 模式，有效缓解和减轻政府的还债压力，促进到期地方政府债务的顺利偿还。

第二节　重庆市通过商业银行柜台市场发行地方政府债券可行性分析

根据财政部《关于开展通过商业银行柜台市场发行地方政府债券工作的通知》文件精神，2019 年我国十二个省市试点了地方政府债券商业银行柜台发行。本书在基于前述对试点省市地方政府债券商业银行柜台发行所应用的政策、发行方式、募集资金投向、偿债资金来源、信用评级及信息披露、债务限额与预算管理进行比较分析的基础上，对重庆市下一步通过商业银行柜台市场发行地方政府债券的可行性予以了研判，并就其具体发行设计予以了预研，以期更好地发挥商业银行柜台市场对于地方政府债券发行流通的重要积极作用，进一步提升地方政府债券发行的市场化程度及其流动性水平。

一、基于 SWOT 模型的重庆市地方柜台债发行可行性分析

SWOT 分析法是一种被广泛应用的战略分析方法。其中，S 代表优势，W 代表劣势，O 代表机会，T 代表威胁，S、W 是内部因素，O、T 是外部因素。本书以 SWOT 模型为基本分析架构，通过对重庆市发行地方政府柜台债

的内外部环境予以较为全面的分析，试图为其下一步实施运行提供可行性的科学论证和前瞻性的实践路径（见表 7 – 7）。

表 7 – 7　　　　　　　　　重庆市发行地方柜台债的 SWOT 分析

	优势 S	劣势 W
	整体经济实力较强（S1）	债券风险（W1）
内部因素	居民人均可支配收入增长（S2）	社会稳定性（W2）
	信用评级报告（S3）	
	机会 O	威胁 T
	政府政策鼓励（O1）	经验不足（T1）
	宏观经济政策需要（O2）	授权审批复杂（T2）
外部因素	中小投资者投资需求（O3）	替代品威胁（T3）
	基建投资需要（O4）	
	原有发行方式的流动性（O5）	

（一）优势 S

1. 整体经济实力较强（S1）

近年来，重庆市经济稳定运行，整体经济实力较强。如表 7 – 8 所示，2018 年重庆市实现地区生产总值 20 363.19 亿元，相比 2017 年增长 4.83%，地区生产总值规模在全国城市（包括直辖市、省会城市、副省级城市）中居于前列，在西部各省份中排名靠前，人均地区生产总值在 2018 年达到 65 933 元。虽然随着我国经济由高速增长向高质量发展转换，在此经济结构性转轨时期，重庆市有部分经济指标增速放缓，但高质量发展态势总体向好，新产业、新业态、新模式不断发展，战略性新兴制造业、高技术产业增加值增长达 13.1%，服务业增加值增长为 9.1%[①]。由图 7 – 11 可以看出，2014 ~ 2018 年五年间，重庆市生产总值一直呈现增长趋势，经济结构不断优化。2018 年三大产业结构比例分别为 6.8∶40.9∶52.3，第一产业占比维持较低水平，第三产业持续健康发展，经济产业结构比重日趋优化。目前，重

---

① 唐良智. 重庆市人民政府工作报告——2019 年 1 月 27 日在重庆市第五届人民代表大会第二次会议上 ［J］. 重庆市人民政府公报，2019（2）：1 – 14.

庆市产业结构调整及其发展态势表明其经济发展已开始向高质量转换，整体经济实力较强，以汽车、电子信息、装备制造、化医产品制造等为主的支柱产业优势得以保持，新兴产业持续成长。未来几年，随着供给侧结构性改革的深化以及创新驱动发展战略的实施引领，预计重庆市经济仍将保持较好的增长势头，这必将为重庆市发行地方政府柜台债提供有力的发展后盾和良好的经济预期。

表 7 - 8　　　　　　　　　　重庆市 2014 ~ 2019 年 GDP 总量及人均值

年份	地区生产总值（亿元）	人均地区生产总值（元）
2014	14 262.6	47 850
2015	15 717.27	52 321
2016	17 740.59	58 502
2017	19 424.73	63 442
2018	20 363.19	65 933
2019	23 605.77	75 828

资料来源：国家统计局。

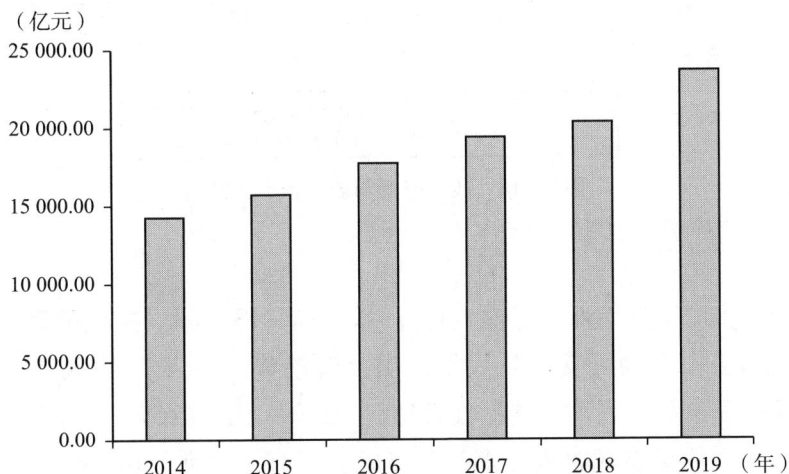

图 7 - 11　重庆市 2014 ~ 2019 年 GDP 总量走势

资料来源：国家统计局。

2. 居民人均可支配收入增长（S2）

2019 年第三季度，中国人民银行在全国 50 个城市进行了 2 万户城镇储户问卷调查。该抽样问卷调查结果显示：当季收入感受指数为 54.1%，较之于上季上升了 1.1 个百分点。其中，19.4% 的居民认为收入"增加"，比上季上升 2.1 个百分点；69.4% 的居民认为收入"基本不变"，比上季下降 2.0 个百分点。收入信心指数为 53.4%，比上季上升 0.8 个百分点（如图 7 – 12 所示）。居民人均可支配收入的稳步增长为地方政府柜台债发行提供了规模庞大的潜在个人投资者群体。

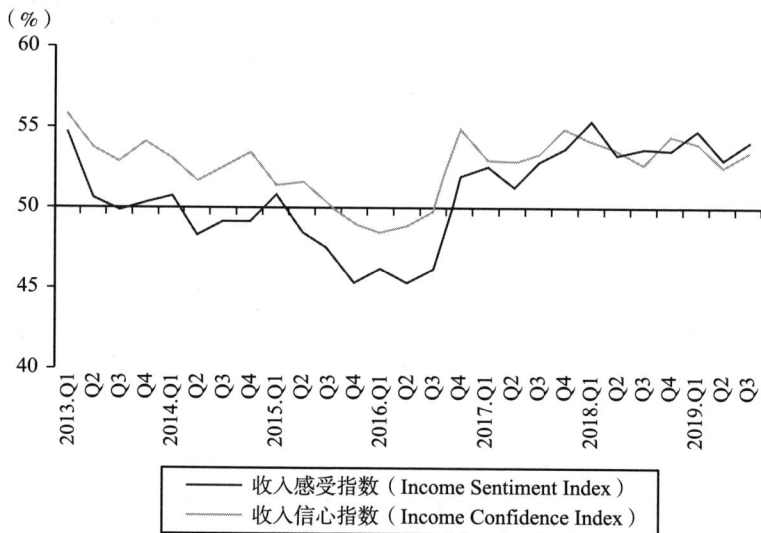

图 7 – 12　收入感受与收入信心指数

资料来源：中国人民银行调查统计司。

就重庆市居民人均可支配收入而言，如图 7 – 13 所示，重庆市 2017 ~ 2018 年各季度的居民人均可支配收入呈现出上升趋势。由表 7 – 9 可知，2017 ~ 2019 年第一季度居民人均可支配收入分别为 6 996 元、7 657 元、8 368 元，第二季度居民人均可支配收入分别为 12 515 元、13 690 元、14 990 元，第三季度居民人均可支配收入分别为 18 467 元、20 180 元、22 099，而第四季度则分别高达 24 153 元、26 386 元、28 920 元。显而易见，近年来重庆市居民的人均可支配收入不断增长，广大居民群众除了满足日常生活所需之外，有更多的消费性或投资性选择余地，这为其参与购买地方政府债券投资理财提供了资金来源。

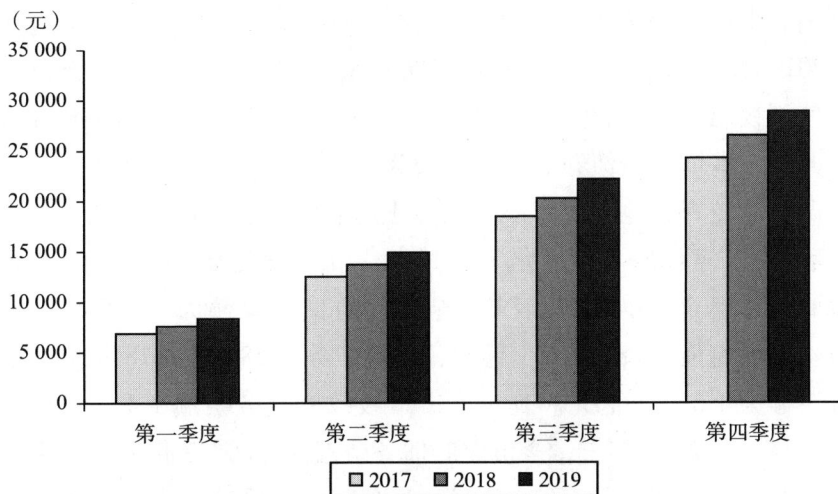

图7-13 重庆市季度居民人均可支配收入

资料来源：国家统计局。

表7-9　　　　　重庆市2017~2019年季度居民人均可支配收入　　　　单位：元

年度季度	重庆市
2017Q1	6 996
2017Q2	12 515
2017Q3	18 467
2017Q4	24 153
2018Q1	7 657
2018Q2	13 690
2018Q3	20 180
2018Q4	26 386
2019Q1	8 368
2019Q2	14 990
2019Q3	22 099
2019Q4	28 920

资料来源：国家统计局。

3. 信用评级（S3）

根据中债资信对于重庆市 2019 年地方政府债券信用评级的结论，中债资信评估有限责任公司认为，"重庆市经济和财政实力较强，政府治理水平较高，2019 年重庆市政府专项债（四期）纳入重庆市政府性基金预算，国有土地使用权出让收入能够保障本期债券的本息偿还，债券的违约风险极低，因此评定本期专项债券的信用等级为 AAA"。近年来，重庆市政府债务控制情况总体较好，地方政府债务的各项指标表现也较好。截至 2016 年末，全市政府债务余额为 3 737.1 亿元。其中，市本级政府债务余额 1 223.1 亿元，政府债务率 66%；2017 年末，全市政府债务余额为 4 018.5 亿元。其中，市本级政府债务余额 1 151 亿元，政府债务率 58%；2018 年末，全市政府债务余额为 4 690.6 亿元。其中，市本级政府债务余额 1 422.9 亿元，政府债务率 67%；2019 年末，全市政府债务余额为 5 603.7 亿元。其中，市本级政府债务余额 1 767.6 亿元，政府债务率 77%。同时，重庆市国资委持有了较大规模的国有资产和上市公司股权，可为其债务周转提供较好的流动性支持。重庆市较高的信用评级是其发行地方政府柜台债的内部优势，可以在很大程度上降低投资者对地方政府债券风险的投资顾虑。

（二）劣势 W

1. 债券风险（W1）

受国家地方政府债券发行的改革政策利好影响，2019 年以来各地方政府债券市场越发红火。近期的浙江、四川、陕西、山东、宁波、北京等 12个省市，成为地方政府债券商业银行柜台发行的试点省市，此轮试点预示着地方政府债券投资群体将逐步扩容至个人和中小机构，地方政府债券全民认购的投资热潮即将随之涌来。一方面，市场普遍认为允许社会公众参与地方政府债券，既能够满足散户避险投资需求，也能够对债券利率逐步走向市场化起到推动作用；然而，另一方面，部分投资者还是对地方政府债券可能存在的风险，表现出了警觉和疑虑。相比国债而言，地方政府债券主要是靠地方政府的信用支持，而国债则是有国家信用在背后予以支持。因此，在债券市场中，国债风险最低，地方政府债券次之。因此，重庆市通过商业银行柜台发行地方政府债券，可能会存在中小投资者和个人投资者对地方政府债券和国债的风险权衡和投资产品抉择考量，尤其是对于低风险偏好者，这种影响作用更是不容忽视。就此而言，国债对于地方政府债券在风险度和安全性方面的替代效应也是重庆市发行地方政府柜台债的劣势之一。

2. 社会稳定性（W2）

我国试点地方政府债券商业银行柜台发行，这是在通过银行间和交易所债券市场主要面向商业银行等机构投资者发行地方政府债券的基础上的创新性探索。进一步拓宽了地方政府债券的发行渠道，延展丰富了其投资者群体，有利于更好地满足个人和中小机构投资者低风险投资理财的需求，有助于拓宽城乡居民财产性收入的渠道，促进城乡居民增收。[1] 但是，同样也要认识到，地方政府债券并不是完全没有风险。自 2017 年以来，就有部分地方政府融资平台、城投公司等发生了逾期、违约现象，这种另一个侧面也表明，地方政府债券同样地也存在隐性的债务风险[2]，只不过相对于企业债券而言，这种风险因为有地方政府信用的支持而相对更低。由于，通过商业银行柜台发行地方政府债券主要是面向个人投资者和中小投资者，其覆盖面和涉及面会更广，因此其潜在债务风险一旦变为现实则必然会影响到政府的公信力和社会稳定。

（三）机会 O

1. 政府政策鼓励（O1）

2018 年 11 月 10 日，为了丰富全国银行间债券市场柜台业务品种，满足广大居民投资需求，促进多层次债券市场的建设，中国人民银行、财政部、银保监会联合发布《关于在全国银行间债券市场开展地方政府债券柜台业务的通知》，明确指出经发行人认可的已发行地方政府债券和发行对象包括柜台业务投资者的新发行地方政府债券可在银行间债券市场开展柜台业务。同时，还对定向承销方式发行的地方政府债券开展柜台业务的方式予以规范[3]。地方政府债券已成为继记账式国债、政策性银行债券和国家开发银行债券之后的一种能够在银行柜台市场流通的债券。这一方面为本地中小投资

① 包兴安. 银行首次开售地方债投资门槛最低 100 元［N］. 证券日报，2019－03－26（A02）.
② 李盼盼. 地方债已开启"零售"时代企业债距柜台发售还有多远［N］. 中国经济导报，2019－04－02（003）.
③ 李玥，李栋. 三部委联合下发地方政府债券通知　提高居民财政性收入—金融—人民网［2018－11－16］http：//money. people. cn/n1/2018/1116/c42877－30405003. html

者提供了更多的投资选择，有利于提高当地居民财产性收入[1]，促进本地居民对当地经济社会发展建设的关注；另一方面又提高了柜台业务的吸引力，促进了多层次债券市场体系的构建。此外，这种鼓励地方政府债券优先面向当地投资者发售和交易的政策性规定，还有利于地方政府债券的投资者近距离感受和监督债券资金的使用情况，促进地方政府债券市场的多维约束机制构建。

2. 宏观经济政策需要（O2）

在通过商业银行柜台发行地方政府债券之前，我国的融资方式一直以间接融资方式为主。然而，间接融资则容易导致 M2（广义货币）快速扩张，不利于稳定通货膨胀预期，因此拓展直接融资渠道则成为社会金融发展必然要求。同时，由于我国居民储蓄率普遍较高，如何将大量的社会闲散资金激活并将其引向经济社会发展的急需建设项目，这势必成为国家宏观经济政策的重要导向之一。2019 年第三季度，中国人民银行在全国 50 个城市进行了 2 万户城镇储户消费、储蓄和投资意愿的问卷调查，其结果显示：倾向于"更多消费"的居民占 27.7%，比上季上升 1.3 个百分点；倾向于"更多储蓄"的居民占 44.5%，比上季下降 1.0 个百分点；倾向于"更多投资"的居民占 27.8%，比上季下降 0.4 个百分点[2]（如图 7 - 14 所示）。虽然调查显示，倾向于"更多储蓄"的居民相比于 2019 年第二季度的比例有所下降，但储蓄在消费、储蓄和投资意愿三种方式中仍然占比最高。由此可见，目前大多数的居民还属于低风险偏好者，其更倾向于采用储蓄的方式才管理个人资产。因此，如何将居民的储蓄偏好转化为投资偏好，对于更好地满足经济社会转型发展的资金需求，提高居民的财产性收入占比显得尤为重要。

就"更多投资"的意向性选择而言，据中国人民银行调查统计司调查的结果显示，居民目前偏爱的前三位投资方式依次为"银行、证券、保险公司理财产品""基金信托产品"和"股票"，选择上述三种投资方式的居民占比分别为 48.1%、20.2% 和 17.1%。[3] 由此可见，就算是在表明有"更多投资"意愿的投资者中，也有接近一半占比的居民倾向于投资风险相对不高的"银行、证券、保险公司理财产品"，这说明在目前的宏观经济大环境下，

---

① 李凤文. 银行柜台销售地方债一举多得［N］. 证券时报，2019 - 03 - 28（A08）.
② 2019 年第三季度城镇储户问卷调查报告. http：//www. pbc. gov. cn/goutongjiaoliu/113456/113469/3894200/index. html.
③ 周轩千. 银行家和企业家宏观经济热度指数"双升"［N］. 上海金融报，2019 - 06 - 21（003）.

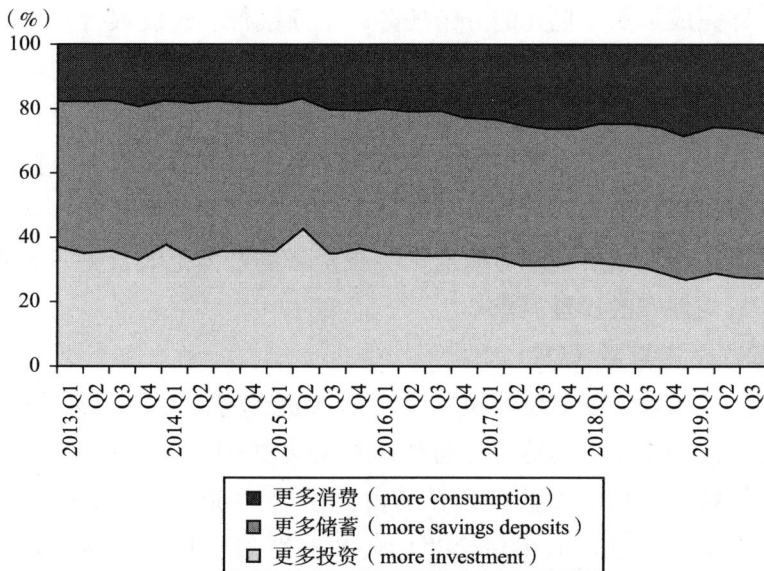

图 7 – 14 居民消费、储蓄、投资意愿

资料来源：中国人民银行调查统计司。

居民总体而言倾向于选择低风险的财富管理方式或者投资项目，而这种低风险偏好的投资意向或风险厌恶型的储蓄倾向则为重庆市通过商业银行柜台发行地方政府债券提供了良好的外部资金潜量环境。

3. 中小投资者投资需求（O3）

通过拓展地方政府债券的发行方式，可以更好地满足个人和中小机构投资者的投资需求。2019 年 3 月 25 日至 4 月 3 日，我国首批柜台债在宁波、浙江、四川、陕西、山东、北京六个省市展开试点，合计销售金额 68 亿元，债券品种为土地储备专项债和棚户区改造专项债。同年 6 月 17 日，上海通过商业银行柜台市场发行地方政府债券 5 亿元，募集的债券资金用于上海市崇明区、奉贤区、金山区的土地储备项目。同日，广东省政府成功发行地方政府债券 611.1 亿元[①]。其中，包括面向个人和机构投资者分销其中 22.5 亿元粤港澳大湾区生态环保建设专项债券。从第二批试点发行的情况来看，地方政府债券受到投资者的积极认购。以广东省为例，该省农业银行开售后 1

[①] 郑浦丽，胡洪林. 6 月地方债发行或达 8 000 亿 创年内新高 ［EB/OL］.（2019 – 04 – 02）［2020 – 04 – 09］. http：//sd. people. cn/n2/2019/0624/c386905 – 33070408. html.

分钟内，即完成了 6.5 亿元的分销任务；工商银行、建设银行当日即完成全部分销额度，且个人投资者认购金额占比均超过了 70%。据公布的最终分销结果，该省个人投资者认购金额高达 13.96 亿元，认购比例为 62.1%，个人投资者认购金额位居全国各试点省市第一位[①]。因为，就中小投资机构和个人投资者而言，地方政府柜台债具有流动性好、安全性较高、认购门槛低等优势，进一步地拓展了地方政府债券投资者的群体范畴，更好地满足了个人和中小机构保守的投资需求[②]。

4. 基建投资需要（O4）

目前，我国地方的基建投资主要有四大资金来源，即国家预算内资金、自筹资金、国内贷款、其他资金与利用外资（如图 7 – 15 所示）。其中，最主要是自筹资金，从历史数据来看其占比接近了 60%，国家预算资金与国内贷款各占 15% 左右。自筹资金当中的政府性基金收入主要源自全国性政府性基金收入、结转收入、地方政府专项债收入。由于土地出让收入下滑，政府性基金支出空间收窄，因此地方政府专项债券在地方基建资金筹集中发挥着日益重要的作用。每年地方政府专项债券的发行额度也在逐步增速提高，2016 年、2017 年 2018 年和 2019 年分别为 4 000 亿、8 000 亿、1.35 万亿和 2.15 万亿。根据其收益项目类型的不同及其对应不同科目的政府性基金收入，专项债券也有不同的品种，而且地方政府专项债品种也在逐步增加，试图从多个方面为地方政府基础设施建设配套资金来源。

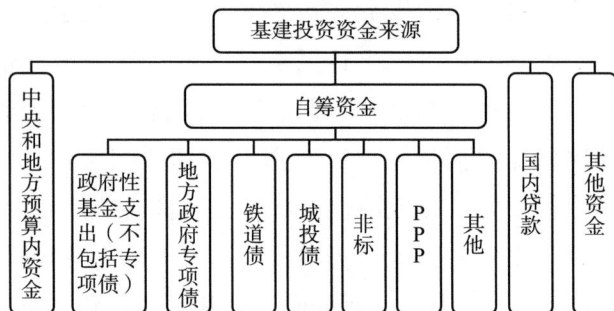

图 7 – 15　基建投资资金来源

---

① 孙韶华，马晓月. 6 月地方债发行或达 8 000 亿创年内新高—山东频道—人民网 ［EB/OL］. ［2019 – 06 – 24］http：//sd. people. com. cn/n2/2019/0624/c386905 – 33070408. html
② 包兴安. 银行首次开售地方债　投资门槛最低 100 元 ［N］. 证券日报，2019 – 03 – 26 （A02）.

现阶段的地方政府债券资金使用较为灵活，但其对基建的撬动效应也还有待时间检验。虽然就理论的角度而言，地方政府债券理当撬动基建资金，但是由于地方政府和城投平台隐性的债务压力，因此地方政府发债筹资往往被较多地用于弥补地方平台以往承建项目的施工拖欠款。因此，如果充分考虑到 2019 年的基建支出与财政压力，完全依靠 PPP、地方政府债券和专项债还难以完全满足地方政府基建融资需求[①]。重庆市人民政府在 2018 年政府工作报告中也强调了 PPP 项目和地方政府专项债券对于支持公共服务投资和保障重大项目资金需求的重要作用[②]。由此可见，通过商业银行柜台发行可以拓展重庆市的地方政府债券发行渠道，更好地满足其公共服务投资与重大基建项目投资的资金需求。

5. 原有发行方式的流动性（O5）

就托管数据来看，目前地方政府债券的投资者结构还相对较单一，但随着发行方式改革及其鼓励多元化投资主体认购的政策性引导，地方政府债券流动性不足问题呈现出开始改善的发展趋势。但就总体而言，目前的地方政府债券投资者仍以商业银行为主，其占比高达 87%；其次则为政策性银行，其占比为 9%[③]。由此可见，目前地方政府债券投资严重依赖于银行的资产配置能力，但同时这种银行主导的情况也反过来导致非银行机构在地方政府债券配置上的力度不足，直接影响其流动性。2019 年 3 月，财政部发布《关于开展通过商业银行柜台市场发行地方政府债券工作的通知》，规定地方政府公开发行的一般债券和专项债券可通过商业银行柜台市场在本地区范围内发行[④]。此举拓宽了地方政府债券的发行渠道，丰富了银行间债券市场的业务品种，满足了个人和中小机构投资者的投资需求，增强了地方政府债券的市场活性，其流动性不足的缺陷也将随之有所改善。随着地方政府债券的多元认购交易格局形成，地方政府债券的市场化治理机制也将不断地完

---

① 明明，李晗，徐烨烽. 地方政府专项债新政对基建投资的拉动作用及对债市的影响 [J]. 债券，2019（9）：61 – 66.

② 唐良智. 重庆市人民政府工作报告——2019 年 1 月 27 日在重庆市第五届人民代表大会第二次会议上 [J]. 重庆市人民政府公报，2019（2）：1 – 14.

③ 明明债券研究团队. 地方债理论与实践研究 [EB/OL].（2019 – 06 – 06）[2020 – 04 – 09]. https：//finance. sina. com. cn/money/bond/research/2019 – 06 – 06/doc.

④ 财政部. 关于开展通过商业银行柜台市场发行地方政府债券工作的通知. 财库［2019］11 号文件 [EB/OL].［2019 – 02 – 27］. http：//gks. mof. gov. cn/lmcs/zt/zt_zfzqgl/zfgzgl_dfzfzwgl/200012/t20001212_3370325. htm.

善，未来无论是扩大市场规模、提高市场运行效率以及债券流动性，还是提高债券透明度、加强公众监督，扩大投资者范围、更多吸引个人投资者，都将为地方政府债券事业发展提供良好的市场化治理环境，这也势必为重庆市地方政府债券的发行及其流动性提升带来了新的发展契机。

（四）威胁 T

1. 经验不足（T1）

我国通过商业银行发行地方政府债券其试点始于 2019 年 3 月，全年仅试点十二个省市。对于这一全新的地方政府债券发行方式，各省市也是"摸着石头过河"，普遍存在经验不足的情况，特别是在发行后的地方政府债券交流流通以及运行管理上，还需要不断推进制度创新，进一步强化治理和监管，完善专项债务限额规模全额管理，加强专项债券项目收支预算管理，规范专项债券发行使用，健全专项债券风险防控机制，支持地方尽早发挥专项债券资金效益，有效防范专项债务风险。此外，面对通过商业银行柜台发行地方政府债券这一新生事物，我国地方政府债券的相关信息披露和透明化管理水平还亟待完善。如何督促地方落实地方政府债务信息公开要求、如何稳步推进地方政府债务全过程管理的"阳光化"以及如何更好地发挥社会公众对地方政府举债融资市场化监督作用等地方政府债券的市场化治理问题，还需要不断积累经验与动态优化①。因此，尚未参与 2019 年试点发行的重庆市，在后续通过商业银行柜台发行地方政府债券的实际操作过程中，很可能会面临经验缺失的障碍，在发行的前期更需要通过对试点省市发行实践的系统性研究获取相关经验与开展可行性、操作性预研。同时，在发行过程中还需要结合本地经济社会发展的实际和捕捉资本市场变幻莫测的机会动态地推进地方政府商业银行柜台债券发行改革实践。

2. 授权审批复杂（T2）

目前，根据相关政策法规，我国地方政府债券的发行和审批是采取方案逐层上报，限额逐级下发的基本形式。所谓方案逐层上报是指，根据《新增地方政府债务限额分配管理暂行办法》的规定，地方政府债的发行前一年，将下一年所需的一般债和专项债额度由市县级财政部门向省级上报，省级财

---

① 财政部. 疏堵结合打好防范化解重大风险攻坚战［J］. 中国财政，2019（7）：47 – 48.

政部门向财政部上报，财政部在全国人大批准的限额内，选取影响政府债务规模的客观因素，根据各地区债务风险、财力状况等，并统筹考虑中央确定的重大项目支出、地方融资需求等情况，财政实力强、举债空间大、债务风险低、债务管理绩效好的地区多安排，财政实力弱、举债空间小、债务风险高、债务管理绩效差的地区少安排或不安排①。所谓限额逐级下发是指，地方政府债券发行方案和材料审核通过后，由国库司组织通过债券市场发行。其发行与审批流程如图 7 - 16 所示。由于地方政府债券发行与审批的流程较为复杂，其政策性强且涉及诸多综合因素，上报与审批的时间周期也相对较长，这也势必会对重庆市后续通过商业银行柜台发行地方政府债券带来一定程度的不便影响。

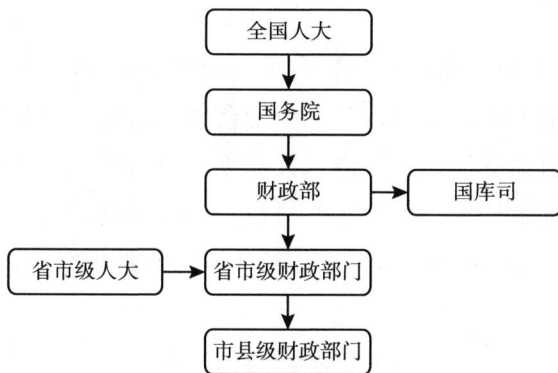

图 7 - 16　地方政府债券发行与审批流程

3. 替代品威胁（T3）

基于本书前述对两种国债柜台债发行方式的比较可知，与记账式国债相比，储蓄式国债柜台债的收益可以预知，并且在利率的确定上，储蓄式国债柜台债的收益相较于记账式国债柜台债而言更高。对于储蓄式国债柜台债的投资者而言，无论是持有到期还是提前兑取，都不必承担利率变动风险。而对于记账式国债柜台债而言，如将其持有到期，则获得到期收益；如未到期就在二级市场变现，就可能遭遇卖出价低于买入价的风险，进而承担价差损失；但是倘若卖出价高于买入价，则投资者不但能够得到相应期限的利息，

---

① 陈益刊. 争夺 3 万亿地方债：何以北上广大增、辽琼宁反减？［N］. 第一财经日报，2019 - 07 - 17（A06）.

还能获得额外的价差收益。根据中国人民银行在全国 50 个城市进进行的涵盖 2 万户城镇储户消费、储蓄和投资意愿的问卷调查显示，倾向于"更多储蓄"的居民相比于 2019 年第二季度的比例有所下降，但储蓄在消费、储蓄和投资意愿三种方式中仍然是占比最高（如图 7-15 所示），加之储蓄式国债柜台债存在利率确定和收益可以预知性等方面的优势，因此，就低风险偏好的债券投资者对投资产品的选择而言，重庆市通过商业银行柜台发行地方政府债券可能会受到同期发行的"地方政府储蓄式柜台债"的"替代性"竞争威胁，必须把握好发行节奏、做好错峰发行规划安排。

二、基于比较分析的重庆市地方政府柜台债发行结构性预研

本书以 2019 年通过商业银行柜台发行地方政府债券的十二个试点省市为参照系，并在地方政府柜台债与国债柜台债二者的比较分析基础上，立足于重庆市地方政府债券发行的供需二元平衡，从地方政府商业银行柜台债发行的债券品种、债券规模、债券期限、发行利率、付息频率、招标方式、募集资金投向等七个方面对其下一步改革实践予以结构性预研，如表 7-10 所示。

表 7-10　　　　　　　　　　　重庆市柜台债发行预研

预研项目	试点省市	重庆市柜台债发行的预研
债券品种	专项债	专项债
债券规模	柜台债占地方政府债券的比例高于 50%、低于 25% 分别有两个试点省市，大多数在 25%～50%	柜台债占地方政府债券的比例在 25%～50%
债券期限	第一批 5 年期较多，第二批 3 年期较多	1. 3 年期、5 年期、7 年期 2. 储蓄式地方政府柜台债
发行利率	3 年期：3.04%、3.01%、3.22%、3.43%、3.22%、3.23% 5 年期：3.32%、3.33%、3.25%、3.31%、3.34%、3.41%	1. 3 年期：3.2%～3.3% 5 年期：3.3%～3.4% 2. 按照利率区间方式确定
付息频率	按固定利率每年支付一次	按固定利率每年支付一次或每半年支付一次

续表

预研项目	试点省市	重庆市柜台债发行的预研
招标方式	荷兰式招标	荷兰式招标或单一价格的竞争性招标
募集资金投向	主要为土地储备和棚户区改造	土地储备、棚户区改造及市政建设、交通运输、收费公路及污水处理等基础设施建设

（一）债券品种

基于前述对十二个试点通过商业银行柜台发行地方政府债券的省市发行实践的综合分析可知，目前试点省市所发行的地方政府柜台债均为专项债券。因此，重庆市下一步若欲发行地方政府商业银行柜台债，其债券品种也应为专项债券，理由有三：一是政策引导性理由。《财政部关于开展通过商业银行柜台市场发行地方政府债券工作的通知》对以此方式发行债券的重点品种作了规定，指出地方政府应当通过商业银行柜台市场重点发行专项债券，更好发挥专项债券对稳投资、扩内需、补短板的作用，增强投资者对本地经济社会发展的参与度和获得感①。二是受偿保障性理由。由于专项债券更易于管理，其发债募集的资金用途是有一定收益的公益性项目，这就在一定程度上为地方政府债券的偿还提供了保障。三是需求导向性理由。2018年财政部核定批注的重庆市新增地方政府政府债务额度为710亿元，其中一般债务149亿元，专项债务561亿元，专项债在核定额度中占据了主导地位。重庆市在2019年9月地方政府债券发行的计划安排中，其发行结构也主要是以专项债为主，其中新增5年期专项债85亿元、新增30年期专项债93亿元、再融资30年期一般债券28.3亿元。由此可见，不论是从财政部核定的发债品种结构来看，还是就重庆市自身的发债品种的规划安排而言，专项债券的所占比重都是占据了主体地位，因此倘若重庆市将通过商业行业柜台发行地方政府债券，其发行品种应以专项债券为宜。

（二）债券规模

如图7-17所示，十二个试点通过商业银行柜台市场发行地方政府债券

---

① 财政部. 关于开展通过商业银行柜台市场发行地方政府债券工作的通知［EB/OL］.［2019-02-27］. http：//gks. mof. gov. cn/lmcs/zt/zt_zfzqgl/zfgzgl_dfzfzwgl/200012/t20001212_3370325. htm.

的省区市，其地方政府柜台债发行规模占其当年发债比例超过 50% 的仅有广东和广西，比例低于 25% 的省市也只有陕西和上海，其余试点省市的地方政府柜台债发行占比均集中于 25%～50%。就总体而言，十二个试点省市发行的地方政府商业银行柜台债总体上规模较低，占比较少，体现了"摸着石头过河"的试点性质。因此，重庆市在首次发行地方政府商业银行柜台债时，也应当采取谨慎性原则，将其发债规模限定在地方政府债券发行总量的 25%～50%，稳中有进地逐步扩大其发行规模。

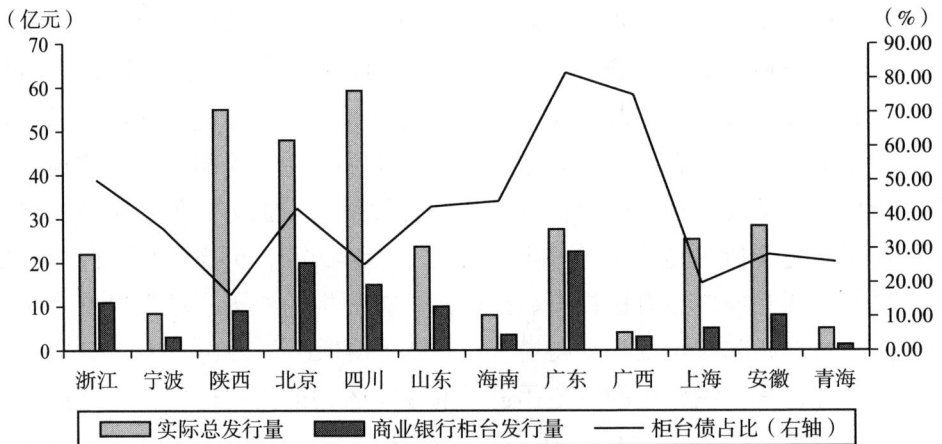

图 7-17　试点省市地方政府债券与柜台债情况

资料来源：Wind 数据库。

（三）发行期限

根据相关政策法规，我国地方政府专项债券的发行期限可以是 1、2、3、5、7、10、15、20 年。但就十二个试点通过商业银行柜台市场发行地方政府债券的省市而言，其债券发行期限都集中在 3 年和 5 年。如图 7-18 所示，2019 年 3 月 25 日～4 月 3 日，第一批试点省市的发行期限主要集中在 5 年期和 3 年期，且六个试点省市中只有宁波和山东的发行期限为 3 年，其余省市发行期限均为 5 年。2019 年 6 月 14 日～6 月 20 日，第二批试点省市发行期限仍然是 5 年期和 3 年期两种，但相较于第一批试点省市而言，债券的发行期限更多地集中于 3 年期，而发行 5 年期债券的省市仅为广东。根据财政部公布的地方政府债券发行情况数据显示，2019 年 1～9 月，地方政府债券平均发行期限为 10.0 年，其中一般债券为 11.8 年，专项债券为 8.8 年。目前，重庆市发行的地方政府债券，其期限涵括了 3 年期、5 年期、7 年期、10 年期、30 年期等发行期限。因此，重庆市在考虑通过商业银行柜台市场发行地方政府债券时，可以将其发行期限重点规划为 3 年期和 5 年期两类期限品种。同时，考虑到重庆市已发行的地方政府债券中还包含了 7 年期的中长期债券，因此重庆市也可以考虑在 3 年期和 5 年期的基础之上适当增加 7 年期的债券期限品种。另外，如果在政策允许的情况下，重庆市也可以借鉴储蓄式国债柜台债的发行方式，发行较长期限的储蓄式地方政府柜台债。

（年）

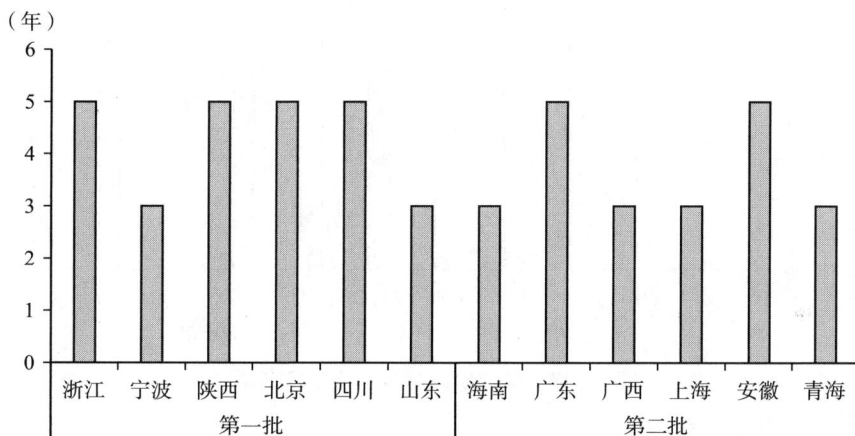

图 7 - 18　试点省区市地方政府柜台债发行期限

资料来源：Wind 数据库。

（四）发行利率

根据对 2019 年十二个通过商业银行柜台市场试点发行地方政府债券省市的债券发行利率统计分析，各试点省市地方政府柜台债的发行利率均不相同。就 3 年期的柜台债利率而言，其试点省市的利率变动幅度较大，最高的是广西，达到了 3.43%，而最低的则是山东，其柜台债利率为 3.01%，两省相差为 0.42%，而其他省市 3 年期的地方政府柜台债利率则保持在 3.2% ~ 3.3%，如图 7 - 19 所示。对于 5 年期的地方政府柜台债而言，其利率变动区间相对较小，保持在 3.3% ~ 3.4%。根据重庆市财政局公开发布的专项债信息可知，其利率确定是按照以 25bp 为下限，以相同代偿期的国债收益率算术平均值与该平均值上浮 30%（四舍五入计算到 0.01%）的方式确定为利率上限，而在这些区间内确定的。由此可见，重庆市在发行地方政府柜台债时，可借鉴十二个试点省市的发行利率区间，就 3 年期的地方政府柜台债而言，其利率尽量保持在 3.2%~3.3%；就 5 年期的地方政府柜台债而言，其利率尽量保持在 3.3%~3.4%。此外，也可以根据重庆市发行地方政府专项债券的利率确定方式来确定其地方政府柜台债的发行利率。

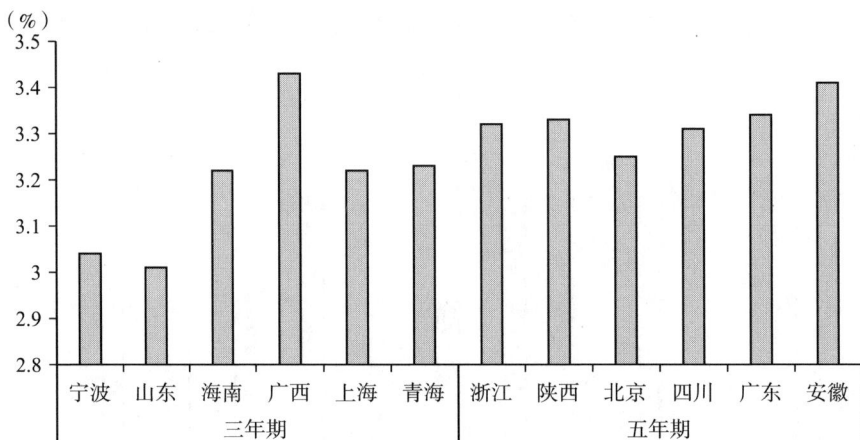

图 7-19　试点省区市柜台债发行利率

资料来源：Wind 数据库。

（五）付息频率

2019 年十二个试点地方政府商业银行柜台债发行省市的付息方式均采用固定利率，每年付息一次的方式付息。重庆市 2019 年发行的十一至十四期地方政府债券中，十一期和十二期的地方政府债券，其期限为 5 年，采用按年付息的方式；而十三期和十四期的地方政府债券，其期限则分别为 10 年、30 年，采用按半年付息的方式。根据现行相关政策法规，地方政府发行 10 年及以上期限债券按半年付息一次，而 10 年以下期限债券则按每年付息一次。故此，重庆市发行地方政府商业银行柜台债，可以根据发行地方政府债券的付息频率，以 10 年期为界限对不同期限的债券采用固定利率、每年付息一次或每半年付息一次的方式支付利息。

（六）招标方式

债券发行的定价方式以公开招标最为典型。按照其招标标的分类，有价格招标和收益率招标；按照其价格决定方式分类，则有美式招标和荷兰式招标。通过前述对十二个试点省市招标方式的比较分析可知，十二个试点省市采用了荷兰式的招标方式。荷兰式招标又称为单一价格招标，是指按照投标人所报买价自高向低（或者利率、利差由低而高）的顺序中标，直至满足预定发行额为止，中标的承销机构以相同的价格（所有中标价格中的最低价格）来认购中标的债券数额。[①] 同时，由前述对国债柜台债招标方式的分析可知，记账式国债通过竞争性招标确定票面利率或发行价格，竞争性招标方式包括单一价格、修正的多重价格招标方式，其招标标的为利率或价格。目前重庆市发行地方政府债券专项债券的招标方式主要是荷兰式招标。为了进一步拓展招标渠道，后续重庆市发行地方政府商业银行柜台债可以在选择采用荷兰式招标方式的同时，也可以借鉴国债的单一价格竞争性招标方式进行柜台债招标。

（七）募集资金投向

地方政府发行债券所募资金一般用于交通、通信、住宅、教育、医院和污水处理系统等地方性公共设施的建设[②]。2019 年十二个试点省市发行的地方政府柜台债主要是专项债券，其募集资金的投向主要是土地储备和棚户区改造。重庆市发行地方政府债券也主要是为其重大项目建设提供资金保障。2018 年，重庆市发行的第二批债券中就包括了以一般公共预算偿还的一般债券 136 亿元和以政府性基金预算偿还的专项债券 161 亿元，该批债券所募资金将重点用于铁路、轨道、公路、保障住房、生态环保、农林水利等重点项目建设。重庆市 2018 年政府工作报告也对其 2019 年的重大基础设施投资作了建设部署，强调要用好国家补短板政策，重点推动一批高铁、城市轨道、高速公路、水利、航空等基础设施项目，加强工业互联网、物联网等新

---

① 广西地方政府债券发行市场化研究课题组，李青. 广西地方政府债券发行市场化研究 [J]. 改革与战略，2019，35（3）：91－106.

② 张志清，王巨贤. 自行发债开闸我国地方债能否走向自主发债 [J]. 新西部（下旬. 理论版），2011（13）：45－45.

型基础设施建设，提速三峡后续规划项目建设。^① 故此，2019 年重庆市专项债券信息披露文件也对其募资投向予以了披露，就其债券资金投向而言，重庆市政府债务主要用于市政建设、交通运输、土地储备、保障性住房、生态建设和环境保护等基础性、公益性项目。这样的募资投向，不仅较好地保障了地方经济发展的需要，又推动了民生改善和社会事业的发展，并且还会形成了大量优质资产。^② 结合目前，重庆市经济社会发展的总体布局和发展需要，其后续在发行地方政府商业银行柜台债时，其募资投向除用于土地储备和棚户区改造外，还可拓宽至市政建设、交通运输、收费公路及污水处理等基础设施建设，实现地方政府商业银行柜台债募集资金在经济社会发展领域投向的多元化，充分地发挥其对促进地方经济社会高质量发展的积极作用。

三、重庆市通过商业银行柜台市场发行地方政府债券的政策性建议

《财政部关于开展通过商业银行柜台市场发行地方政府债券工作的通知》指出，为拓宽地方政府债券发行渠道，满足个人和中小机构投资者需求，丰富全国银行间债券市场柜台业务品种，根据地方政府债券管理和商业银行柜台市场管理有关规定，开展商业银行柜台市场发行地方政府债券工作^③。本书将以党的十九届四中全会所提出的"构建系统完备、科学规范、运行有效的制度体系，加强系统治理、依法治理、综合治理、源头治理"的总体要求为指导，将提升地方政府债的现代化治理能力贯穿于重庆市地方政府商业银行柜台债券发行的政策性预研之中，基于前述对十二个试点地方政府商业银行柜台债发行省市的比较分析，以及地方政府柜台债与国债柜台债的比较分析，从发行机制、发行路径和后续管理三个方面，对重庆市通过商业银行柜台市场发行地方政府债券开展可行性预研和提出对策建议。

---

① 唐良智. 重庆市人民政府工作报告——2019 年 1 月 27 日在重庆市第五届人民代表大会第二次会议上［J］. 重庆市人民政府公报，2019（2）：1 – 14.

② 2019 安徽财政发展研究报告课题组，郑洁，储德银，罗鸣会. 2018 安徽城市政府负债率剖析［J］. 决策，2019：28 – 30.

③ 财政部. 关于开展通过商业银行柜台市场发行地方政府债券工作的通知［EB/OL］.［2019 – 02 – 27］. http：//gks. mof. gov. cn/lmcs/zt/zt_zfzqgl/zfgzgl_dfzfzwgl/200012/t20001212_3370325. htm.

（一）稳步推进地方政府柜台债发行机制体系化建设

构建系统完备、科学规范、运行有效的制度体系是推动地方政府柜台债高质量发行的机制保障。重庆市在发行地方政府柜台债时，应将柜台债的发行机制体系化，为加强地方政府债的系统治理、依法治理、综合治理、源头治理提供机制保障。其具体发行机制包括发行前的制度设计、信用评级机制，发行中的担保机制，发行后的持续研究机制以及贯穿于整个发行全过程的监督机制和公告机制（如图7－20所示）。

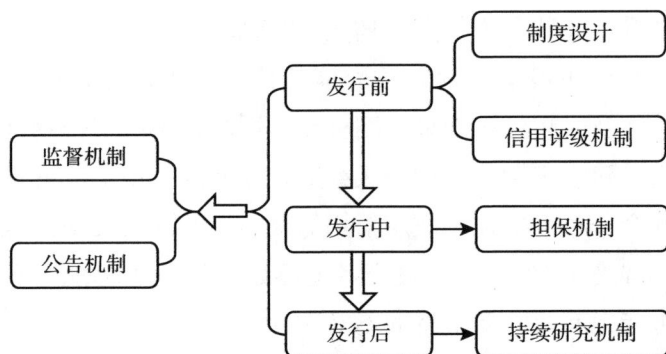

图7－20　地方政府柜台债发行机制

1. 系统治理设计：建立激励相容的地方政府柜台债发行机制

地方政府通过商业银行柜台市场试点发债后，相关机制不健全和大量地方融资平台的崛起，会导致其地方政府债务规模急速膨胀，隐性风险也会随之越来越大，这必然会导致"投资者对债券投资不积极"的发行风险产生。因此，为了实现源头治理，将发行地方政府柜台债的风险防范于未然，前置化地消除在发行商业银行柜台债过程中可能会出现的隐患，重庆市应当建立激励相容的地方政府柜台债发行机制，在增加对积极参与投资者正向激励的同时，采取有效措施降低其投资可能存在的潜在风险。

2. 信用评级机制：健全柜台债券信用评级制度

有效的信用评级体制不仅能对地方政府债券的投资价值与风险予以客观评价，使得投资者可以根据不同债券的信用等级开展合理的投资组合决策，同时还有利于促进债券发行的市场化。通过制定地方政府债券信用评级的行业标准，进一步规范地方政府债券的信用评级业务，充分体现评级结果的客观公正，进而提高信用评级结果的公信力，显得势在必行。目前除标准普尔公司、穆迪公司和惠誉国际三大世界信用评级机构外，我国国内的信用评级机构主要包括了中诚信国际信用评级有限公司、国衡信国际信用评级中心有限公司、联合资信评估有限公司、大公国际信用评级有限公司、上海东方金城资信评估投资服务有限公司等机构。目前，重庆市选择的评级机构为中债资信。虽然中债资信是我国目前信用评级常选的评级机构，但我国信用评级机构起步较晚，实力较弱，在国际信用评级市场上的话语权还不够强，且国内评级市场被外资评级机构渗透严重，严重威胁我国金融安全。[1] 因此，重庆市应不断提升其对债务进行严格监测和管理的自觉性[2]，自觉支持和接受第三方信用评级公司根据《地方政府债券信用评级业务自律规范指引》实施信用评级，并及时将评级结果上网公布。同时，还应当推动地方政府信用评级的动态化，建立定期的信用评级结果披露制度，由第三方评级公司每隔一段时间向社会公布一次地方政府信用等级，以便及时反映地方政府债券的信用风险变化程度[3]，使得广大投资者能够始终清楚了解地方政府债券的风险程度，尽可能地有效降低信息的不对称性。

3. 保险担保机制：建立地方政府柜台债担保制度

发行地方政府柜台债将个人投资者和中小投资机构纳入了地方政府债券投资者范围。为了保护投资者的利益，提高投资者对地方政府债券的信心，降低其对地方政府债务风险的投资顾虑，在发行地方政府商业银行柜台债时，重庆市可以探索建立地方政府债券担保制度，借鉴美国地方政府债券保险制度的经验，选取一批大型的、财力雄厚的保险公司作为地方政府柜台债担保机构试点，为地方政府柜台债的还本付息提供"双保险"机制，通过社会化的保险机制增强个人投资者和中小投资机构对地方政府柜台债的投资认可度，进一步改善重庆市地方政府债券的投资者结构。

4. 持续研究机制：建立健全预研与跟踪调研制度

为了保障地方政府柜台债发行的长期可持续性，重庆市财政局应与本地高校保持长期的合作关系，建议地方政府债券研究中心，依托高校学者进行

---

① 李若杨. 主权信用评级对国家金融安全的影响研究［J］. 西南金融，2019（10）：13 – 20.
②③ 马相东. 对美国市政债务风险控制经验的借鉴［J］. 国际金融，2014（10）：76 – 80.

全方位的地方政府债券理论研究平台，建立健全地方政府债券的业务研讨与预研制度，为其发行地方政府柜台债提供智库专业支持。同时，依托相应的政校合作科研平台，重庆市财政局还可以通过与高校研究团队之间的动态双向沟通机制，加强地方政府债券全过程的数据信息管理，为其顺利发行和后续规范化管理提供专业化的数据分析与体系化的信息管理。

5. 系统监督机制：强化地方政府柜台债发行风险的源头治理

就地方政府商业银行柜台债发行而言，其发行任务的完成只是整个过程的一个方面，此外还需要反复权衡其发行过程中的风险问题并对其有效及时地予以管理，进而在此基础之上构建多方面、全方位的地方政府债务审核与监督机制。重庆市在地方政府商业银行柜台债发行风险防范上可以从以下五方面防范风险：一是建立健全相应的地方性政策法规，使得重庆市地方政府柜台债的发行、债后管理、债务信息披露等行为有法可依、有法必依；二是由重庆市市级层面的债务管理机关牵头，健全地方政府柜台债发债审核机制；三是加强重庆市地方柜台债资金使用的监管，进一步提高发债、用债、偿债信息的全过程透明度；四是要充分发挥审计在党和国家监督体系中的重要作用，进一步完善地方政府柜台债的全过程跟踪审计机制；五是要明确地方政府柜台债终身问责机制和倒查机制，依据国家有关政策法规逐步建立地方财政破产机制。

6. 信息公开机制：规范健全地方政府柜台债信息披露制度

健全完善信息披露制度有利于增强地方政府债券市场监管的有效性，加强对投资者合法权益的保护力度，降低信息不对称导致的道德风险和逆向选择问题，进而提高地方政府债券发行及其后续管理的透明度。根据财政部《关于做好2018年地方政府债券发行工作的意见》中有关地方政府债券信息披露的规定，重庆市在后续的地方政府商业银行柜台债发行过程中应当进一步明确地方政府债券发行的信息披露要求，对其信息披露原则、内容和责任等予以进一步具体规范，以更好地确保地方政府债券信息披露的真实性、完整性、及时性和有效性。同时，在此基础之上，还应进一步建立一级市场和二级市场的动态监测机制，在确保信息披露完整准确的同时，积极掌握市场信息动向与舆情反馈，为促进地方政府债券事业的高质量发展提供健全完善的信息披露与反馈监测体系。

（二）重点推进地方政府柜台债发行流程规范化治理

严格规范地方政府商业银行柜台债发行的流程是实现地方政府债券发行源头治理的关键性环节。重庆市在后续发行地方政府柜台债时，除了应重视地方政府柜台债发行机制的体系化建设之外，还需逐步推进其发行流程的规范化治理，以确保地方政府柜台债发行的合规有序开展。如图 7－21 所示，本书从地方政府商业银行柜台债发行的三个阶段分别提出了相应的规范化建议。

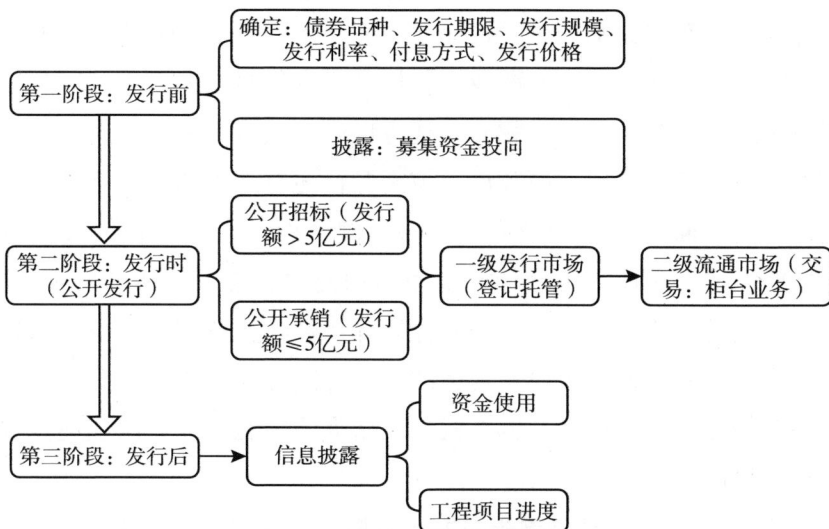

图 7－21　地方政府柜台债发行路径

1. 加强地方政府柜台债发行的前端流程规范治理

重庆市在发行地方政府商业银行柜台债前，对其发行的前端流程治理应当从以下两个方面入手：一是抓好地方政府商业银行柜台债券产品设计的结构性治理，科学合理地确定地方政府柜台债的债券品种、发行期限、发行规模、发行利率、付息方式以及发行价格等柜台债的发行结构性要素，并及时有效地披露相关信息以便于投资者决策；二是将发债筹资与资金投向信息并行披露，通过进一步增强地方政府柜台债发债募资与资金投向二者之间信息披露的动态关联性，提升地方政府债务管理的透明化水平，通过有效地降低信息的不对称性进而增强个人投资者和中小投资机构对投资认购地方政府商业银行柜台债券的信心，通过地方政府债券市场的前端涌动增强其内生的市场流动性。

2. 注重地方政府柜台债发行的中端流程规范治理

抓好地方政府商业银行柜台债券发行的中端流程规范化管理，有助于地方政府债券的高效顺利发行。根据有关政策法规要求，地方政府债券通过公开发行方式发行，其发行规模超过 5 亿元，则应采用公开招标方式发行；若发行规模不超过 5 亿元，则可采用公开承销方式发行。通过公开招标或公开承销方式，先将地方政府柜台债公开发行到银行间债券市场或交易所债券市场等一级发行市场，然后再分别通过中债登、中证登发行到二级市场开展地方政府债券柜台业务。重庆市必须在上述各中端发行环节中注重合规性管理与风险性管控，以公开招标与公开承销两种方式为基本分类，构建形成闭合环路的中端流程规范治理体系。

3. 重视地方政府柜台债发行的后端流程规范治理

在完成地方政府商业银行柜台债发行之后，更应重视加强对募集资金的使用监管和风险控制以及相关信息的披露。重庆市在发行地方政府商业银行柜台债后，应该及时按照相关政策法规要求，在资金使用和工程项目进度两个关键领域加强信息披露和风险管控。就债券募集资金的使用而言，应及时披露募资来源构成、资金总额、资金余额、资金的使用情况、本年度资金使用、下年度资金预算等情况。就工程项目进度而言，如实披露募集资金投向的工程项目的基本情况、项目的质量、本年度项目的完工进度、下年度项目的工程计划等情况。对地方政府商业银行柜台债发行募资使用情况及其投向的工程项目进度的及时全面披露，有助于切实增强地方政府债务管理的透明化程度，促进其内外双向耦合治理机制的效用发挥。

（三）建立健全地方政府柜台债发行的后续管理体系

1. 优化地方政府柜台债业务的可持续管理

注重地方政府商业银行柜台债业务的可持续发展，构建交易活跃、流动性强、风险可控的地方政府商业银行柜台债券市场是推进地方政府债券事业高质量发展的关键环节。因此，重庆市除了加强商业银行柜台债券的前端和中端管理外，还应当注重以下后续管理：一是应当进一步加强地方政府与商业银行的深度合作，政银协同，双元驱动，共建地方政府商业银行柜台债券市场，建立健全相关的管理体制和运行机制，不断提升对地方政府债券的市场化治理能力；二是建立完善与地方政府债券商业银行柜台业务相适应的合规管控体系及其实现机制；三是与商业银行、高校增强政银学合作，进一步完善相关业务的组织架构、人员配备及业务培训问题，提升商业银行地方政府柜台债业务的处理能力；四是妥善处理好地方政府债券商业银行柜台债发行及其后续管理的内外部系统整合与政府相关职能部门内部协调合作等问题，全方位地提升地方政府商业银行柜台债治理水平；五是探索构建完善面向个人投资者和中小机构投资者的地方政府商业银行柜台债券的全过程、全方位服务体系，推动地方政府商业银行柜台债发行和管理的市场化进程。总之，重庆市应该把地方政府债券商业银行柜台业务作为一项具有长期性的战略性业务来对待，为了推动该项业务的可持续发展，更加注重基于结构性治理、系统性管理和数据性整合的方法来构建完善其地方政府商业银行柜台债券的全过程管理服务体系。

2. 强化地方政府柜台债规模节奏的平衡管理

虽然近年来，地方政府债券发行规模稳步扩容，但是与国债柜台债相比，目前我国的地方政府商业银行柜台债，其规模体量仍然相对很小。加之自 2017 年以来，就有部分地方政府融资平台、城投公司等发生了逾期、违约现象，这也从另一个侧面反映了地方政府同样也可能存在隐性的债务风险。据 Wind 数据的统计显示，2018 年末我国地方政府显性债务存量规模共计 18.3 万亿。财政部部长刘昆也曾表示，目前我国政府债务的负债率是 37%，低于欧盟的警戒线。由此可见，就目前而言，虽然地方政府的债务规模与风险整体可控，但客观上也潜藏着一定的风险隐患，必须要把握好发行及其规模节奏，做到统筹兼顾、稳中求进。因此，重庆市在发行地方政府商业银行柜台债时，必须要考虑统筹考虑到国内资本市场的资金供求平衡以及诸如国债柜台债等替代性竞争债券品种的发行规模走势，合理地控制发行节奏，相机而动、循序渐进地扩大地方政府商业银行柜台债的发行规模。

3. 深化地方政府柜台债的投资者引导服务管理

《财政部关于开展通过商业银行柜台市场发行地方政府债券工作的通知》对地方政府商业银行柜台债券发售的重点对象作了规定，指出推动地方政府债券通过商业银行柜台在本地区范围内向个人和中小机构投资者发售，强调要扩大对个人投资者的发售量，提高商业银行柜台发售比例。同时，鼓励和引导商业银行、保险公司、基金公司、社会保险基金等机构投资者和个人投资者参与投资地方政府债券①。目前，重庆市地方政府债券的投资者结构主要以各类商业银行为主，缺少其他投资者特别是个人投资者的广泛参与。通过发行地方政府商业银行柜台债，一方面可以进一步拓宽地方政府债券的投资者群体，优化其投资者结构；另一方面也可以更好地满足个人和中小机构投资者低风险、多样化的投资需求。因此，重庆市在发行地方政府柜台债时，应当通过政策工具和市场手段进一步引导潜量资金的投资者，逐步由单一的投资者结构向有个人和中小机构投资者共同参与的投资主体多元化结构转换。

第三节　对我国地方政府债券流动性提升的展望

党的十九大报告明确提出，"推动现代化经济体系的建设，需以结构性改革为主线，供给侧结构性改革有利于实现市场机制有效、微观主体有活力、宏观调控有度"②。本书以供给侧结构性改革为基本的理论构建逻辑，以激活地方政府债券市场的微观主体活力和完善对地方政府债券宏观调控机制为目标，通过对前述对地方政府债券流动性的定量与定性的比较分析，在进一步识别和厘清影响我国地方政府债券流动性的结构性障碍因素基础上，基于政策性供给与市场性供给"双元驱动"的优化视角，对于未来提升我国地方政府债券的流动性予以展望，以期推动新时代中国特色地方政府债券的发行管理理论体系的进一步构建完善，促进我国地方政府债券高质量、可持续性发展。

一、政策性供给的优化治理路径展望

（一）优化设计税收优惠的政策性工具

现行税收政策对地方政府债券的发行市场免征利息收入的个人所得税和

---

① 本刊讯. 中办、国办印发《关于做好地方政府专项债券发行及项目配套融资工作的通知》[J]. 招标采购管理，2019（6）：6-7.

② 习近平. 决胜全面建成小康社会夺取新时代中国特色社会主义伟大胜利 [N]. 人民日报，2017-10-28（001）.

企业所得税，但未在二级市场交易环节适用该项政策，这必然不利于提高二级市场交易的流动性。随着"营改增"的全面施行，国债和地方政府债券均免征利息税，而其他债券利息收入仍需缴纳增值税。因此，地方政府债券与其他非国债债券之间的利差将进一步拉大，特别是对于企业投资者而言，由于其享有免征企业所得税和增值税的双重优惠待遇，其收益率在还原税收后将会更为可观①。如果现行税收政策再将地方政府债券的二级市场交易环节纳入免税的范围，则将会更进一步提升其实际的收益率，增强其对个人和中小投资机构投资者的投资吸引力。

（二）政策性激活潜量资金投资者参与

目前地方政府债券的投资者主要以各类商业银行为主，缺少其他投资者尤其是个体投资者和中小机构投资者的积极参与。而这种投资者参与性的缺失必然会降低地方政府债券市场的交易活性。因此，为了进一步提升地方政府债券的流动性，应当出台相关的政策引导潜量资金的投资者参与地方政府债券投资，逐步从以商业银行为主过渡到证券、基金、保险公司等机构投资者共同积极参与，再过渡到国有企业、上市公司等大型企业市场化参与和个人投资者、中小投资者广泛参与的多元化投资主体结构。通过政策性引导投资主体结构的优化，进一步激活地方政府债券的市场交易活性和投资吸引力。

（三）完善做市商融资融券政策

建全地方政府债券的做市商制度，从丰富债券产品结构和提供足够利差驱动等多个角度精准发力，增强做市商做市意愿。其中，关键是要出台相关政策解决做市商所面临的市场风险问题。就此，可以考虑借鉴发达国家经验，完善对做市商的融资融券政策性支持，为做市商有效管理存货头寸和控制存货风险提供必要金融工具和政策条件，从而进一步提高做市商的做市积极性、主动性和做市能力②，通过建立完善中国特色的地方政府债券做市商制度来提升地方政府债券的流动性。

---

① 魏革军. 地方政府债券柜台交易探析［J］. 中国金融，2019（23）：77 - 78.
② 汪慧. 我国地方政府债流动性问题探析［J］. 福建论坛（人文社会科学版），2016（8）：40 - 45.

（四）健全债券信用评级制度

有效的信用评级制度能够更加客观公正地反映地方政府债券的信用状况和风险水平，使潜在的债券投资者能够充分地利用信息做出理性的投资决策[1]，进而形成"投资有底，投资有望"的良性循环，为推动地方政府债券市场化的高质量发展提供良好的信息生态和舆情环境。一方面，要在地方政府债券评级实践中落实好和优化完善中国国债协会发布的《地方政府债券信用评级业务自律规范指引》，通过制度性治理引导评级机构规范化发展，进一步强化评级行业的自我约束，使其评级结果更加地客观公正和精细化，不断地提高其信用评级结果的公信力[2]，维护好地方政府债券评级市场良好的运行秩序，通过完善的信用评级机制促进地方政府债券市场健康稳定发展；另一方面则要全面加强地方政府对其债券资金募集与投向的动态监测和管理自觉性，综合运用审计监督和大数据手段建立健全相关的监管体系及其运行机制。同时，政府部门还应当自觉接受和配合第三方评级公司的信用评级，并及时客观地将其评级结果公布于众，尽可能地减少信息的不对称性，为广大投资者全面了解地方政府债券投资的价值与风险提供信息保障。

（五）建立地方政府债券担保制度

为了更好地保障地方政府债券投资者的合法投资权益，进一步降低其对地方政府债券投资的风险顾虑，增强其对地方政府债券投资的信心，我国地方政府可以吸收借鉴美国市政债建立地方政府债券担保制度的治理经验，选取一批综合实力雄厚、社会信誉度高的保险公司作为地方政府债券担保的试点机构，以市场化的保险担保机制，提高个体投资者对地方政府债券安全性的认可度，促进其参与地方政府债券的积极性和主动性，进一步改善地方政府债券的投资者结构。

（六）规范债券信息披露制度

健全完善的信息披露制度有利于提升地方政府债券发行的内部治理能

---

① 周智，周春喜，刘德载. 地方政府债券流动性问题的思考 [J]. 浙江金融，2017（8）：25-30.
② 张瑞晶. 我国地方政府债券流动性问题研究 [J]. 甘肃金融，2018（9）：17-21.

力，增强地方政府债券市场监管的有效性，降低信息不对称导致的道德风险和逆向选择出现的可能性，以便更好地保障广大投资者特别是个人投资者和中小机构投资者的合法权益，有效促进其参与地方政府债券投资的积极性和主动性，进而极大地改善其市场流动性。因此，各地方政府应当在按照《财政部办公厅关于启用地方政府新增专项债券项目信息披露模板的通知》有关要求，在发行地方政府新增专项债券时，增加披露地方政府新增专项债券项目的信息披露模板，以简洁明晰的表格形式展现项目的核心关键信息。同时，在加强地方政府债券增量发行信息披露的同时，也要逐步建立健全对地方政府债券存量信息的信息披露机制，以便投资者在全面了解地方政府债券的投资价值及其风险可能，进而做出理性的投资判断。同时，为了更好地满足社会投资者对地方政府债券信息披露的需要，为推进地方政府债券发行的市场化提供有效的信息保障，财政部国库司与中央国债公司还应当进一步加强对地方财政部门和广大地方政府债券投资者的需求调研，进一步优化信息披露模板的表样设计及其信息披露的关键环节，合理利用大数据手段实现项目详细信息表数据自动校验、项目总体信息表自动生成、披露信息动态追踪、风险信息及时预警反馈等综合性信息披露功能，不断提升地方政府债券信息披露制度化治理水平。

二、市场性供给的创新驱动路径展望

（一）系统构建地方政府债券的市场化信息平台

依托大数据、智能化技术创新驱动发展构建多层级的资本市场信息平台系统，是健全完善多层级资本市场治理体系的关键性环节，同时也是促进地方政府债券市场高质量发展所必须加强和依靠的基础工程。网络交易平台降低了地方政府债券的发行成本，提高了发行效率、节约了人力资本，同时还能够进一步促进信息传递的及时性、扩大信息传播的覆盖面，为投资者交易决策及其施行提供便捷条件。这种交易信息获取和交易达成的便捷性，容易促成和增强投资者的交易愿望，进而促进了地方政府债券的可持续发行和交易性流动。此外，系统构建地方政府债券的市场化信息平台显得尤为重要。因此，在后续的地方政府债券管理实践中，中央国债公司还应当与地方政府进一步合作加强信息披露的平台和渠道建设，不断优化完善地方政府债券的信息数据库系统与信息披露网站建设，全面优化地方政府债券信息披露的业务流程，促进我国地方政府债券信息披露的数字化管理水平不断提升。

（二）稳中求进推动地方政府债券发行的市场化

在实施地方政府债券商业银行柜台债试点之前，地方政府债券的投资者主要集中于各大商业银行，其投资者结构非常单一。同时，由于地方政府债券的交易主要集中在银行间债券市场，其发行市场较为单一，致使其发行利率的市场化水平也较低。故此，稳中求进地推动地方政府债券发行的市场化显得尤为重要，本书认为未来可以从以下四个方面进一步提升地方政府债券的市场化水平，不断提高地方政府债券的流动性。

1. 进一步优化地方政府债券机构投资者的结构

为了增强地方政府债券市场的活力、提高地方政府债券流动性，必须要大力发展除商业银行以外的其他机构投资者，进一步优化其投资者结构。未来可以通过债券利率市场化改革等措施，充分吸纳券商、理财、信托、基金公司、保险公司、行政事业单位等机构投资者进入到地方政府债券市场，使其成为地方政府债券较为稳定的投资持有人。

2. 扩展个人投资者的参与渠道

要鼓励具备条件的各地方政府在合法合规、风险可控的前提下，推进银行间市场柜台业务的开展，鼓励非金融机构和个人投资者投资认购地方政府债券[①]。要大力发展地方政府债券的商业银行柜台市场，拓展个人投资者和中小投资机构参与地方政府债券投资的渠道，通过吸纳社会公众参与地方政府债券投资，实现地方基础设施建设的"全民参与、全民共享、全民受益"。

3. 扩大地方政府债券的国际市场

除了扩展国内个人投资者参与地方政府债券的投资渠道外，还可以在适当的时机逐步实现地方政府债券投资的对外开放，在保障金融安全的情况下，充分利用好国际资金，建立健全地方政府债券的国际市场，创造条件让更多的外资机构、中外合资企业等参与到地方政府债券的交易中来，以进一步增强地方政府债券二级市场的流动性。

---

① 张瑞晶. 我国地方政府债券流动性问题研究［J］. 甘肃金融，2018（9）：17－21.

4. 提升地方政府债券的市场化定价水平

有效的地方政府债券信用评级可以反映不同项目收益的风险差异，信用评级较低的地方政府债券，其潜在的风险就越大，以此为逻辑，其投资者必然要求以更高的风险报酬率为补偿，为了顺利实现债券的发行，就势必提高其利率，进而使得不同地方政府所发行的债券因其信用评级差异而产生项目利率差，而这种债券利差的存在又势必有利于地方政府债券流动性的改善。

（三）优化地方政府债券流动性的内生结构要素

目前，我国地方政府债券发行的期限结构较之于国债而言相对较少，且主要集中于 3 年 ~ 10 年期的 4 种债券。同时，与美国的市政债相比较而言，目前我国地方政府债券的衍生品缺乏，以至于可供投资者选择的空间偏小。故此，本书认为未来可以从以下两个方面通过优化地方政府债券的内生性要素结构，以达到提升地方政府债券的流动性的目的。

1. 拓展地方政府债券的期限结构

建议我国增加 1 年以内的短期债券和 15 年以上的超长期债券品种及其供应量。地方政府发行一年以内的短期债券，既可调节地方政府短期盈余或赤字，还可满足不同投资者的短期投资需求①。发行超过 15 年的超长期债券，也符合目前地方公共经济建设项目的现实要求，可以投向于建设回收期相对较长的地方基础设施建设项目资金需要，进一步缓解地方政府财政资金的压力，此外也能够满足部分投资机构长期投资的需求。

2. 创新地方政府债券的衍生品

可以结合我国金融市场发展的需要，在参考借鉴美国市政债衍生品经验的基础上，立足中国地方政府债券发展的实际，适时推出地方政府债券期货期权等衍生投资品种②。通过创新地方政府债券衍生产品，一方面可以更加丰富地方政府债券的品种，便于债券投资者作出合理的投资选择和投资组合；另一方面还可以间接地促进地方政府债券的流动性提升。

---

① 周智，周春喜，刘德戟. 地方政府债券流动性问题的思考 [J]. 浙江金融，2017（8）：25 – 30.
② 张瑞晶. 我国地方政府债券流动性问题研究 [J]. 甘肃金融，2018（9）：17 – 21.

参 考 文 献

［1］ Harris M. Liquidity, Trading Rules, and Electronic Trading Systems. Monogragh Series of Finance and Economics. NYU Salomon Center. 1990 (4).

［2］ Dattels, P. The Microstructure of Government Securities Markets, IMF Working Paper 95/117, 1995.

［3］ Garman, M. Market Microstructure, Journal of Financial Economics, 1976 (3): 257 – 275.

［4］ Fleming, Michael J. 2003, Measuring Treasury Market Liquidity. Economics Policy Review (Federal Reserve Bank of New York), No. 9.

［5］ Tomoki Tanemura, Yasunari Inamura. 2004, Liquidity in JGB market—Analysis on the intraday Bid – Ask Spread, Bank of Japan Financial Markets Department, No. 1.

［6］ Amihud, Y, H. Mendelson. Assrt Pricing and the Bid – Ask Soread [J]. *Journal of Financial Economics*, 1998, 17: 223 – 249.

［7］ Investor Bulletin. Municipal Bonds: Understanding Credit Risk [EB / OL].

［8］ SEC Management Has Enhanced Supervisory Controls and Could Futher Improve Efficiency WWW. GAO. org. 2016. 10.

［9］ FINRA Annual Financial Report WWW. FINRA. org 2016.

［10］ MASSIMO P. An empirical analysis of the municipal bond market in ltaly: sovereige risk and sub-sovereign levels of gov-ernment public budgeting and finance [J]. *Public Budgeting & Finarce*, 2015, 35 (3): 68 – 94.

［11］ Aneja, A. Moszoro, M. and Spiller. P. T. Political Bonds: Political Hazards and the Choice of Municipal Financial Instruments. NBER Working Paper No. 21188, 2015.

［12］ MSRB Annual Report WWW. MSRB. org 2011 – 2016.

［13］ Aneja，A. M oszoro，M. and Spiller. P. T. Political Bonds：Political Hazards and the Choice ofMunicipal Financial Instruments. NBER Working Paper No. 21188，2015.

［14］ Moody. US Municipal Bond Default and recoveries 1970 – 2014. Moody's InvestorService，2015.

［15］ 吕尚峰. 地方债流动性问题及其在担保品管理中的运用 ［J］. 债券，2016（9）：34 – 37.

［16］ 吴冬雯，邵威，贾赢，陈航. 2016 年地方政府债券交易分析及流动性改善建议 ［J］. 中国财政，2017（8）：68 – 69.

［17］ 王文卓，郑蕾，管宇晶. 美国加强地方政府债券流动性的做法及对我国的启示 ［J］. 金融纵横，2016（5）：48 – 54.

［18］ 周智，周春喜，刘德戟. 地方政府债券流动性问题的思考 ［J］. 货币时论，2017（8）：25 – 30.

［19］ 汪慧. 我国地方政府债流动性问题探析 ［J］. 福建论坛　人文社会科学版. 2016（8）：40 – 45.

［20］ 安国俊. 政府债券市场流动性研究 ［J］. 证券市场导报，2017（1）：66 – 72.

［21］ 翟春. 我国国债市场流动性实证分析 ［D］. 中国人民银行金融研究所，2005.

［22］ 宋亚. 我国地方政府债券改革动态及对金融市场的挑战 ［J］. 区域金融研究. 2015（4）：29 – 30.

［23］ 肖宇懿. 我国地方政府债券发展研究 ［D］. 财政部财政学院研究所，2011.

［24］ 李经纬. 经济社会学视角中的地方政府债务风险问题 ［D］. 复旦大学. 2012.

［25］ 王敏. 美国市政债券风险控制的经验及启示 ［J］. 金融发展评论，2018（5）：40 – 46.

［26］ 邹晓梅. 美国市政债券发展实践：现状、特征及启示 ［J］. 全球化，2018（2）：88 – 99 + 133.

［27］ 刘琳，张宗军. 市场化发展、信用违约与市政债券风险防范：基于美国的经验 ［J］. 金融发展研究，2017（10）：16 – 21.

［28］齐洁. 地方政府债券投资者多元化策略研究——来自美国市政债券的经验借鉴［J］. 中国市场，2017（21）：19－20.

［29］邹晓梅. 市政债券发展的美国经验［J］. 中国投资，2017（7）：72－73.

［30］中国人民银行连云港市中心支行课题组，杨国清，韩林. 美国市政债券市场发展、监管及对我国的启示［J］. 金融纵横，2016（8）：64－69.

［31］王文卓，郑蕾，管宇晶. 美国加强地方政府债券流动性的做法及对我国的启示［J］. 金融纵横，2016（5）：48－54.

［32］宋伟健，霍志辉. 美国市政债券市场发展情况及对我国地方债的借鉴意义［J］. 中国财政，2015（21）：64－65.

［33］詹鸥鹏. 地方债券发行的美国经验与国内实践［J］. 时代金融，2015（29）：14－15.

［34］郑秀琴. 美国地方政府债券特征与管理经验探讨［J］. 现代商贸工业，2015，36（2）：44－45.

［35］钟永红. 美国市政债券偿债机制经验及启示［J］. 征信，2015，33（1）：61－65.

［36］赵亚琪. 美国首家私立公交公司拉斯维加斯单轨电车公司市政债券违约案例启示录［J］. 财经界，2015（1）：86－91.

［37］王震. 市政债券发展的美国经验与启示［J］. 理论与改革，2014（4）：122－124.

［38］中国银行纽约分行研究部. 美国市政债券管理经验及启示［J］. 金融博览，2014（10）：30－31.

［39］张宪昌. 美国市政债券的运行设计［N］. 学习时报，2014－06－16（002）.

［40］祁志伟，阮峥. 美国市政债券相关制度介绍及对我国的启示［J］. 债券，2014（2）：64－70.

［41］刘东民. 中美债券的五大差异［N］. 证券日报，2013－05－06（A03）.

［42］竹志奇，高珂，王涛. 新预算法对地方债券市场化进程的影响［J］. 税务与经济，2018（5）：11－18.

［43］何蕾. 交易所地方债市场发展中的问题与建议［J］. 证券市场导

报，2018 (9)：1.

[44] 王朝才，赵斌．我国地方政府债务管理的历史观照、现况解析及政策应对 [J]．地方财政研究，2018 (8)：7 – 14.

[45] 许安拓，刘绪硕．进一步完善我国地方政府债券发行机制的政策建议 [J]．经济研究参考，2018 (6)：21 – 22.

[46] 徐诺金．全国地方政府债务问题调研 [J]．中国金融，2017 (23)：45 – 47.

[47] 国务院．关于加强地方政府性债务管理的意见 [Z]．2014.

[48] 财政部．地方政府一般债券发行管理暂行办法 [Z]．2015.

[49] 财政部．地方政府专项债券发行管理暂行办法 [Z]．2015.

[50] 财政部．地方政府一般债务预算管理办法 [Z]．2016.

[51] 财政部．地方政府专项债务预算管理办法 [Z]．2016.

[52] 财政部．关于试点发展项目收益与融资自求平衡的地方政府专项债券品种的通知 [Z]．2017.

[53] 财政部．地方政府土地储备专项债券管理办法（试行） [Z]．2017.

[54] 财政部．地方政府收费公路专项债券管理办法（试行） [Z]．2017.

[55] 财政部．地方政府债券公开承销发行业务规程 [Z]．2018.

[56] 财政部．地方政府债券弹性招标发行业务规程 [Z]．2018.

[57] 财政部．关于做好地方政府专项债券发行工作的意见 [Z]．2018.

[58] 财政部．关于做好 2018 年地方政府债券发行工作的意见 [Z]．2018.

[59] 王淑梅．王光宇，考燕鸣．防范和化解中国地方政府债务风险 [M]．沈阳：东北大学出版社，2008.

[60] 谢平．中国地方政府债券发行管理制度研究 [M]．北京：中国经济出版社：2018.

[61] 张海星．公共债务 [M]．沈阳：东北财经大学出版社，2016.

[62] 张雷宝．公债经济学　理论　政策　实践 [M]．杭州：浙江大学出版社，2018.

［63］杨农．中国债券市场发展报告［M］.2011，中国金融出版社，2012.

［64］何小锋．资本：债券融资［M］.中国发展出版社，2012.

［65］彭长江．地方市政债法律制度研究［M］.湖南师范大学出版社，2018.

［66］安新华．经营城市：地方政府专项债券创新与实践［M］.经济科学出版社，2019.

［67］谢平．中国地方政府债券发行管理制度研究［M］.中国经济出版社，2018.

［68］陈会玲．中国地方政府债券发行和管理运行制度研究［M］.经济科学出版社，2018.

［69］窦鹏娟．地方政府债券融资的法治约束问题研究［M］.法律出版社，2017.

［70］郑文丽．地方政府债券融资风险揭示与法律控制［M］.山东大学出版社，2017.

［71］曹小武．中国地方政府债券发展研究［M］.湖北人民出版社，2012.

［72］费尔德斯坦（Feldstein Sylvan G.），美国州与地方政府债券手册［M］.中国财政经济出版社，2012.